大经济学家

张卓元 题

张卓元
中国社会科学院学部委员
中国社会科学院经济研究所研究员
孙冶方经济科学基金会荣誉理事长

北京师范大学全球化与文化发展战略研究院文库

全球化与人类文明互鉴画传系列　　主编　薛晓源

GREAT ECONOMISTS
THE WORLD'S TOP 100 ECONOMISTS IN PORTRAIT
世界100位著名经济学家画传

薛晓源 绘　　马传景 著

大经济学家

商务印书馆
The Commercial Press

绘者简介

薛晓源，博士，北京师范大学人文和社会科学高等研究院拔尖人才，北京师范大学全球化与文化发展战略研究院院长、教授，博士生导师；国际儒学联合会中国委员会副主任、理事；商务印书馆学术委员会专家委员、艺术与博物学学术总顾问；中国美术家协会会员；中国国家画院《中国美术报》编委、《中国书画》杂志专家委员会委员、北京师范大学启功书院专家委员会委员。曾任中央编译局研究员、中央编译局《马克思主义与现实》杂志执行主编、中央编译出版社副社长兼副总编辑、中央编译局副巡视员，曾任北京大学、清华大学、南开大学兼职教授，中国人民大学艺术学院特聘教授，在中央级刊物发表文章50多篇，出版专著5部、艺术画册1部。主编出版学术艺术图书500多种，专著《飞动之美——中国文化对"动势美"理解与阐释》2014年入选国家"经典中国国际出版工程"，2020年在美国门廊出版社出版英文版。2018年10月在德国法兰克福书展举办"《哲人神彩——100位世界著名哲学家肖像》画册新书发布会和艺术展览"，全球有20多家媒体进行了报道。先后为中国国民党名誉主席连战、世界知识产权组织总干事弗兰西斯科·高锐先生创作肖像，受到中央党史研究室、外交部的表彰。

作者简介

马传景，经济学博士，编审，国家哲学社会科学基金应用经济学学科评审专家。中国铁建股份有限公司独立非执行董事，中国国际工程咨询有限公司外部董事。山东大学经济学院兼职教授，大连高级经理学院特聘教授。中国政策专家库专家委员会委员。

曾任中共中央理论刊物《求是》杂志社经济编辑部主任、国务院研究室工交贸易司司长、中央企业专职外部董事。

主要研究领域为政治经济学、产业经济、企业理论等。已出版文集《有心插柳》《中国改革发展研究论集》，经济学专著《地下经济研究》《经济结构与经济增长》《社会保障新论》《富人经济学批判》《穷人经济学导论》《中产阶级经济论》等十几种，公开发表论文60余篇。

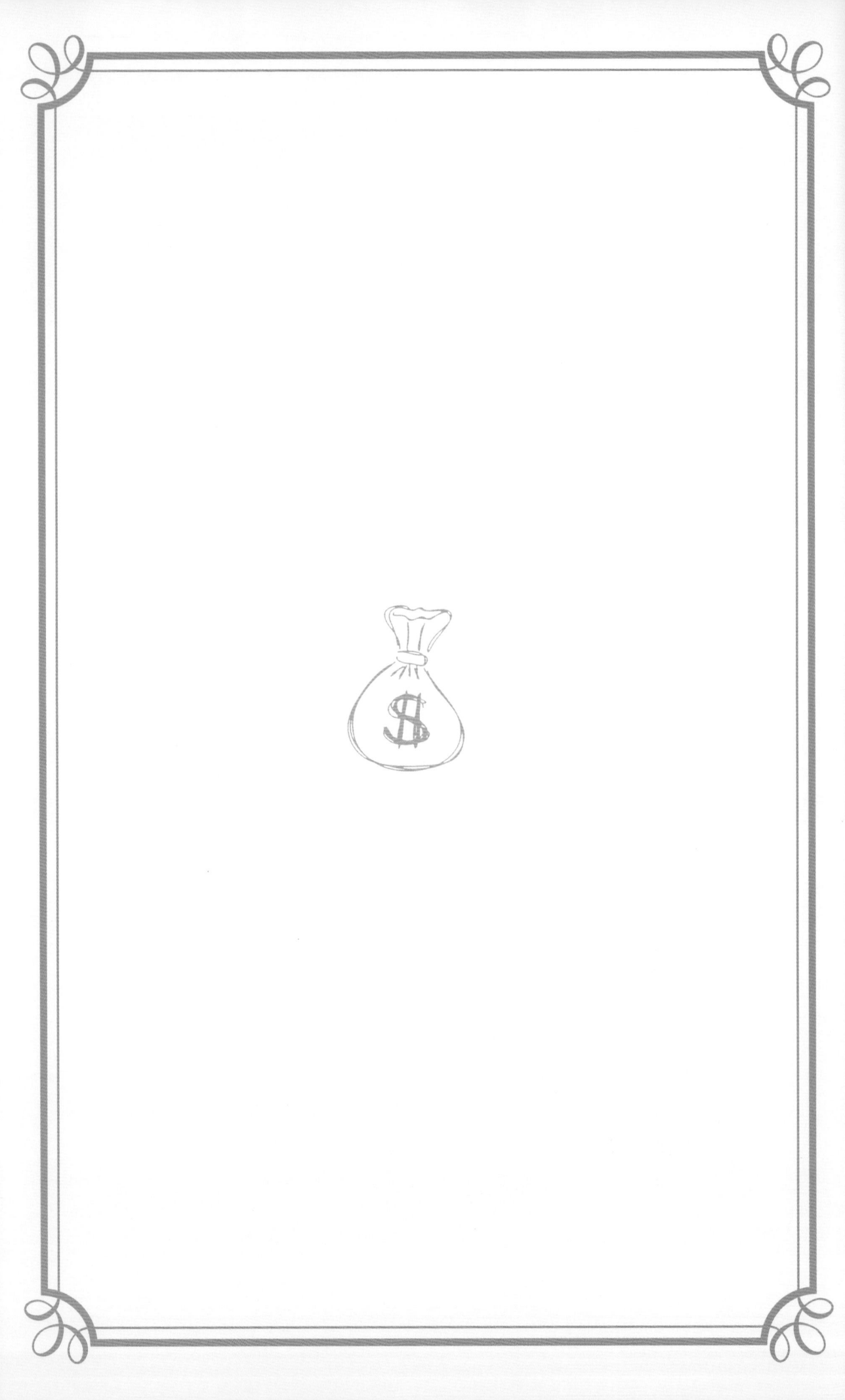

序 一

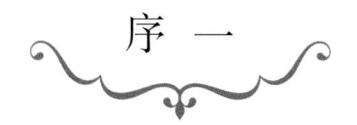

经济学：言利切莫忘大义

李德水
（国家统计局原局长）

由于经济学以财富的性质和增长为研究对象，经济学家的一些意见往往可以左右国家经济政策，影响人们的经济利益。因为利益主体不同，经济学理论和经济学家既备受尊崇，也不免受到指责。社会经济的发展是经济学家和经济理论产生的基础。社会上总有一些很有智慧又善于观察研究的人，能发现经济生活中的问题并提出行之有效的解决办法，还能总结出带有普遍性意义的经济规律，上升为理论。这又反过来指导和推动社会经济的良性发展。人们不会也不应当忘记这些经济学家的历史功绩。也许，这正是编写出版《大经济学家——世界100位著名经济学家画传》一书的初心。书中编入了100位世界著名经济学家的小传和主要经济思想，还为每一位经济学家配了一幅画像，以生动活泼的方式表达了对大师们的纪念之情。能把浩瀚的历史画卷浓缩在这样一本书之中，也足见编者马传景博士和画家薛晓源博士深厚的理论功底和为之付出的巨大心力。

作为历史悠久的文明古国，我们的先哲对经济学的贡献也是十分伟大的。西方经济学的鼻祖亚当·斯密曾经指出："人们的本性是利己的，承认人的利己之心是市场经济的出发点。存在一只看不见的手，使得人们主观上的利己行为客观上却有利于促进社会利益。"而早在公元前7世纪即春秋中期，我国的管仲在《管子》一书中就明确指出"自利"是人类的本性，并生动形象地描述道："见利莫能勿就，见害莫能勿避。其商人通贾，倍道兼行，夜以续日，千里而不远者，利在前也。"到汉朝司马迁在《史记》卷一百二十九《货殖列传》中更是做了"天下熙熙皆为利来，天下壤壤皆为利往"的高度概括。然而，战国晚期的荀子纠正和完善了管仲的利在前便什么都能做的利益观。在《荀子·荣辱》篇里说："荣辱之大分，安危利害之常体，先义而后利者荣，先利而后义者辱。"他不否定利，而是强调必须把义放在前面。后人则概括为"君子爱财，取之有道"。这个道和荀子说的义是相通的。这"道义"二字包括了法律、规则、理想、信仰、道德、诚信等，讲究太大了。只有这样才能称其为人人努力奋斗，又崇尚道义、相互团结，共同富裕和美好祥和社会。反之，如果人人只为一己之利而不顾一切、打压别人，那还能称其为社会吗？更何从实现人类的进步与繁荣！

对"人的本性是利己的"这句话也要加以分析。孟子所言"人之初，性本善"是正确的。老子在《道德经》里说："含德之厚，比于赤子。"赤子就是人之初期，大约在虚岁三岁之前的婴儿。婴儿是纯洁、朴实、无私的，所以老子说含德深厚的人，好比初生的婴儿，古之圣人总是强调人要返璞归真，现在我们也常说要保持赤子之心。人到三岁之后心中便生出一个"私"字，会和小伙伴争抢吃的、争夺小玩具，也知道捍卫自己的利益了。与此同时，小孩心中又会生出一个"义"字。在幼儿园小班里知道关爱小朋友、能主持公道的孩子"义"字就多一点。随后在成长的过程中，由于教育和环境的影响不同，以及个人努力程度的差异，大多数人都能把持住正义和私利之间的关系，成为勤劳善良的好公民，其中优秀者，能全心全意为人民办事的便成为社会精英、国之栋梁。还有少数将一己私利高于一切，不惜损害人民和国家利益的人，也可能得意于一时而终无善果。

关于当前国人非常关注的共同富裕问题，我们的先贤也有非常精彩的论述。老子在《道德经》第七十七章说："天之道，其犹张弓与？高者抑之，下者举之，有余者损之，不足者补之。天之道，损有余而补不足。人之道则不然，损不足以奉有余。"这就告诉我们，在人民当家做主的新时代，我们不需采取杀富济贫的政策，只要按照"天之道"来办就行，既要坚持按劳分配的原则，又要承认收入之间总会有些差距的，要坚定不移走共同富裕的道路，又不能搞绝对平均主义。具体说，可适当增加财产税和遗产税，同时减少对劳动者的税收就可损有余而补不足，逐步走向共同富裕。

我们读这本书，是为了学习这些大经济学家严谨的治学态度和洞察经济规律的科学方法。由于时代和环境不同，他们的理论也不免会有一定的局限性，我们切不可简单照搬，一定要结合我们的国情。特别是在建设新时代中国特色社会主义的伟大实践中和应对世界百年未有之大变局的艰难斗争中，要创造出更加辉煌的经济理论。

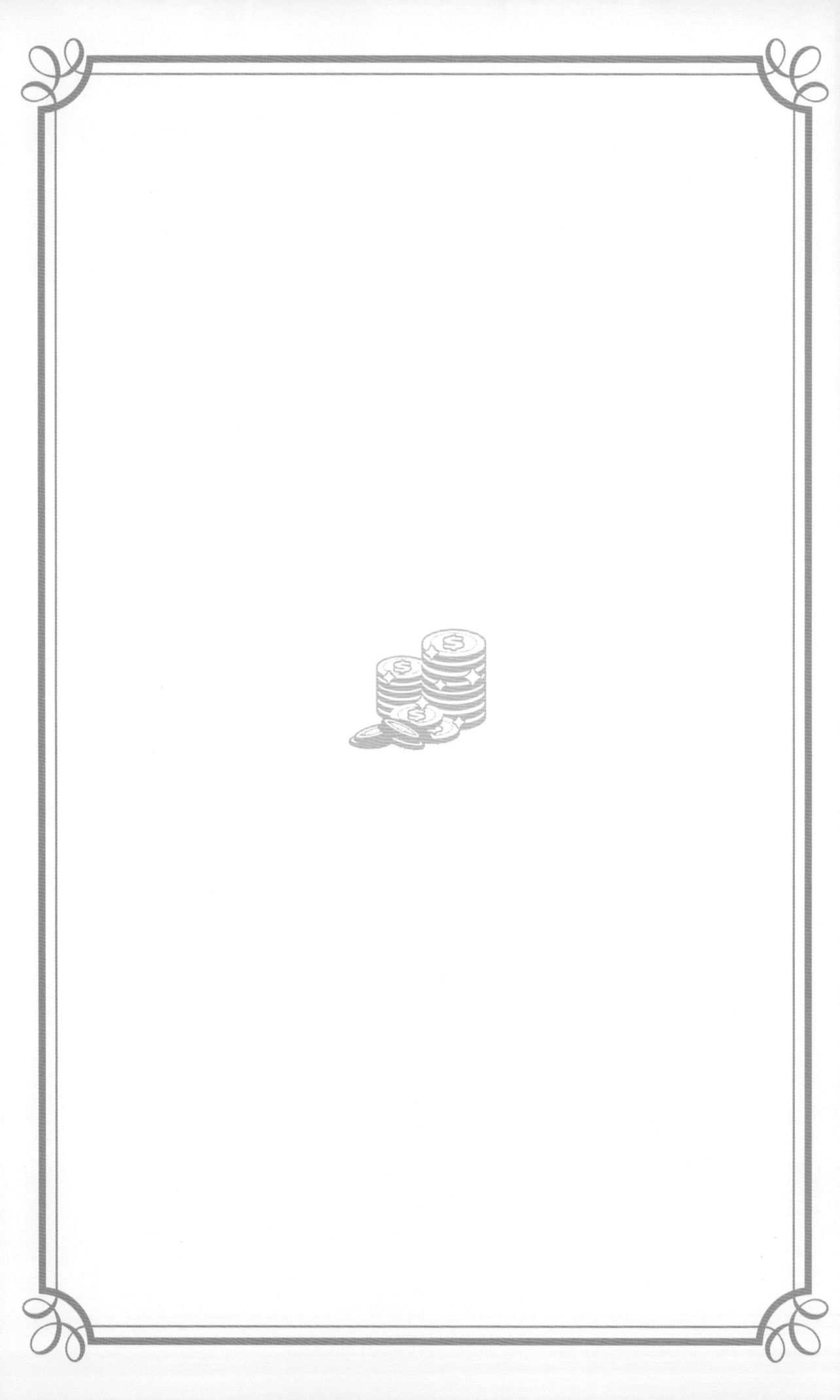

序 二

重新反思和定义经济学的使命

小约翰·柯布（John B. Cobb）

（中美后现代发展研究院创院院长、美国人文与科学院院士）

曲跃厚 译

（解放军原后勤学院教授，《中国过程研究》执行主编）

衷心祝贺薛晓源博士和马传景博士绘著的《大经济学家——世界100位著名经济学家画传》在中国问世！过去常说，经济学太重要了，不能只留给经济学家。现在，我要补充的是，哲学太重要了，不能只留给哲学家。但是，我对经济学家的感觉更强烈，因为至少在美国，尽管很多人感到他们控制了自己的哲学，但专业经济学家却说服了我们大多数人，经济学太重要了，不能让外行参与讨论它。而事实上，经济学家讨论的问题与日常经验相去甚远，以致外行不可能有助于这种讨论。

在19世纪的欧洲，经济学家已经成为德国人所说的一个"科学家"。这种学术形式基于康德的纯粹理性得到了发展。在体系上，它聚焦于增加事实信息，不允许估价，不允许投机。实际上，也就是不允许质疑各种假定。专业人员无需知道从其他科学学到些什么，因为它们的主题是不同的和无关的。马丁·海德格尔说："这是一种科学智慧。"也就是说，这种研究不涉及思考。

在美国，在任何一个领域，这种研究方式被称为一个"学科"。20世纪上半叶，学科接管了美国大学，它们在物理科学中产生了大量信息。但即便如此，对那些喜欢思考所有这些信息如何有助于我们理解我们的世界的人来说，结果也是令人失望的。因为这些已经取代了科学教学的学科不再提供关于自然界的一种连贯的观点，而且它们也不关心自然界。只有详细的事实信息才是重要的，而人们在量子物理学中学到的和在物理学的大多数其他分支中学到的是冲突的这一事实并不重要。尔后，关于超自然的各种零散信息通常都被排除在了所有学科之外。在大学里，没有一个地方能帮助学生理解所讲授的东西。

当社会研究被一系列学科所取代时，后果更糟糕。经济学是最重要的，因为在一个假定了价值中立的世界中，财富成了最高价值，而经济学学科所讲授的就是个人和公司应该尽可能地致富以及如何致富。经济学学科的学生对生物学家提出的生态系统将濒临崩溃，以及气候学家警告的气候将在几年内急剧变化的事实不感兴趣，经济学学科的专业人员甚至对我们必须预见到的未来的恐怖毫不关心。尽管他们受到了良好的教育，但想的却只是他们那个领域里的事情。

一般来说，由于政府更多地寻求的是经济学而非其他学科的建议，所以国家政策（包括外交政策）通常会忽视植物、动物、气候等诸多方面正在发生的事情。如果这些问题被迫引起注意的话，它们也只会在各自的背景下被视为单独的问题予以讨论，并绝对服从于对财富的追求。在解决这些问题时，政府关心的是不去干扰那些旨在增加财富的政策。以这种方式排序的世界走向了大规模的灭绝，而且人种也可能灭绝。然而，即便是这种信息也没有影响经济学这门学科所讲授的内容。

如果是一本美国人写的介绍100位经济学家的著作我不会太感兴趣，但这本不同，这本书是在中国策划和出版的，它不仅包括西方的，而且也包括中国的经济学家，不仅包括现代的，而且包括古代的，它甚至把我所钦佩的政治家孙中山先生也收入其中。这本书表明中国人并没有放弃常识和思考，正是他们让我们知道了人们对经济的看法。尽管中国在经济学学科强力支持下的市场经济方向上已经走得很远，但情况并不相同。政府使用了市场经济的方法，但却出于独立的目的。政府不为公司服务，它更关心的是消除贫穷而非简单地使富人致富，它支持的是把经济当作社会的重要组成部分来进行思考。

这本书重新定义了"经济学"，它不再是一门学科，它在思考并邀请那些有思想的人来思考经济问题，它不是价值中立的。思想家们对什么才是最重要的这个问题可能有不同见解，但我希望，在世界上唯一一个把"生态文明"当作目标的国家，人们更多地思考的是经济如何才能有助于实现这种文明。

对发展有助于这种经济的思考来说，中国比美国更有优势。因为美国经济学家经常断言，他们的学科是以个人彼此竞争稀缺商品的利己主义观点为基础的。我们往往会怀疑那些公开宣布的高调动机，我们寻找的是演讲者想从他们提出的建议中得到什么，我们对以权谋私利者的数量并不惊讶。

然而，对人类的这种描述来自对更复杂的实在的一种抽象。如果母亲只关心钱财，婴儿就将无法生存。也许，特别是在西方，千百万人为他们的国家献出了生命，这不可能用他们对财富的竞争欲望来解释。尽管这些都是极端的例子，但事实是，大多数行为都来自复杂的动机。尽管人们经常会有自我中心的经济欲望，但我们的自我理解的一个重要组成部分乃是我们对比我们自身更大的某些共同体（我们的家庭、我们的社区、我们的教会、我们的族群、我们的国家）的归属感。

我们在竞争，而且有些竞争是有利的。但是，我们也作为那些彼此关爱的人的共同体的组成部分而存在。当青少年没有健康的家庭或共同体时，他们就会拉帮结派。忽视这一切并假定人的行为只是基于其对财富的合理自利，乃是非经验的。思考固然需要抽象，但严肃的思考试图检验这种抽象。我们应该寻求把我们的理论建立在实在而非抽象的基础之上。

如果中国的经济学教授相信西方人类学，我可能假定这不是由于财富，而是因为这是成为经济学家共同体的组成部分的方式。没有这种旨趣，西方经济理论的荒谬早就崩溃了。但是，永远忽视实在是很难的。只有当一个人强烈要求成为一个需要参与的共同体的组成部分时，他才可能这样做。具有讽刺意味的是，现代大学经济学的成功是以一种专业人员忽视甚至否认存在的实在为基础的。

为了生存和意义，个人需要和共同体中的其他人一起参与。只有在这样的共同体中，我们才能自称为人。因此，我建议经济学理论从把个人理解为共同体中的人开始。我们可能认识到，在共同体中，人以各种方式竞争，其自我中心性会经常威胁到共同体的存在。但我们也可能认识到，和他人一起参与是必须的，而且人只能在共同体中并通过它而成长。经济应该用来加强共同体的生活，而非像现在这样削弱和破坏它。当然，中国文化强烈支持旨在共同体的经济，并反对只鼓励竞争的个人主义。

在这种关联中，有趣的是注意到，甚至亚当·斯密的经济思想也支持共同体。但遗憾的是，他承认的共同体只是国家，而且他的思想的这一方面被极端个人主义的倾向拒斥了。今天，公司越来越跨国化，并利用美国政府在全球为它们工作来反对国家主义。在西方，国家被视为全球主义理想的障碍，他们把民族感情视为极端保守主义的一种表现。在此，我呼吁大家在本书的基础上建立起对经济（这种经济是以对人和世界的一种实在论理解为基础的）的一种实在论理解。今天，人们应该很容易看到，跨国机构可能被当作反对国家的武器，因此国家最好拥有高度的自给自足的经济。而且，多变的气候和新冠疫情已经给我们带来很多问题，预示着长期供应链引发的各种困难。全球秩序受到了严重威胁，由于粮食短缺，国家秩序也无法指望。我们需要健康的、能够抵御各种干扰的地方经济，我们需要那些防止各种教条阻碍人们学习和思考的专业人员的帮助，因为他们能帮助我们设想并实现更短的供应链、强大的地方共同体和更多地方的自给自足。

但愿中国能引领我们！希望《大经济学家——世界100位著名经济学家画传》的出版有助于人们重新反思经济学的使命，帮助人们认识到什么样的经济才是生态文明所需要的。

目 录

（按出生年月排序）

序一　经济学：言利切莫忘大义　/ i
序二　重新反思和定义经济学的使命　/ v

1　管仲（约前 730—前 645）　/ 1
　　中国春秋时期著名政治家和经济思想家

2　色诺芬（Xenophon，约前 430—前 355）　/ 4
　　使用"经济"一词第一人

3　桑弘羊（前 155？—前 80）　/ 6
　　中国古代的重商主义者

4　王安石（1021—1086）　/ 9
　　中国 11 世纪的经济改革家

5　托马斯·莫尔（Thomas More，1478—1535）　/ 12
　　早期空想社会主义经济思想家

6　托马斯·孟（Thomas Mun，1571—1641）　/ 15
　　重商主义"福音书"的作者

7　威廉·配第（William Petty，1623—1687）　/ 18
　　百科全书式学者和政治经济学之父

8　约翰·洛克（John Locke，1632—1704）　/ 21
　　价值"供求决定论"的经济思想先驱

9　弗朗斯瓦·魁奈（François Quesnay，1694—1774）　/ 24
　　宫廷御医和法国重农学派的创始人

10　大卫·休谟（David Hume，1711—1776）　/ 27
　　早期货币数量论的代表人物

11 亚当·斯密（Adam Smith，1723—1790） / 30
英国古典政治经济学体系的建立者

12 杰里米·边沁（Jeremy Bentham，1748—1832） / 34
走在时代前面的经济学家

13 托马斯·马尔萨斯（Thomas Malthus，1766—1834） / 37
因人口理论闻名于世的经济学家

14 让-巴蒂斯特·萨伊（Jean-Baptiste Say，1767—1832） / 40
供给经济学的鼻祖

15 大卫·李嘉图（David Ricardo，1772—1823） / 43
英国古典政治经济学的完成者

16 约翰·杜能（Johann Thünen，1783—1850） / 46
现代经济学的重要源头

17 弗里德里希·李斯特（Friedrich List，1789—1846） / 48
德国历史学派的先驱人物

18 拿骚·西尼尔（Nassau Senior，1790—1864） / 51
具有高度独创性的古典经济学家

19 魏源（1794—1857） / 54
中国第一个有近代资产阶级经济学气味的人

20 约翰·穆勒（John Mill，1806—1873） / 57
古典政治经济学之集大成者

21 皮埃尔·蒲鲁东（Pierre Proudhon，1809—1865） / 60
无政府主义经济理论之父

22 赫尔曼·戈森（Hermann Gossen，1810—1858） / 63
边际效用递减规律的最早发现者

23 威廉·罗雪尔（Wilhelm Roscher，1817—1894） / 65
德国旧历史学派的主要代表人物

24 卡尔·马克思（Karl Marx，1818—1883） / 68
资本主义经济制度理论上的掘墓人

25 克莱门特·朱格拉（Clément Juglar，1819—1905） / 72
正式提出经济周期概念第一人

26 莱昂·瓦尔拉斯（Léon Walras，1834—1910） / 75
一般均衡模型的建立者

27 威廉·杰文斯（William Jevons，1835—1882） / 78
经济学边际革命的主将

28 古斯塔夫·施穆勒（Gustav von Schmoller，1838—1917） / 81
德国新历史学派的代表人物

29 卡尔·门格尔（Carl Menger，1840—1921） / 84
奥地利学派的创立者和边际革命的奠基者之一

30 阿尔弗雷德·马歇尔（Alfred Marshall，1842—1924） / 87
新古典经济学之创立者

31 约翰·克拉克（John Clark，1847—1938） / 90
美国经济学派的最早创立者

32 维尔弗雷多·帕累托（Vilfredo Pareto，1848—1923） / 93
新福利经济学的主要代表之一

33 爱德华·伯恩斯坦（Eduard Bernstein，1850—1932） / 96
修正主义经济理论鼻祖

34 欧根·庞巴维克（Eugen Böhm-Bawerk，1851—1914） / 99
传播奥地利学派理论和方法的"圣保罗"

35 克努特·维克塞尔（Knut Wicksell，1851—1926） / 102
瑞典学派的创始人

36 卡尔·考茨基（Karl Kautsky，1854—1938） / 105
第二国际主要的马克思主义理论家

37 托尔斯坦·凡勃伦（Thornstein Veblen，1857—1929） / 108
美国制度学派的创始者

38 马克斯·韦伯（Max Weber，1864—1920） / 111
资本主义发展的精神动力的发现者

39 孙中山（1866—1925） / 114
系统提出中国现代化建设主张第一人

40 欧文·费雪（Irving Fisher，1867—1947） / 117
美国历史上"最伟大、最引人注目"的经济学家

41 弗拉基米尔·列宁（Vladimir Lenin，1870—1924） / 120
帝国主义经济理论的创立者

42 罗莎·卢森堡（Rosa Luxemburg，1871—1919） / 124
历史上最早的女经济学博士

43 阿瑟·庇古（Arthur Pigou，1877—1959） / 127
旧福利经济学的主要代表人物

44 马寅初（1882—1982） / 130
中国人口学第一人

45 约瑟夫·熊彼特（Joseph Schumpeter，1883—1950） / 133
企业家的热情讴歌者

46 约翰·凯恩斯（John Keynes，1883—1946） / 136
现代宏观经济学的创立者

47 弗兰克·奈特（Frank Knight，1885—1972） / 140
芝加哥经济学派的创始人

48 瓦尔特·欧肯（Walter Eucken，1891—1950） / 143
联邦德国新自由主义经济学的领军人物

49 尼古拉·康德拉季耶夫（Nikolai Kondratieff，1892—1938） / 146
经济长波理论的提出者

50 路德维希·艾哈德（Ludwig Erhard，1897—1977） / 149
社会市场经济之父

51 莱昂内尔·罗宾斯（Lionel Robbins，1898—1984） / 152
给现代经济学定性的人

52 皮埃罗·斯拉法（Piero Sraffa，1898—1983） / 154
"新李嘉图学派"的创立者

53 刚纳·缪尔达尔（Gunnar Myrdal，1898—1987） / 157
货币和经济波动理论的先驱之一

54 米哈尔·卡莱茨基（Michał Kalecki，1899—1970） / 160
凯恩斯主义经济学的先驱

55 贝蒂·俄林（Bertil Ohlin，1899—1979） / 163
新的区域分工和国际贸易理论的创立者之一

56 弗里德里希·哈耶克（Friedrich Hayek，1899—1992） / 166
以极端的经济自由主义闻名于世

57 王亚南（1901—1969） / 169
中国半殖民地半封建经济形态研究巨擘

58 西蒙·库兹涅茨（Simon Kuznets，1901—1985） / 172
经济统计分析的先驱

59 劳尔·普雷维什（Raúl Prebisch, 1901—1986） / 175
当代南美最伟大的经济学家

60 西奥多·舒尔茨（Theodore Schultz, 1902—1998） / 178
人力资本理论的奠基人

61 扬·丁伯根（Jan Tinbergen, 1903—1994） / 181
经济计量学的奠基者

62 琼·罗宾逊（Joan Robinson, 1903—1983） / 184
不完全竞争理论的提出者

63 奥斯卡·兰格（Oskar Lange, 1904—1965） / 187
因提出"计算机社会主义"而闻名

64 约翰·希克斯（John Hicks, 1904—1989） / 190
一般均衡模式的创建者

65 薛暮桥（1904—2005） / 193
中国市场导向改革的理论拓荒者

66 瓦西里·里昂惕夫（Wassily Leontief, 1906—1999） / 197
投入产出理论的创立者

67 詹姆斯·米德（James Meade, 1907—1995） / 200
国际经济学的重要代表人物

68 孙冶方（1908—1983） / 203
价值规律的坚定捍卫者

69 约翰·加尔布雷思（John Galbraith, 1908—2006） / 206
美国新制度学派的领军人物

70 彼得·德鲁克（Peter Drucker, 1909—2005） / 209
现代管理学之父

71 罗纳德·科斯（Ronald Coase, 1910—2013） / 212
新制度经济学的鼻祖

72 米尔顿·弗里德曼（Milton Friedman, 1912—2006） / 215
芝加哥学派和美国新自由主义的领军人物

73 威廉·菲利普斯（William Phillips, 1914—1975） / 218
因提出"菲利普斯曲线"留下不朽之名

74 阿瑟·刘易斯（Arthur Lewis, 1915—1991） / 221
"二元经济结构"理论的创立者

75 保罗·萨缪尔森（Paul Samuelson，1915—2009） / 224
新古典综合派的代表人物

76 沃尔特·罗斯托（Walt Rostow，1916—2003） / 227
经济"起飞"理论的创立者

77 赫伯特·西蒙（Herbert Simon，1916—2001） / 230
最先提出有限理性概念的经济学家

78 詹姆斯·托宾（James Tobin，1918—2002） / 233
美国最杰出的凯恩斯学派经济学家

79 詹姆斯·布坎南（James Buchanan，1919—2013） / 236
公共选择理论的创立者

80 道格拉斯·诺思（Douglass North，1920—2015） / 239
新经济史和制度变迁理论的创立者

81 劳伦斯·克莱因（Lawrence Klein，1920—2013） / 242
宏观经济计量学的创建人

82 肯尼斯·阿罗（Kenneth Arrow，1921—2017） / 245
因提出"不可能性定理"而成名

83 托马斯·谢林（Thomas Schelling，1921—2016） / 248
"冲突理论"的创立者

84 戈登·塔洛克（Gordon Tullock，1922—2014） / 251
闯入政治科学领域的经济学家

85 雅各布·明塞尔（Jacob Mincer，1922—2006） / 253
最早提出人力资本理论的经济学家

86 罗伯特·索洛（Robert Solow，1924— ） / 255
新古典经济增长理论的重要代表

87 弗农·史密斯（Vernon Smith，1927— ） / 258
实验经济学之父

88 亚诺什·科尔奈（János Kornai，1928—2021） / 261
短缺经济学的创立者

89 约翰·纳什（John Nash，1928—2015） / 264
以非合作博弈的均衡分析而名声远播

90 加里·贝克尔（Gary Becker，1930—2014） / 267
"不务正业"的经济学家

91 罗伯特·蒙代尔（Robert Mundell，1932—2021） / 270
　　欧元之父

92 埃莉诺·奥斯特罗姆（Elinor Ostrom，1933—2012） / 273
　　历史上第一位获得诺贝尔经济学奖的女性

93 阿马蒂亚·森（Amartya Sen，1933— ） / 275
　　新发展经济学的杰出探索者

94 丹尼尔·卡内曼（Daniel Kahneman，1934— ） / 278
　　行为经济学的奠基者之一

95 张五常（Steven Cheung，1935— ） / 281
　　新制度经济学的重要创立者之一

96 罗伯特·卢卡斯（Robert Lucas，1937— ） / 284
　　理性预期学派的重要代表

97 赫尔曼·达利（Herman Daly，1938—2022） / 287
　　生态经济学的里程碑式人物

98 约瑟夫·斯蒂格利茨（Joseph Stiglitz，1943— ） / 290
　　信息经济学的重要代表人物

99 保罗·克鲁格曼（Paul Krugman，1953— ） / 293
　　新国际贸易理论的创立者

100 保罗·罗默（Paul Romer，1955— ） / 296
　　新增长理论的主要建立者

主要参考文献　/ 299

跋　/ 301

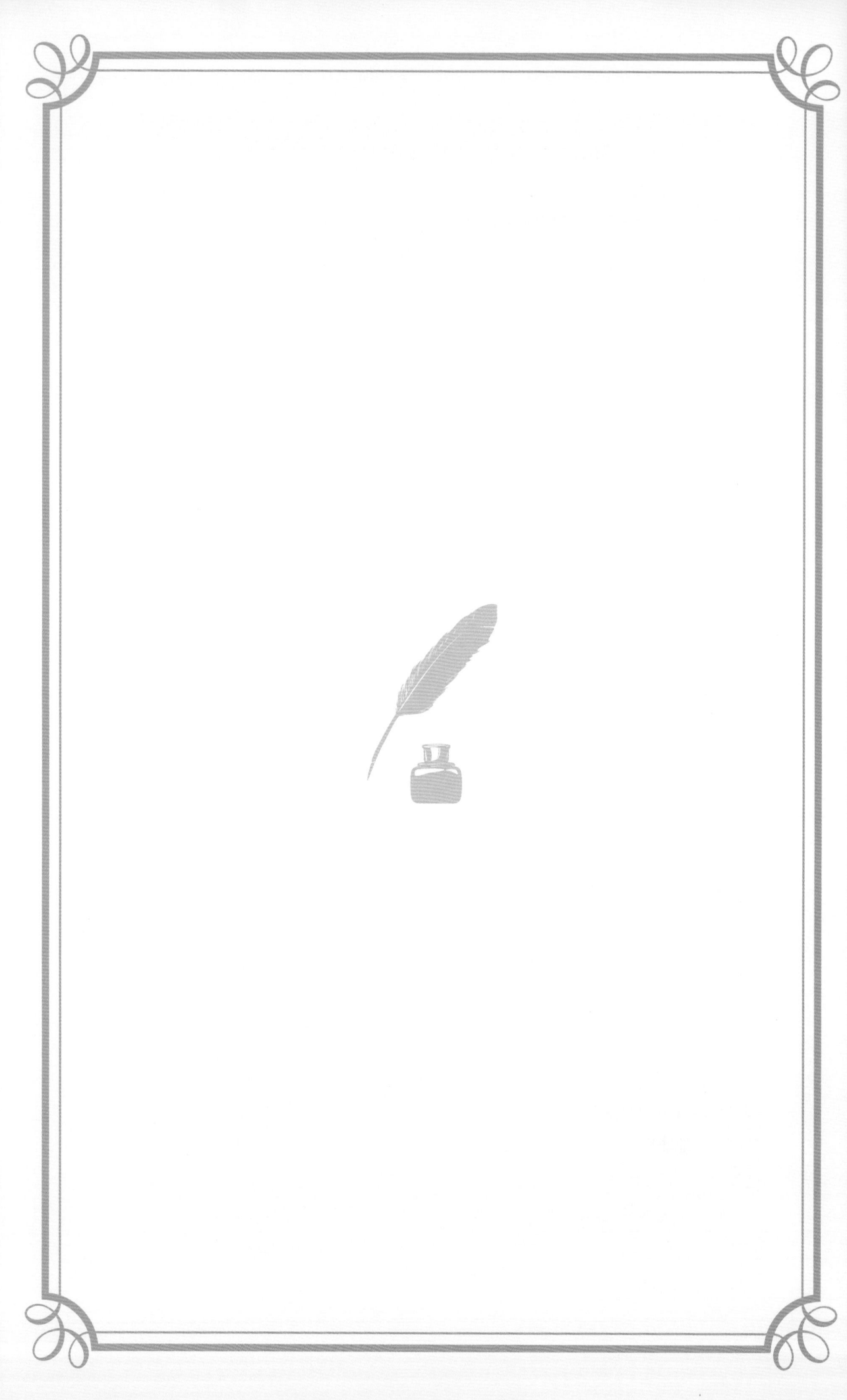

管仲

（中国，约前 730—前 645）

中国春秋时期著名政治家和经济思想家

名言：仓廪实则知礼节，衣食足则知荣辱。

梳理管子的经济思想，不由得击节称叹。他的经济思想不仅大大超过了同时代的人，而且直到 19 世纪，就经济思想的广度和深度而言在中国也无人超过他。在中国两千多年的封建社会中，管子的经济思想和经济政策事实上一直被奉行。更加令人称叹的是，了解了管子的经济思想，再读英国古典政治经济学和凯恩斯的著作，感觉有些观点似曾相识。

管仲，名夷吾，春秋时期颍上人。他出生于一个没落的贵族家庭，少年时代曾经营过商业，故对商品贸易、货币等有较丰富的知识。他作为齐国的宰相，辅佐齐桓公成为春秋时期第一个霸主，是古代中国最著名而又最有影响力的政治家之一。孔子对他评价甚高："微管仲，吾其被发左衽矣。"（大意为：如果没有管仲，恐怕我们都要穿戴成野蛮人模样了。）他不仅具有高超的政治才能，而且熟悉经济，极其善于为国理财，并留下了丰富的经济思想遗产。

管仲的经济思想集中体现在《管子》一书中。学界过去一向认为这是管仲之作。到了近代，学者们均认定该书成书于战国，非一人一时之作。即便如此，我们仍然可以认为《管子》主要记录了管仲的经济思想。在《管子》中，论及经济的达数万字，举凡财富、货币、价格、贸易、分配等主要经济问题都有论述。这不仅在中国封建时代绝无仅有，扩大到世界范围，在前资本主义漫长的历史时期内，也罕有这样丰富而辉煌的经济论著。这里只介绍《管子》一书中几个方面的思想，读者自可窥一斑而知全豹。

1. 财富及其源泉。管子所谓财富即谷物、桑麻、六畜、房屋等劳动产品和山泽、土地、沟渎等自然财富。财富的产生则来自于劳动与土地。书中说"彼民非谷不食，谷非地不生，地非民不动，民非作力毋以致财"。可以看出，这与威廉·配第的"劳动是财富之父，土地是财富之母"的观点庶乎不远。

2. 自利的观点。《管子》明确地把"自利"肯定为人类的本性，并将自利作为说明整个社会经济活动的指导原则。人之本性是"见利莫能勿就，见害莫能勿避。其商人通贾，倍道兼行，夜以续日，千里而不远者，利在前也。渔人之入海，海深万仞，就彼逆流，乘危百里，宿夜不出者，利在水也。故利之所在，虽千仞之山，无所不上，深源之下，无所不入焉"。这种活灵活现的描写，可与亚当·斯密对伦敦桥清晨熙来攘往之描绘媲美。

3. 先进的消费观。《管子》一方面和同时代的思想家一样主张节俭，同时也主张在某些情况下鼓励奢侈。他认为，在正常情况下要节俭，在一定条件下则可奢靡。所谓"一定条件"则是指在社会生产不振，有必要推动消费的场合。他在《侈靡》篇中说："兴时化若何？莫善于侈靡。"接着在《乘马数》篇中又说，如果灾害频仍，民不聊生时，可以雇用生计无着的贫民来修筑宫室楼阁。这不是为了享乐，而是借奢侈以扩大人民就业机会，使他们不致颠沛流离。为了在民生凋敝之时扩大消费，管子甚至提出了在煮鸡蛋或烧火之前先将鸡蛋和劈柴精心雕刻，因为这样可以增加从事雕刻的手艺人的生计。这又让我们想起凯恩斯提出的为扩大消费而提出的极端措施：政府先雇人把货币埋起来，然后商人再雇人把钱挖出来。

4. 关于市场的作用。《管子》认为，市场可以解决人民的物资匮乏问题，市场可以决定物品的贵贱。通过市场可以了解什么东西多了，什么东西少了，任何人都可以通过市场交换获得利益，市场的存在可以刺激农业生产，等等。当时对市场的作用能达到这样的认识，不能不令后人肃然起敬。

5. "国轨"即国家干预经济的思想。国家对经济的强力干预，是《管子》经济思想的骨骼。他所谓的"国轨"不是因一时一事而采取的偶然干预措施，而是预先制订了周密的计划作为国家经济活动的指导方针。"国轨"的范围无所不包，"田有轨，人有轨，用有轨，乡有轨，人事有轨，币有轨，县有轨，国有轨。不通于轨数，而欲为国，不可"。管子认为，国家要有效地指导经济活动，必须全面调查和了解整个国家的经济活动。《管子》一书中提出了70多个要调查的社会经济问题和指标。比如：父母俱亡又无田宅的孤儿有多少？有多少人靠借债度日？国民有多少人生活在国外？外来人口没有田宅的有多少人？以种菜、种树为生的有多少人？士人有田不耕的有多少，靠什么为生？如此等等。看得出，管子对全国情况肯定了然于胸，是一个不世出的经济天才。还需要指出的是，虽然管子强调国家对经济的全面干预，但对有些行业的政策却是部分垄断。如盐业政策，国家并不完全垄断生产，也不全部垄断销售，只是在一定情况下强迫私人停止生产，以保持食盐价格水平，保证国家来自盐业的财政收入。这似乎有点"计划经济为主、市场经济为辅"的经济思想的影子。

《管子》中包含的经济思想是古代中国经济思想的高峰。此后一千多年虽然个别方面有所发展，但整体上没有超过《管子》。

正所谓，春秋时期一个世纪的创造，胜过以后封建社会近两千年的因循。

色诺芬

Xenophon（古希腊，约前430—前355）

使用"经济"一词第一人

> 名言：财富是一个人能够从中得到利益的东西。

说起经济学的起源和发展，就不能绕开古希腊人色诺芬。因为他是提出"经济"一词的第一人，他的《经济论》（*Oeconomicus*）是经济学的开山之作。在《经济论》中，色诺芬使用了"经济"一词。英文的经济（economy）就源于希腊文的oikonomia，意为家庭财富管理。

色诺芬出生于雅典富人家庭，是古希腊著名哲学家苏格拉底的门生。他是古希腊出色的历史学家和作家，他拥护斯巴达贵族政治，反对雅典民主政治。经过多年的政治缠斗和疆场厮杀后，色诺芬回到奥林匹亚的领地上，专心管理农庄，经营农业，并把经营管理农庄的总结和体会写成了《经济论》。

《经济论》主要讨论什么是财富和怎样增加财富，这实际上也是自古以来经济学研究的两大主题。色诺芬认为，财富是一个人能够从中得到利益的东西。财富或者对拥有它的人有用，或者可以拿去交换。实际上，他对财富的定义与现代经济学关于商品的定义已经没有本质的差别了。

色诺芬强调农业作为财富来源的重要性，认为农业的重要性高于其他产业。大约两千年以后，法国重农学派主将魁奈对色诺芬重视农业的观点赞赏有加，并把色诺芬的一段话作为他的主要著作《经济表》（*Economic Table*）的题词。

在如何增加财富的问题上，色诺芬谈到了影响财富增加的三种要素：分工、人才与技术。色诺芬认为，一个人不可能样样精通，强调一个人如果只从事一种手工业，就可以把工作做好。他还分析了分工与市场的关系，马克思认为他已经意识到了分工依存于市场范围。色诺芬认识到人才在财富增加中的重要性，而人才在于培养。在作为庄园主的他看来，人才问题就是如何训练妻子、管家和奴隶。色诺芬所说的技术实际上是关于农业的技艺，在书中把农业技术和秘诀作为财富管理的重要内容，花了大量篇幅讨论农业生产过程。

色诺芬在《经济论》中的许多观点，今天看来已成为常识，但作为近现代经济学的源头，意义不可低估。

桑弘羊

（中国，前155？—前80）

中国古代的重商主义者

> 名言：富国何必用本农，足民何必井田也。

公元前81年，汉昭帝始元六年，汉朝政府召开了历史上著名的"盐铁之议"，检讨汉武帝以来所实行的经济政策。参加辩论的有丞相田千秋及其属官、御史大夫桑弘羊及其属吏，此外还有60余名各郡选派的代表，是为"贤良文学"。辩论中"贤良文学"群情激奋，实际上把这次会议开成了对桑弘羊的"批判会"。辩论的结果是废除了酒的专卖和关内盐铁的专卖。参加辩论的桓宽记录了会议辩论情况，留下了著名的《盐铁论》，使我们今天有可能了解中国古代重商主义者桑弘羊的经济思想。

桑弘羊出生于洛阳一个商人家庭，13岁即入宫廷为侍中，从33岁起就参与和掌管中央财政事务近40年，官居御史大夫，位列三公。他很成功地为当时的封建王朝解决了十分沉重和紧迫的财政需要，而且做到了"民不加赋"。他的财政政策被后世的许多财政改革家视为足资效法的典范。尽管他政绩卓著，但由于出身商人家庭和古代中国"重农抑商"的传统，一直为封建士大夫所不齿。他的财政政策也被许多后世的儒家予以否定和蔑视，以致连同时代伟大的史学家司马迁都不愿意为他立传。

桑弘羊的许多经济思想和政策主张都是祖述管子，唯重商主义经济主张斩钉截铁，系统全面，道人所未道，成为他的经济思想的核心和鲜明特点。

与欧洲重商主义者一样，桑弘羊以货币的多寡代表财富的多寡，而商业正好是以获取金钱为目的的经济活动，自然得出商业是致富来源的结论。他否定先秦以来很多思想家所接受的农业是致富的唯一来源的观点，指出"宛、周、齐、鲁，商遍天下。故乃商贾之富，或累万金，追利乘羡之所致也。富国何必用本农，足民何必井田也"。像这样公开否定"本农"而重视商业的论断，在19世纪以前的中国历史中是极为罕见的。

桑弘羊固然不同意当时流行的专靠农业致富的观点，但他绝不否认农业在生产人类生活必需品上的重要性。但是在他的心目中，农业之所以为"本"，之所以重要，是因为它提供了食粮，但不一定靠农业致富。他更强调的还是"富国何必用本农"，以及"利在势居，不在力耕也"。

还有一个其他思想家未曾提到而桑弘羊有所分析的重要经济观点，即从不同地域自然资源的差异和分工来解释商品流通的重要性。他指出，各地区的自然资源不同，所生产的产品也各有不同，此地之丰饶，正是另一地之贫乏。商品流通就是要使"多者不独衍，少者不独馑"。相反，"若各居其处，食其食，则是橘柚不鬻，朐卤之盐不出……"。由于有商品流通，虽是"山居泽处"之人也能得到自己所需要的远方商品。这与现代国际贸易理论中的"资源禀赋说"，在理论要义上并无根本差别。

中国封建社会经济形态是自给自足的自然经济，商品生产与流通只是零散的、偶然的经济活动。个人以商致富尚有可能，国家以商为本而国富民强根本没有可能。所以，桑弘羊的重商主义经济主张不可能与传统的重农抑商思想相抗衡，必然遭到来自封建士大夫的攻击，也不可能得到真正实施。

在那样的经济环境和舆论环境下，能够提出一千多年以后欧洲人才提出的经济主张，只能说桑弘羊领先时代太多。

王安石

（中国，1021—1086）

中国11世纪的经济改革家

> 名言：天变不足畏，祖宗不足法，人言不足恤。

王安石大概是中国历史上最具争议的人物之一，一褒一贬，天上地下。起因在于他执政时推行的改革，所谓"知我者春秋，罪我者春秋"。他的经济思想体现在他推行的经济改革政策和措施中。

王安石，字介甫，江西抚州人，生于下级官吏之家。他是北宋著名的学者、文学家、政治家、改革家。庆历二年（1042年），王安石进士及第，历任扬州签判、鄞县知县、舒州通判、江宁知府等职，政绩显著。熙宁二年（1069年）任参知政事，次年拜相，主持变法。因守旧派反对，熙宁七年（1074年）罢相。一年后再次被起用，旋又罢相，退居江宁。宋哲宗继位当年，保守派得势，新法皆废，王安石郁然病逝于钟山。死后被追赠太傅，又获谥"文"，世称王文公。

王安石主政时推行了全面的经济改革，包括经济行政机构的改革、均输法、市易法、青苗法、募役法、农田水利法、方田均税法等。王安石变法更多体现的是见识、勇气和担当，这是当时的知识分子所缺乏的。他给我们留下的经济思想遗产并不多，但也有几个方面值得注意。

王安石很像一个功利主义者，一反以往儒者服官"耻言财利"的迂腐传统，公开宣扬"政事所以理财，理财乃所谓义也"和"均节财用，所以为义也"。在历史上曾实际掌握过权力的思想家中，尤其是儒者中，他是第一个公开讲求财利的人。承认经济利益的重要性，是经济学研究的起点。就像亚当·斯密创立古典政治经济学的基本假设是人是自利的经济人。否则，离开利益而谈论经济问题，只能是云里雾里，言不及义。

摧抑兼并是王安石经济思想的核心。与过去朝代抑制兼并不同的是，他所要打击的兼并除了"豪党之家"的兼并，还包括"阡陌闾巷之贱人"之间的兼并行为。这里他意识到了制度与兼并的关系：如果实行自由竞争的经济政策，国家不对经济生活实行干预，竞争必然走向垄断。马克思、列宁都论述过这一原理。作为中国古代思想家，王安石对此做了原始而朴素的表达。

在财富的生产方面，王安石的观点与先秦思想家并无不同，也是认为财富的根源是劳动与自然。但是，王安石似乎意识到了流通不能产生财富。他引用了扬雄《法言》的一句话："为其父而榷其子，纵利，如子何？"说明他赞成扬雄的观点，一家人关起门来相互贸易而不从事生产是不可能增加财富总量的，明确了流通不能创造物质财富。在财富分配方面，王安石的有些见解还是很深刻的。比如，他看出个人财富的增长与全社会财富的增长不是一回事。个人财富可能通过取之于他人而增长，而全社会的财富则必须通过生产才能有所增长。他还意识到全社会的财富分配是某一方面的增多即另一方面的减少，除增加生产外，只是变更财富的分配情况，不能增大社会财富的总量。

以王安石的干练、执拗和敢于担当，变法还是以失败而告终。

托马斯·莫尔

Thomas More（英国，1478—1535）

早期空想社会主义经济思想家

> 名言：人们出于愚笨，才把金银看得贵重。

世人可能不知道托马斯·莫尔为何许人，但一定知道"乌托邦"。"乌托邦"就是莫尔臆造出来的，他因此而名垂史册。

莫尔出生在伦敦一个富有的家庭，父亲曾担任皇家高等法院的法官。莫尔幼年学习过拉丁文，后入牛津大学学习古典文学，并学习了希腊文，阅读了大量古希腊思想家特别是柏拉图的著作并深受影响。后来，他又按照父亲的要求改学法律。毕业后从事法律工作，成为当时著名的律师。莫尔积极参与政治活动，很年轻时就成为国会议员，后来又担任过副财务大臣、下议院议长、英国大法官，并被封为爵士。1535年，因反对亨利八世兼任教会首脑而被处死。

1515年至1516年出使欧洲大陆期间，莫尔用拉丁文写下了他的不朽之作《乌托邦》，书的全名是《关于最完美的国家制度和乌托邦新岛的既有益又有趣的金书》（*Libellus vere aureus, nec minus salutaris quam festivus, de optimo rei publicae statu deque nova insula Utopia*）。书中叙述了一个虚构的航海家航行到一个叫乌托邦的岛国的旅行见闻。乌托邦是两个希腊词合成的，意即"不存在的地方"。

乌托邦明显带有柏拉图理想国的影子。莫尔借乌托邦描绘了理想的社会政治经济制度和幸福国家的图画。在乌托邦，公民们没有私人财产，实行财产公有和按需分配原则，人们在经济、政治权利等方面都是平等的。乌托邦人穿统一的工作服，在公共餐厅就餐，每人轮流到农村劳动两年，每10年调换一次住房。官吏由秘密投票方式产生，不得世袭。居民每天劳动6小时，既能满足社会需要，又有其他时间从事科学、艺术、智慧游戏等活动。乌托邦没有商品交换关系，金银被用来制造便器。

莫尔深究当时存在的各种社会矛盾和不公平现象，认为私有制是万恶之源。他认为私有制使"一切最好的东西都落到最坏的人手中，其余的人则都穷困不堪"。"只有完全废除私有制，财富才可以得到平均公正的分配，人类才能有福利"。在社会主义思想史上，莫尔第一个提出了消灭私有制、建立公有制的思想。

托马斯·莫尔

自由而伟大的硕德
很高,然而
即使最低级的
奴隶,如果他
肯付出代
价,也能享
有自由。托马
斯·莫尔如是
说。薛晓源

莫尔是一个虔诚的教徒，具有悲天悯人的情怀。他生活的时代正处于资本主义原始积累时期，在英国发生的圈地运动，给农民特别是失地农民带来了沉重的灾难。在《乌托邦》一书中，莫尔无比愤慨地揭露了圈地运动的后果，把这种现象叫作"羊吃人"，经常被当时的民歌引用和传唱。

乌托邦虽然不可能变成现实，但饱含着伟大的人道主义精神，闪耀着正义与理想的光芒。后世有良知的人士都以郑重的态度对待《乌托邦》，对莫尔怀有极大的尊重。

莫尔去世400年后，罗马教宗庇护十一世册封他为圣人。在当代英国，评选历史上最伟大的100个名人时，莫尔名列第37位。

托马斯·孟

Thomas Mun（英国，1571—1641）

重商主义"福音书"的作者

> 名言：货币产生贸易，贸易增多货币。

古典政治经济学大师亚当·斯密认为，在众多重商主义文献中，托马斯·孟的《英国得自对外贸易的财富》（*England's Treasure by Foreign Trade*），至少是最具有代表性的。

1621年，为了反驳当时一些人对东印度公司的指责，托马斯·孟发表了《论英国与东印度公司的贸易》。这本书后经作者彻底修改，40多年后（1664年）由其儿子以《英国得自对外贸易的财富》的书名出版。作为英国晚期重商主义的最突出代表，他的经济观点集中反映在这本书中。

托马斯·孟认为，除了发展对外贸易外，其他一切手段都不能使国家富有。但是，并不是任何情况下对外贸易都对国家有好处，而只有在对外贸易中保持顺差，才能达到致富的目的。他的著作就是围绕如何保持对外贸易顺差而展开的。

增加本国商品的输出，减少对国外消费品的消费，是保证国家财富增加的根本手段。为此，他大力提倡节约，要求英国国民不要消费国外的食品和服饰，特别是强烈反对因大量进口奢侈品而引起的开支。

为了保证英国商品在国外市场上的畅销，要降低商品价格和提高商品质量。

他非常热衷于发展同距离遥远的殖民地国家，主要是亚洲国家的贸易。因为这样的贸易给英国带来了特别的好处。他公开承认，英国人是靠亚洲人民而发财致富的。

为了扩大对外出口，要扩大和发展本国的工业和手工业。他认为，英国的制造业对亚洲的原材料进行加工会给英国带来很大的利益，仅仅对外来生丝的加工就使英国工业中出现一个专门的部门。

为了保护本国工业发展和扩大出口，要实行关税保护。如果对输出商品实行免税，这种制造业就会大大发展；对在本国消费的进口商品就要课以重税。

同其他重商主义者一样，他把金银货币看成一国真正的财富。但是，与早期重商主义不同，托马斯·孟反对货币主义者限制货币输出的原则，要求取消货币输出的禁令。他认为，输出货币购买国外商品，经过国内生产增加其价值再卖出去，或者时机到来时以更高价格再卖到国外去，是增加财富的一种手段。这说明，孟已经认识到，把货币投入有利可图的流转，不断购买，又不断卖出，就可以获得更多的货币，就可以使国家大量增加财富。

总体来看，包括孟在内的重商主义者对我们今天所知的经济学理论贡献甚微，但却不能否认他们对经济学发展的间接贡献。比如重商主义者强调了国际贸易的重要性，改变了人们对商人的鄙视态度，拥有特许经营权的公司成了今天现代公司的前身，如此等等。另外重商主义者热心收集和保留系统的贸易统计数据的做法，也是留给现代经济学的重要遗产。

重商主义者多数是商人。作为第一代非严格意义上的经济学者，他们更多是从自身利益出发，用商人的眼光来理解现实的经济世界，必然使他们经济思想的客观性、科学性大打折扣。拿托马斯·孟来说，他是伦敦一个富商的第三个儿子，继父是东印度公司的首批董事。他自己早年在与东印度的贸易中挣到了大笔财产，并一度担任东印度公司董事和政府贸易委员会委员。他的传世名著《英国得自对外贸易的财富》，原来就是直接为东印度公司辩护的。

这应了中国一句俗话：大脑是受屁股指挥的。

托马斯孟

货币产生贸易，贸易增多货币。重商主义《福音书》，作者托马斯孟。先生如日之说

壬寅兰辞 旭源写

威廉·配第

William Petty（英国，1623—1687）

百科全书式学者和政治经济学之父

> 名言：劳动是财富之父，土地是财富之母。

威廉·配第是一个经济学说史上的传奇人物，甚至可以说是一个神话。

他是哲学家霍布斯和培根的挚友，是一个百科全书式的学者。他一生积存的文稿有53箱之多，涉及的领域极其广泛，宗教、政府、财产、教育、哲学、军事工程、经济等无所不包。他生前名利双收，极尽荣华富贵。他是英国国会议员，被国王封为骑士，在爱尔兰的短短几年内，就成了拥有近5万英亩土地的大地主，晚年则成为拥有27万英亩土地的大富翁。他还有许多发明，是双轮运输工具、早期抽水马桶和双体船等的发明者。

配第的一生可谓多姿多彩，波澜壮阔。他出生于英国汉普顿郡一个穷布商的家庭，在当地的学校学习了拉丁文和希腊文。14岁作为商船的水手出海，不幸摔断了腿被留在法国诺曼底，竟说服耶稣会教士同意他进入当地的中学继续学习，提高了自己的拉丁文、希腊文水平，并学习了法文、算术、几何与天文学。回英国在海军短期服务后，他又去荷兰和法国学习医学。再度回国后，配第进入牛津大学继续研修医学，很快获得牛津大学医学博士学位，不久被聘任为解剖学教授。两年后，他离开英格兰去爱尔兰，成为爱尔兰英军总司令克伦威尔的随从医官。在他到达爱尔兰的两年之内，他承担了土地勘测工作，不仅得到一大笔报酬，而且利用特权地位大量购买土地，很快成为大地主。从爱尔兰回到英格兰，配第已经成为名人，担任国会议员，成为皇家学会的创始成员，并被查理二世授予爵位，成为受人尊敬的威廉·配第爵士。配第活到了64岁，带着博学多才、富于幻想的改革家以及大富翁的盛誉逝去，并把万贯家财和显赫爵位传给了后代。

配第生前出版的唯一重要著作是《赋税论》，其他所有的著作，如《政治算术》《爱尔兰的政治解剖》《货币略论》等，都是他逝世后10年内出版的。这些著作每一本都是专门论述当时的某一实际问题的，如战时财政、货币改革、贫民救济、英国与对手的国力比较等，而对一般经济学原理的表述总是在讨论具体问题时附带出现。尽管如此，配第著作中包含着丰富的经济学概念和术语，主宰了此后三个世纪的经济思想界。比如，他提出的"充分就业"概念，也是凯恩斯主义经济学的核心概念；他实质上还提出了

威廉·配第

劳动是财富之父,土地是财富之母。英国经济学家威廉·配第如是说。庚子之冬,薛吃源欣写

"国民收入"的概念，提出了兴办公共工程作为解决失业问题的方法，讨论了土地和劳动在财富创造中的作用，提出调节流通速度以调节货币供应量等，这些都是极具天才的经济思想。

在欧洲同时代的经济学家中，中国人之所以能够记住配第，是因为他的劳动决定价值的观点。在《赋税论》中，配第首先区分了政治价格与自然价格。他所说的自然价格，实际上就是指商品的价值，政治价格就是指商品的市场价格。配第重点研究自然价格即价值是如何决定的。他确信商品的价值是由劳动创造的，并且用劳动时间来衡量商品价值的大小。配第还了解到商品的价值量与劳动生产率成反比例的关系，认识到了劳动分工会促进劳动生产率的提高。配第提出的这些劳动价值论的基本命题，为斯密和马克思的劳动价值论奠定了基础。

然而，在西方经济学界看来，配第对经济学的最大贡献是开辟了经济学数量研究方法的先河。在《政治算术》一书中，配第为了确定合理的税收水平，对国民财富的存量和国民支出的流量进行了定量估算。数量方法的引进，使得人们对社会经济现象的研究更加精密和准确。正因为如此，《政治算术》被认为是当今计量经济学的一种早期形式，是这门第二次世界大战后蓬勃发展起来的经济学科的源头。

作为政治活动家，配第是毫无品德的，乏善可陈。然而，这并不影响他成为"最有天才的和最有创见的经济研究家"，正如马克思所说，他是"政治经济学之父"，"在某种程度上也可以说是统计学的创始人"。

约翰·洛克

John Locke（英国，1632—1704）

价值"供求决定论"的经济思想先驱

> 名言：一切财富都是劳动的产物。

约翰·洛克是 17 世纪英国著名哲学家和政治思想家，而不是以经济学家名世。经济学说史之所以重视洛克，是因为他的哲学思想成为以后整个英国古典政治经济学一切观念的基础。同时，作为威廉·配第的追随者，他也提出了一些值得重视的经济观点。

约翰·洛克出生于英国萨默塞特郡一个小地主家庭，祖父是成衣商，父亲是律师。洛克自幼接受良好教育，15 岁起进入伦敦威斯敏斯特公学，学会熟练运用当时的学术语言拉丁文。20 岁进入牛津大学基督教会学院，先后获文学学士、硕士学位。后来，洛克又回到牛津大学学习医学，虽未获得学位，但医术高明。在行医过程中，他结识了后来任辉格党领袖、财政大臣的沙夫茨伯里伯爵，并两度出任他的私人医生和私人秘书，开始接触经济问题，为其出谋划策，并发表了关于利息、地租、国际贸易等问题的经济著作。1682 年，辉格党失势，伯爵逃亡荷兰。洛克为避嫌也流亡荷兰 6 年之久。1688 年，英国发生"光荣革命"。洛克于次年回国后，主要从事写作并发表了一系列重要著作。

洛克最重要的经济学著作是《论降低利息和提高货币价值的后果》（Some Considerations of the Consequences of the Lowering of Interest, and Raising the Value of Money）。这部著作是他作为沙夫茨伯里伯爵的私人秘书，为参与当时经济政策的争论而写作和发表的，包含了他主要的经济思想。

洛克的价值论是一种比较粗糙的供求论。他认为，生活必需品的价值取决于自身数量和对它的需求。只不过，生活必需品再贵也不得不买，因此销路不成问题。这就包含了现代经济学价格弹性的含义。货币的价值等于可以用来交换到的货物。利息是借款所付的代价，这种代价的大小取决于借贷双方的要求。土地的价值以及地租的高低，也取决于对土地的供求关系。洛克认为由供求关系决定的利息是自然利率，符合自然法。他主张利息自由，任由货币的供求关系去调节，而不要人为地强行干预。

洛克从自然法、自然权利的哲学思想出发，指出了资本主义社会由于分配不均而存在剥削现象。由于分配不均，土地多的人出租给土地少的人而获得了地租，货币多的人借钱给缺钱的人而获得了利息。洛克指出，土地由于租地人的劳动产生了多于地租的成果，货币由于借钱人的勤劳产生了多于利息的收益。据此可以认为洛克把地租和利息的来源归结为劳动。由于洛克不讳言地租和利息的剥削性质，逻辑上可以认为他承认了剩余价值的存在。

虽然洛克的经济观点仍然有重商主义残余，比如他强调贸易是致富的可靠途径，甚至断言"财富就在于黄金和白银丰足"，但基本上是朝着克服重商主义方向发展的。他一再强调货币和其他商品居于完全相同的地位，服从完全相同的法则，即决定于它的数量和销路。货币所以特殊，只不过是人们赋予了它一种想象的价值。和土地相比，货币不能产生任何东西，但却能够通过契约把一个人的劳动报酬转移到另一个人的口袋中去。因此，洛克认为，一国穷和富取决于人民勤劳节俭，富足不在于金银的绝对量，货币不过是一种致富的手段。

渦谷

一件了物如果能使人了與，則我們在君想自己將來能憶意地享受定時心中便湧起一種快樂，這就是所謂希望。
大捨洛克先生說
丁酉年薛旭源寫

弗朗斯瓦·魁奈

François Quesnay（法国，1694—1774）

宫廷御医和法国重农学派的创始人

> 名言：私有制的安全是社会经济秩序的基础。要是人们失去了保障、权利和财产，他们就不会留恋自己的君主，也不会留恋自己的祖国。

在 1776 年亚当·斯密《国富论》出版前的 20 年中，重农学派在欧洲经济思想领域占有支配性和领导性地位。弗朗斯瓦·魁奈则是法国重农学派的创始人和领袖人物。

魁奈出生于凡尔赛附近小镇的一个地主家庭里，是这个家庭 13 个孩子中的第 8 个。他一生研究过多种学科，最擅长的是医学。他 16 岁开始给一个外科医生当学徒，后来做内科医生和外科医生都很成功，并写过医学和生理学方面的著作。1749 年魁奈被任命为宫廷御医，1752 年因为治愈了王子的疾病被封为贵族。

使魁奈垂名后世的是他的经济学研究和天才贡献。他的代表作《经济表》（*Tableau économique*），受到了斯密、马克思、凯恩斯等后世经济学大家的高度评价。他的经济思想以及重农学派是在反对重商主义过程中产生的。

重商主义主张国家干预经济生活，实行关税保护政策，限制自由贸易。魁奈等认为这是导致法国农产品价格下降和经济衰退的根本原因。魁奈倡导顺应"自然秩序"，响亮地提出"自由放任"的口号。认为没有国家干预的经济秩序是一种自然的经济状态，是上帝希望的秩序。在经济政策上他反对各种形式的政府管制，支持国内贸易和国际贸易自由化。实际上，魁奈主张的自然秩序，就是资本主义市场经济的秩序，他提出的自由放任原则，后来成为整个古典经济学核心的经济政策主张。

重商主义把贵金属货币视为真正的财富，认为只有通过扩大对外贸易并始终保持顺差，才能使国家财富增加。魁奈则认为农业是创造财富的唯一部门，土地是财富的唯一源泉。而工业不过是加工农业生产的原料，只是改变了财富的形式而已。商业和贸易只进行流通，更不会增加财富的数量。魁奈毫不掩饰对商业和贸易的仇视态度，认为只有在贱买贵卖的欺诈行为中，商人才能致富。

魁奈对经济学的最大贡献是第一次将社会再生产作为一个整体，考察了商品的生产、流通和分配过程，使经济学分析由流通流域进入了生产领域，使人们能够真正深入地认

魁奈

壬寅之春 薩晚源欣然為
宮廷御醫 和法國重農
學派創始人弗朗斯瓦·
魁奈先生造像。

识经济发展的内在规律。在《经济表》中，魁奈以数字的形式描画了在一个理想的、自由竞争的经济体系中，商品和货币是如何循环流动的，并成为现代宏观经济学的源流和基础。

用今天的眼光来看魁奈的经济思想，总体上无疑是粗疏的，有些观点甚至还是错误的。但是，这丝毫不能遮掩魁奈经济思想的天才光芒。尤其是他倡导的自由放任原则，更是经济学的不灭灵魂。

大卫·休谟

David Hume（英国，1711—1776）

早期货币数量论的代表人物

> 名言：理性对于我们的情感和行为没有影响。

大卫·休谟是苏格兰启蒙运动以及西方哲学史上最重要的人物之一。他主要是作为哲学家闻名于世，但在为数不多的经济论文中发表了一些值得重视的观点，成为经济学说史上不能忽视的人物。

大卫·休谟（David Hume）原名大卫·休姆（David Home），因为英国人很难以苏格兰方言正确读出休姆这个名字而改成休谟。他出生于苏格兰爱丁堡一个律师家庭里，很早就进入爱丁堡大学学习。开始学习法律，但他很快违背家长愿望改而钻研哲学和一般学问。短暂经商几个月后，他赴法国旅游，结果一去四年，完成了奠定他在哲学史上重要地位的《人性论》（*A Treatise of Human Nature*）一书。但该书出版后几乎无人问津，给了他很大打击。后来他试图用通俗语言撰写《人性论》的精简版，依然没有成功。这个过程使得年轻的休谟几乎精神错乱。之后休谟转向了政治、历史、经济、人文方面的研究和写作，出版了一系列著作，特别是历时15年完成了六大册的《大不列颠史》（*The History of Great Britain*），确立了著名历史学家的声誉。休谟生前先后几次谋求大学教职均遭拒绝，曾担任家庭教师、苏格兰律师公会图书馆管理员，给多个要人担任私人秘书。休谟死后葬在事先安排好的墓地里，从爱丁堡卡尔顿山丘俯瞰山坡下他位于城内的老宅。

休谟的经济学研究没有涉及诸如价值、价格一类的基本理论问题。他在经济学说史上最值得注意的是更集中、更明确地阐述了货币数量论。在休谟《论货币》的论文中，主要是为了反对重商主义，反驳货币多寡对于一个国家来说是至关重要的观点。他指出，货币不过是代表劳动和商品的象征，是人们约定用以便利商品交换的一种工具，是计算和估计劳动和商品量的方法，因而与一国贫富无关。他认为货币对劳动和商品的关系不过是数字对数字的关系。一切东西的价格都取决于商品与货币的比例，商品增加，价格就下跌；货币增加，商品价格就上涨。

休谟的《利息论》是为了驳斥利息的高低取决于货币量多寡的观点。他首先通过引证历史事实，证明利息率并不取决于贵金属数量之多寡，想从一国金银数量多少寻找利率涨落的原因是徒劳的。他还明确地把利息率高低归结于借贷资本的供求关系，明确地将利息与利润相联系，指出利息取决于利润，将利润看作是利息的基础，利息是利润的派生形式。休谟的这一见解具有重要的理论意义，表明自威廉·配第以来，历经将近一个世纪的探索，人们终于认识到利息不再是地租的派生形式，也不是独立存在，而是从属于利润的派生形式。

另外，休谟的经济论文中还有不少创见。如指出自私和贪婪是人的本性，人的欲望是劳动的唯一动机。这实际上是现代经济学的基本假设之一。由穷兵黩武和掠夺财富到现代的通过发展工商业追求快乐与幸福，是人类的伟大进步，实际上他已经指出了市场经济比"丛林法则"更有利于人类福利增进。通过适合于人类天性的平等的分配，既有利于增进穷人的幸福，又丝毫无损于富人的幸福，暗含了"帕累托改进"的思想萌芽。

"千秋万岁名，寂寞身后事"。休谟生前郁郁不得志，身后却获得了巨大声誉，可谓天道好还，可以安息地下了。

大衛休謨

理性對於激情們的情感和行為沒有影響，大衛休謨如是說

辛丑薛曉源

亚当·斯密

Adam Smith（英国，1723—1790）

英国古典政治经济学体系的建立者

> 名言：一个人在追求自己福利的过程中，会有一只看不见的手，让他的努力变成对公共事业的推动。

在中国，研究《红楼梦》是一个专门行业。在西方，《国富论》（*An Inquiry into the Nature and Causes of the Wealth of Nations*）的研究也是一个专门的行当。

亚当·斯密生前和身后都受到了极大尊重。1783 年上台的首相小威廉·皮特，是英国历史上最具传奇性的一个政治家。由英王钦点，他 24 岁就当上了首相，而且一当就是近 20 年，当时可谓炙手可热，如日中天，目高于顶。然而，一次皮特正在和幕僚们开会，斯密推门进来了，皮特马上和全体阁员起立，以表示对大师的敬重。2007 年，英格兰银行新发行了 20 英镑的钞票，上面便印着亚当·斯密的头像，使他成为历史上第一个以经济学家身份被印在钞票上的经济学家。这张新版钞票上还印着阐述斯密分工理论的别针厂的图案。

斯密之所以备受尊敬，是因为他建立了经济学的第一个理论体系。在《国富论》中，他完整地论述了市场经济的基本思想，以后的经济学家的著作都是对斯密思想的完善和发展。

斯密出生于苏格兰一个叫柯科迪的小镇上，是家里的独生子。他的父亲是一位关税审计官，在他出生前几个月就去世了。他终生陪伴母亲，一直没有结婚。据同时代的学者描述，斯密相貌丑陋，当时的一位法国女作家甚至说斯密丑得像魔鬼一样。过去人们一直猜测，斯密一生未婚，也许和貌丑有关。但是，从 2007 年新版 20 英镑钞票上斯密的头像看，斯密终生未娶，似乎与他的相貌没有多大关系。斯密 14 岁进入格拉斯哥大学（相当于现在的高中），17 岁获文学硕士学位。后来凭奖学金在牛津大学度过 6 年。由于当时英格兰高等教育制度存在种种陈规陋习，斯密一生都对古老的牛津大学和剑桥大学抱轻蔑态度。回到苏格兰以后，斯密先在爱丁堡大学讲授修辞学和英国文学，后来执教于格拉斯哥大学，讲授逻辑学和道德哲学。1759 年，斯密出版了《道德情操论》（*The Theory of Moral Sentiments*），一举奠定了他作为有影响的苏格兰启蒙思想家的地位。

亚当·斯密

一個人在追求自己
福利的過程中會
有一只看不見手,
讓他而努力變成
對公共事業而推
動。英國古典政治經
濟學體系而建立者
亞當·斯密如是說
秉薛晓源欣写

1763年，斯密开始担任巴克鲁公爵的私人教师，陪他周游欧洲大陆。1766年回到英国，靠丰厚的养老金生活，从事《国富论》的撰写。1776年《国富论》出版，同一年《独立宣言》在大洋彼岸的美国问世。《国富论》出版两年后，斯密出任苏格兰海关关员，负责查禁走私活动，直至去世。

《国富论》作为研究一国财富性质和如何增加财富的著作，把财富定义为一国生产出来的产品和通过对外贸易交换得来的产品，这与现在国内生产总值的概念基本上是一致的。与重商主义把对外贸易的差额视为财富的观点不同，斯密把经济学的研究视野从流通转入生产领域。这是古典经济学对经济学理论的重大贡献。

作为苏格兰启蒙思想家，他和朋友大卫·休谟等人一样相信人性的存在。人的本性是利己的，即从个人利益出发来从事经济活动。因此，斯密指出，我们之所以可以从市场上买到面包、牛奶等生活用品，不是出于他们的恩惠，而是出于他们自利的打算。看到这一点非常重要，因为承认人的利己心是市场经济的出发点。

斯密深受重农学派自然秩序思想的影响，认为存在一只看不见的手，使得人们主观上的利己行为客观上却有利于促进社会利益。史载斯密在欧洲游历时，遍访了魁奈、杜尔阁等重农学派代表人物和卢梭等著名知识分子，并从重农学派的思想中得到启发。据说，如果不是魁奈已经去世，斯密是准备把《国富论》题赠给他的。

正是从这种观点出发，斯密反对重商主义和国家管制制度，主张对内实行自由竞争、自由企业制度，对外实行自由贸易，听任人们在正义的法律制度下自由地追求自己的利益。国家的任务应当只限于保护本国安全，通过司法机构维护国内秩序，同时维持包括教育在内的某些公共机构和公共工程。这些一直被认为是市场经济中政府的基本职责。

斯密区分了商品的使用价值和交换价值。水的使用价值很大，但交换价值很小；钻石的使用价值很小，但交换价值很大。他认为劳动是价值的唯一源泉，一种商品的交换价值是由生产这种商品所需要的劳动数量决定的。这就是说，劳动是交换价值的源泉和衡量尺度。这些观点被马克思批判吸收，创立了他的劳动价值论，但却遭到后来的奥地利学派、边际学派、新自由主义经济学家的一致批评。

在《国富论》中，斯密还清晰地描述了分工和效率的关系，指出人们专注于一项工作或一道工序，可以积累经验，提高技能，从而提高生产效率。斯密还天才地发现了分工与市场规模之间的关系，指出分工程度受到市场规模的限制。要扩大市场规模，就要取消对国内国际贸易的一切限制，批判的矛头再次直接指向了重商主义。

斯密是一个兴趣广泛、知识渊博的大师级人物。他不仅出版了影响深远的《国富论》，《道德情操论》同样具有很高的学术价值。除了已出版的著作，斯密的研究还涉及许多领域，许多研究成果因为他自己不满意而没有出版。1790年去世前，他亲自监督烧毁了全部未发表手稿，据说有16册对开本之多。

他一生从来没有到过中国,但是通过与朋友交往和读书达到的对当时中国的认识,使我们不得不由衷地佩服。斯密曾经这样评价中国:"中国一向是世界上最富的国家,就是说,土地肥沃,耕作最精细,人民最多而且最勤勉的国家。然而,许久以来,它似乎就停滞于静止状态了。"

饶有意味的是,斯密事实上是主张自由放任的,并且曾经认为走私是对"不自然"的立法的合理抗议。但是,他晚年担任苏格兰关税专员达12年之久,一直不遗余力地查禁走私活动,并公开焚毁了身上穿的用进口面料制作的全部服装。这使我们想起中国关于是知难行易、还是知易行难的古老争论。从斯密晚年的选择看,可能还是知易行难。

杰里米·边沁

Jeremy Bentham（英国，1748—1832）

走在时代前面的经济学家

> 名言：太想伸手摘取星星的人，常常忘记脚下的鲜花。

杰里米·边沁是英国思想界产生的非凡怪杰之一。对大多数社会科学家而言，他是一位哲学家，是功利主义的发明者。就像其他方面的思想那样，他的经济思想同样大大超越于他的时代，或者与他所处时代不合拍，当时很难说产生了多大影响，却给后世经济学家以极大启发。

边沁出生于伦敦东区一个保守的律师家中。他是一个神童，3岁开始学习拉丁文，很早就可以阅读大部头著作。他小时候矮小体弱，不喜运动，经常受到同学的戏弄和欺侮，大学生活也不愉快。他在伦敦的威斯敏斯特公学和牛津大学受教育。大学毕业后，入伦敦林肯律师学院攻读法律。他后来并没有当律师，而是利用继承取得的收入，终生致力于英国普通法的改革事业，是英国法律改革事业的先驱和领袖。他的立法和法律改革方案极其详细，包括改善法庭、监狱、医院和学校的行政管理，内容直到建筑物的设计，法官、典狱长、医生和牧师工作的时间表，以及给他们发薪的具体方案。据说他曾经设计了环形监狱，并且差一点就得到实施。他的影响主要不靠出版著作，而靠个人接触。19世纪前半叶英国几乎所有民法和刑法的行政改革，都是出自边沁热心门徒的努力。边沁活到84岁，生前已经看到了一些法律改革的成果。如果他多活两年，还可以看到教育法、工厂法、新济贫法等改革成果。他的生活极有节制，惜时如命，很少参加社交活动，经常每天写作8—10小时，手稿一天平均有10—15对开。他死后不久出版了11卷本的著作集，不到全部作品的四分之一。据说牛津大学计划出版他36卷本的著作集，仍不能囊括他的全部著作。边沁帮助创立了伦敦大学学院，遗嘱中向大学捐献了一大笔款项，条件是要把他的涂蜡遗体永远陈列在显眼的地方。

边沁主要的经济学著作包括《为高利贷辩护》（*Defense of Usury*），以及在友人中间流传的、未完成的经济学手稿。边沁的经济思想虽不成系统，但论及的问题和范围却十分广泛。他认为货币扩张有助于充分就业，诸如储蓄、节俭、投资质量等概念与凯恩斯的概念有一些亲缘相似性。他早期持极端的托利党立场，连货币市场应由政府管制都予

穆勒

太想伸手摘
耶星星的人，
常常忘記腳
下的鮮花。
——英國經濟學家
邊沁如是說

薛曉源敬寫

以否认，后又转到极端的辉格党立场，主张保障就业、实行最低工资制度、全面实行社会福利制度。他还讨论了自由贸易，主张废除高利贷。提出了效用计算方法、边际效用递减原理、效用的人际比较等。这些都成为后来一些经济学理论的思想来源。

在《道德与立法原理引论》中，边沁提出了他的功利主义哲学思想。他的功利原则就是，快乐就是好的，痛苦就是坏的，因为人的行为都趋利避害。因此，善就是最大地增加了幸福总量，并且引起了最少的痛楚。所以，任何正确的行动和政治方针，都必须做到产生最大多数人的最大幸福，甚至在必要情况下可以牺牲少部分人的利益。这就是著名的"最大的幸福原则"。边沁还认为有一种程序，对每个人的行动都可以进行"幸福计算"，进行快乐与痛苦的定量比较。而且这类比较可以按人数加总，以便评定社会行动之善恶。对于边沁的"幸福计算"，即使他的最狂热信徒也认为不仅不实用，逻辑上也说不通，甚至无所不知的上帝也不能进行边沁所想象的计算。不要以为边沁的这些想法都是胡言乱语，从18世纪末产生至今，功利主义对现代经济学的影响十分重大。它一经提出，就对斯密的自由放任经济学形成挑战，后来影响到边际理论、厂商和消费理论、政府干预主义、货币政策的发展及福利经济学的产生。

对于发展而言，可怕的不是错误的思想层出不穷，而是根本没有思想。

托马斯·马尔萨斯

Thomas Malthus（英国，1766—1834）

因人口理论闻名于世的经济学家

> 名言：每一种享乐，如无节制，都可能破坏它本身的目的。

没有哪一个外国经济学家像马尔萨斯那样在中国家喻户晓，因为他的人口理论曾遭到大张旗鼓的讨伐。在西方，在马尔萨斯生前和身后，他的人口理论的境遇也好不到哪里去，被不同时代、不同阶级的人共同指责。作为社会主义者的恩格斯，称马尔萨斯的人口理论是"可以想象出来的最粗鄙、最愚蠢的理论"；神学家批评马尔萨斯的理论是反宗教的，因为他质疑了上帝的仁慈；社会改革家由于马尔萨斯反对英格兰的《济贫法》，指责他对穷人缺乏应有的同情。

虽然马尔萨斯的理论观点备受争议，但他毫无疑问是经济学说史上一位极重要的经济学家。在19世纪的欧洲，最著名的社会科学家不是李嘉图，也不是马克思，而是马尔萨斯。他的人口理论固然粗疏、论据不足，但惊世骇俗，实际上向人类提出了可持续发展的命题。他的"有效需求说"和一些见解，成为凯恩斯理论的源头。他的人口理论也不是人们想象的那样"恶毒"和"反动"，而是出于悲天悯人而进行的理论探讨。

马尔萨斯出生于英国一个中产阶级家庭，在家里的7个孩子中排行第6。马尔萨斯先天唇裂，这使他十分痛苦和尴尬，一生只在去世前的一年画过一次像。他的父亲是一个著名乡绅，和当时欧洲重要的知识分子大卫·休谟、雅克·卢梭有密切往来。马尔萨斯先是在家接受私人教育，后入剑桥大学耶稣学院学习，获数学学位，成为英国圣公会的牧师。为了和小他10岁的女友结婚，马尔萨斯放弃了牧师职位，到东印度公司创办的一所学院担任历史学和政治经济学教授，是历史上第一位经济学教授和职业经济学家。

马尔萨斯在《人口论》中写到，人口是以几何级数（1，2，4，8，16，32……）增长的，而生活资料是以算术级数（1，2，3，4，5，6……）增长的。因而任何生活资料的增长都只会带来人口的更快增长，使人们的生活永远停留在只能维持生存的水平上。人类的动物本能将使人口不断增长，只有战争、饥荒和瘟疫才能阻止人口的增长。因此，人类就其总体而言，必定要永远生活在苦难、饥饿和罪恶的日子里。为了实践他的理论，马尔萨斯直到38岁才结婚，而且只生了3个孩子。由于没有考虑科学技术进步在生活资料增长中的重要作用，马尔萨斯的人口理论当然是错误的，今天已经不受重视了。但是，由于缺乏充足的数据，当时的人们实际上很难推翻马尔萨斯的结论。尽管当时不少经济学家激烈批评了马尔萨斯的人口理论，也有一些杰出的经济学家接受了马尔萨斯的人口理论，如杰文斯、约翰·穆勒等。连李嘉图开始也是接受马尔萨斯人口理论的，只是到了后来才对马尔萨斯人口理论持反对态度。

马尔萨斯虽然是以人口理论而成名的，但他对经济学的真正贡献是"有效需求不足"说。他认为，正因为工人的收入不足以消费掉社会生产出来的生活资料，必然会出现生活资料的过剩。要解决生产过剩的问题，就要鼓励王公贵族及其配偶、情妇、子女进行奢侈性消费和其他非生产性消费。对外战争也是消除物资过剩的有效办法，不仅可以刺激各种产业发展，还可以消除失业。同时，解决生产过剩的另一个办法，是扩大政府支出，投入修桥、铺路和兴办学校等公共工程。博览群书的凯恩斯，就是读了马尔萨斯的著作，从中得到启发，提出了后来的需求管理理论和政策。在当时经济学界把供给与需求平衡视为天经地义的情况下，马尔萨斯的有效需求不足观点，不能不说是一个天才的发现。

马尔萨斯的人口理论，使他对人类的前途持极度悲观态度。正是拜马尔萨斯所赐，经济学被称为一门"忧郁的科学"，而且一直流传至今。

马尔萨斯

每一种享乐，如无节制，都可能破坏它本身的目的。马尔萨斯语 薛晓源写

让-巴蒂斯特·萨伊

Jean-Baptiste Say（法国，1767—1832）

供给经济学的鼻祖

> 名言：仅仅鼓励消费并无益于商业。因为困难不在于刺激消费欲望，而在于供给消费的手段。

萨伊在中国被斥为"庸俗经济学家"，实际上他是一位重要的古典经济学家。他和李嘉图、马尔萨斯是同时代的人，一生多次访问英国，与他们过从甚密。萨伊早在1803年就出版了代表作《政治经济学概论》，比亚当·斯密的《国富论》仅晚20多年。同时，经济学家认为，萨伊是古典经济学在欧洲大陆的重要传播者。

萨伊在经济学说史上享有盛名，除了他的经济理论创见，还因为他的理论遭到过历史上两个伟大的经济学家马克思和凯恩斯的猛烈抨击。

让-巴蒂斯特·萨伊出生于法国里昂一个清教徒商人家庭里。他很早就开始从事商业活动，经营一家棉纺厂。后来，他去英国接受教育，接触到了亚当·斯密的经济学说。回国后曾在保险公司工作过，青年时期编辑过杂志，并由于发表在这个杂志上的文章，得到了当时的执政者拿破仑的赏识，当上了法案评议委员会的委员。但是，由于萨伊拒绝支持拿破仑的保护关税政策，很快就被解职，他以前出版的著作也都被禁止发行。1815年拿破仑失败后，萨伊开始讲授政治经济学公共课程，这在法国还是第一次。两年后他在巴黎工艺学院担任工业经济学教授，接下去一直在巴黎法兰西学院担任政治经济学教授。1826年，他还被选为瑞典皇家科学院的国外会员。

萨伊的主要经济思想都包含在《政治经济学概论》一书中。他得以流传后世、也是争议最大的观点是所谓"萨伊定律"，即"供给自动创造需求"。萨伊在回答自己提出的关于生产物是靠什么来销售的问题时，认为生产物是由生产物来购买的。虽然直接购买物品的是货币，但是人们得到货币后，又会立刻把它换成自己需要的物品。因此，当交易最后结束时，我们会发现交易总是以一种货物交换另一种货物。由此萨伊得出结论：即使生产中出现了一定过剩，只要政府不去胡乱干预，也会因为市场机制的调节作用恢复平衡，不会出现经济的长期停滞，也不会出现长期的严重失业。萨伊由此主张要用扩大生产的办法解决过剩问题，不要去刺激消费，而要重视解决生产中的问题。这一观点，

薩伊

仅仅鼓励消费无益于商业。因为困难不在于刺激消费欲望而在于供给消费的手段。供给经济学鼻祖让-巴蒂斯特·萨伊如是说

壬寅之春薛晓源

成为后来供给学派的理论来源。

经济学说史中这样的现象屡见不鲜：一个学者因一种观点或理论而闻名于世，而事实上其并不是最早的发明者；人们猛烈批评一种观点或理论，而实际上并非作者的真正原意，以致经济学说史上出现了不少的"冤假错案"。"萨伊定律"以及遭到的批判就是一个典型的例子。有人说，亚当·斯密的著作中就包含了供给创造需求的含义，萨伊不是最早的发现者。萨伊从来没有明确说过"供给自身会创造需求"的话，是詹姆斯·穆勒和美国经济学家弗雷德·泰勒把萨伊的观点表述为"供给会自动创造需求"，后经名气更大的凯恩斯的转述，并赋予"萨伊定律"更多内容，转而作为靶子加以批判，人们就把这个观点强加于萨伊。其实，萨伊的本意不过是反对货币万能论，反对担心经济因为商品的绝对过剩而长期停滞，反对政府对经济活动的无端干预。另外，萨伊并不否认经济停滞是由于生产过剩导致的，也不否认货币在交易中的重要性。从这个意义上说，无论是马克思，还是凯恩斯，他们批判的是他们需要的"萨伊定律"，而不是萨伊本人的"萨伊定律"。

萨伊还有对后世影响很大的价值论和分配论，只是被"萨伊定律"的炫目光芒遮盖了。因为与劳动价值论相对立，这两个方面的观点都被马克思严厉批判过。萨伊认为只有有效用的商品才有价值。劳动、资本和土地的共同作用创造了有用的商品，创造了效用，因而也创造了价值。正因为如此，在分配过程中，各种价值创造要素就会得到各自的报酬：劳动得到了工资，资本得到了利润，土地得到了地租。这种"三位一体"的分配理论，对后世影响巨大，并且被进一步引申发展，直接引发了克拉克"生产力理论"及美国学派的诞生。

今天来看，萨伊关于供给与需求关系的基本观点，显然是站不住脚的。但是，在物物交换乃至市场经济还不发达的情况下，供给创造需求的现象是可以观察到的。重视采取供给经济政策解决经济衰退问题，也能够收到良好的效果。20世纪70—80年代，美国里根政府和英国撒切尔政府就采取了供给主义的经济政策，取得了抑制经济滞胀的效果。当前中国政府也强调要深化供给侧结构性改革，以走出经济增长乏力困境，促进经济结构优化和发展质量提升。截至今天，仍然有不少经济学家努力从萨伊的理论中发掘宝藏，从供给方面研究经济问题。

从这个意义上看，萨伊并没有被彻底战胜。

大卫·李嘉图

David Ricardo（英国，1772—1823）

英国古典政治经济学的完成者

> 名言：每一种新税都会成为生产的一种新负担。

大卫·李嘉图被认为是英国古典政治经济学的完成者，他的经济思想对后世的影响不亚于亚当·斯密。然而，李嘉图既没有受过良好的教育，一开始也不是职业经济学家。他27岁才第一次接触到经济学，经过8年苦心研究才确立了一流经济学家地位，可谓大器晚成。他从事经济学研究和成为大经济学家，也可以说纯属偶然。

李嘉图出生于伦敦一个葡萄牙犹太移民家庭，是家里17个孩子中的老三。他的父亲是一个证券交易商，家境富裕。按照家族传统，李嘉图12岁被父亲派往荷兰学习证券知识，14岁开始从事证券经纪活动。21岁时由于娶了一个非犹太家庭的女子为妻，他被驱逐出家庭，并被剥夺了继承权。李嘉图凭借拥有的800多英镑资本，在伦敦证券交易市场上很快站住脚跟。他最成功的投资，是在滑铁卢之战爆发的前4天大量购买了英国公债。由于惠灵顿公爵统率的英军打败了拿破仑的军队，英国公债翻着跟斗上涨，使李嘉图发了一笔横财。经过几次成功的投机后，25岁时他已成为百万富翁。到去世前，李嘉图拥有75万英镑财产，相当于今天的7500万英镑。李嘉图是否是最伟大的经济学家或许有疑问，但他无疑是历史上最富有的经济学家。1799年一次乡下旅行时，李嘉图偶尔读到了斯密的《国富论》，第一次对经济学产生了兴趣。他早期投身于自然科学的研究，后来逐步转向对经济问题的专门研究。42岁时他退出商界，在当时的经济学名家老穆勒的鼓励和指导下，潜心从事经济学写作，于1817年出版了他最著名的著作《政治经济学及赋税原理》。这本书奠定了李嘉图当时最优秀经济学家的地位，不久被选为英国上议院议员。李嘉图对这本书极其自负，认为全英国能理解这本书的，不会超过25个人。51岁时，李嘉图因为耳朵感染的小毛病而不治身亡。天妒英杰，高才不寿，古来如此。

李嘉图一生著述甚丰，死后由斯拉法编辑出版的著作和通信达11大卷，举凡货币、工资、利润、地租、价值理论、国际贸易都有涉及。然而，他在经济学说史上的影响主要来自于以下几个方面。

李嘉图的劳动价值论是马克思主义经济学特别是劳动价值论重要的直接思想来源。

他继承了斯密把使用价值与交换价值区别开来以及劳动决定价值的观点，同时提出只有直接劳动才创造价值，间接劳动只是把原有价值转移到新产品中去；决定商品价值的是必要劳动时间，而必要劳动时间是指最差的条件下生产产品所耗费的时间。然而，李嘉图的价值理论存在两大悖论：资本和劳动的交换如何与价值规律相符合，等量资本提供等量利润如何同价值规律相符合。正是这两个不可克服的矛盾，使得李嘉图的价值理论受到当时和后来一些经济学家的诟病。

李嘉图提出的比较优势理论，至今仍然是国际贸易理论的基石。他认为，国家之间开展相互贸易，不是因为各自生产产品时的绝对优势，而是因为各自具有的比较优势。比如葡萄牙生产葡萄酒和毛呢的成本都比英国低，但生产葡萄酒的成本更低。合理的国际分工是葡萄牙生产更具有优势的葡萄酒，而由英国生产毛呢，两国通过贸易交换各自生产的产品，对两国都有利，都可以获得更大的利益。

著名经济学说史专家马克·布劳格曾说过，除了马克思，没有哪个大经济学家像李嘉图那样既得到了崇高的赞誉，也蒙受了最激烈的贬斥。

许多主流经济学家认为李嘉图把经济学的发展引入了一条歧途。在斯密的自由市场经济"利益和谐"思想体系中，主要关注如何促进经济增长，以及为什么经济活动各方能够实现利益共同增长，能够处于一种和谐状态。从李嘉图开始，经济学在相当长时间里把关注重点放在了财富分配上，而且工人、地主、资本家因为财富分配处于一种敌对状态。因此，20世纪后期英国边际学派经济学家杰文斯认为，李嘉图已经"把经济学之车转到错误的路线上"。凯恩斯在评论李嘉图经济学说时则不无偏颇地断言："过去100年来，经济学界被李嘉图完全主宰，实在是经济分析进步的一大灾难。"

同时，在经济分析方法上，李嘉图创立了抽象演绎方法，即提出几个重要抽象概念，然后通过逻辑方法和数学模型来分析它们之间的关系，并得出逻辑的结论。这种研究方法与斯密以来重视经验和归纳方法大相径庭，使得主流经济学界感觉极其不爽。奥地利学派的大经济学家熊彼特，就把李嘉图的研究方法称为"李嘉图恶习"。

如果就经济学是研究稀缺资源如何配置更有效的学问，或者从经济学分析的广度而言，李嘉图不如斯密。如果就研究问题的深度而言，李嘉图则大大超过了斯密。比如，李嘉图提出的中心问题，即土地、工资、利润相对份额的变化如何与积累率联系起来，今天仍然受到经济学家的关注。在这个意义上，李嘉图的经济学仍然活着。

大衛·李嘉圖

年一種新稅都
會成為生產的一
種新負擔。
英國古典政治經濟學
完成者大衛·李嘉圖
先生如是說
薛曉源寫於珠海

约翰·杜能

Johann Thünen（德国，1783—1850）

现代经济学的重要源头

> 名言：停止好高骛远的追求，竭尽全力以探索实际。

对于经济地理学家来说，杜能是区位经济理论之父；对于理论经济学家来说，他是边际生产力理论的独立发现者；对于数理和计量经济学家来说，因为他用代数和微积分来解最大化问题，被视为这一领域的重要开拓者。

杜能出生于德国北海沿岸。他16岁离开学校到农场实习，19岁回到一所农业学院进修农学并开始研究经济问题，没有毕业就去参加英国农学家泰尔举办的培训班，学习轮耕法及粗放式耕作农业。在哥廷根大学学习两个学期后，他离校租下一个农场经营，很快取得成功，成为大农场主。他死后葬在自家庄园的教堂墓地，按他的指示，在墓碑上他名字的下面刻有自然工资的玄妙公式：$A=\sqrt{ap}$。

杜能在其主要著作《孤立国》中，讨论了一定区域内农业、林业、牧业的布局，而且考虑了工业的布局，发现了因地价不同而引起的农业分布现象，创立了农业区位理论。在书中，他根据自己搜集的农业生产经营数据进行分析，提出了边际生产力对收入分配的决定性作用，比克拉克提前了60年。在研究方法上，他反对简单描述经济现象，主张用抽象法来探讨客观经济规律，广泛借助代数和微分学分析经济问题，强调数学方法有助于准确认识事物的规律性。

由于历史原因和杜能个人的原因，他和他的经济学说注定被埋没、被忽视。在当时的德国，国家干预理论占上风，而杜能却是自由贸易主义者。他是纯粹的理论家，而反理论倾向的历史学派是当时德国的经济学主流。在用数理方法研究经济问题被广泛接受前，他大量运用代数和微分学，而且叙述混乱，缺乏逻辑，晦涩难懂。杜能本人没有取得正式学位，他的主要著作《孤立国》从出版第一分册到全部出版历时37年，其影响力必然要延迟很久才能显现。

半个世纪后，经济学界才发现了杜能的经济学创见。克拉克和维克塞尔都赞扬他对边际生产力的发现，马歇尔很少承认他人理论对自己的启发，却专门提出杜能的区位理论、地租和利息理论。

彭加勒 杜能

傅公好高鶩遠詞
追求竭盡全力以
探索實際，約翰、
杜能如是說
薛晓源寫

弗里德里希·李斯特

Friedrich List（德国，1789—1846）

德国历史学派的先驱人物

> 名言：财富的生产力比财富本身不知道要重要多少倍。

1846年11月30日，在德国库夫施泰因小镇，晚年的李斯特由于政治失意、疾病缠身、穷困潦倒，对准自己的脑袋扣动了手枪扳机，自杀身亡，享年57岁。

李斯特虽然自杀了，但德国历史学派却在他身后崛起，主宰德国经济学界长达半个世纪，并作为英国古典政治经济学的批判者，与之顽强抗衡。

李斯特不仅是一个经济学家，而且是一个积极的社会活动家。在经济学说史上的众多经济学家中，很少有人像他那样一生跌宕起伏、复杂混乱。他出生在德国罗伊特林根一个富有的制鞋工场主家庭，没有受过良好教育，当过会计、大学教授、农场主、州议员、记者、作家、外交官和铁路投资人。他曾被剥夺大学教授教职，一次被德国政府判处监禁而仓皇出逃，一次因卷入财务丑闻被德国政府驱逐出境。加入美国国籍后又作为美国驻莱比锡、汉堡的领事返回德国。他本意要忠心报国，提出一些经济改革措施。然而，"我本将心照明月，无奈明月照沟渠"，屡屡因此而获罪。他热切期盼建立一个统一强大的德国，德国统一却迟迟不能实现，令他大失所望。他经营农场和投资血本无归，以致终生穷途潦倒。从事科学工作则一事无成。从事新闻舆论工作，往往被同道误解，被政府迫害。最终心灰意冷，贫病交加，以自杀了此一生。

若以经济学理论体系的严谨而论，李斯特算不算大经济学家或有疑问，但说他是古典政治经济学最早和最严厉的批判者，则是毫无疑问的。从使德国迅速摆脱经济落后地位的需要出发，他对亚当·斯密和李嘉图的学说采取完全否定的态度。李斯特反对所谓世界主义观点，认为各个国家之间的发展并不存在共同的、普遍的规律，各个民族都有自己经济发展的特殊道路。因此经济学的任务不是探讨经济发展的普遍规律，而应当着重研究本国经济发展的特殊条件。据此，他反对英国古典政治经济学对内实行自由放任、对外实行自由贸易的基本观点，主张利用政府的力量干预经济，实行关税保护政策，促进德国经济发展。

为了支持关税保护的政策主张，李斯特提出了生产力论。他认为，实行关税保护政

李斯特

財富而生為乃此
財富本身不知道
要重要多少倍。
弗里德里希·李斯特
如是說
壬寅年薛曉源寫

策,虽然损失了通过对外贸易可以得到的好处,但是却有利于德国工业的发展,培育了德国的生产力,而"财富的生产力比之财富本身,不晓得要重要多少倍"。

除了生产力理论,李斯特还提出了经济发展阶段说。他对经济发展阶段的划分,是以占主导地位的经济部门为标志的。当时的德国,与英法相比工业还不强大,李斯特主张实行关税保护政策,以保持德国工业的独立性,促进德国工业成长和发展,最终可以与英法等发达国家的工业部门竞争。这实际上隐含了保护"幼稚产业"的思想。

由于与主流经济学的基本观点相左,李斯特在现代经济学界没有赢得多少尊重。然而,当年他的贸易保护思想却在德国、美国和俄国有大批拥趸。据说后来的德国"铁血宰相"俾斯麦是李斯特的铁杆粉丝,案头经常放置的一本书就是他的《政治经济学的国民体系》。今天的主流经济学界已很少有人再提起他的经济思想,但是欠发达国家从他的经济思想中仍然能够受到极大启发,经济政策中依稀可以看到李斯特经济思想的影子,他实际上还是当代经济发展的依附理论学派的先驱。

这告诉我们,如果一定要区别经济学各个学术层次的重要性,那么,经济理论高于和重于具体的经济原理,经济思想则高于和重于某种经济理论。

拿骚·西尼尔

Nassau Senior（英国，1790—1864）

具有高度独创性的古典经济学家

> 名言：工资是劳动的报酬，利润是节欲的报酬。

在李嘉图之后、约翰·穆勒之前这一段时间内，拿骚·西尼尔是具有高度独创性的、重要的古典经济学家。他在价值、货币、人口、地租、国际贸易以及经济学研究方法等方面，都有独到的见解。

西尼尔出生于英国乡村牧师的家庭里。从牛津大学毕业后，他先是从事律师业务，后来担任牛津大学教授，讲授政治经济学。1830年，他离开了牛津大学，积极参加了政府的多个委员会的活动，撰写了这些委员会报告的大部分，促成了旧济贫法的废除，成为他一生最重要的政治成就。1847年重返牛津大学任教授，1860年任英国科学会经济组主席。

西尼尔最有影响的经济观点是他的价值理论，即"节欲论"。他认为，价值是由效用、供给有限性和可以转移性三个要素构成的。商品的效用随着供给的增加而递减。在进一步论述价值决定时，西尼尔说价值取决于生产成本。商品是由劳动和资本生产出来的，因而生产成本即价值主要由劳动和资本构成。劳动是工人放弃自己的安乐、休息所做的牺牲，资本则是资本家对自己消费欲望的节制。既然商品的价值是由工人和资本家的共同牺牲创造的，因此商品的价值就应该在工人和资本家之间分配。工资是劳动的报酬，利润则是节欲的报酬。这样资本家占有利润就十分正当。

西尼尔曾提出了奇怪的"最后一小时"理论，成为他经济研究的一大败笔。1837年，英国纺织工人要求将每天劳动时间由11.5小时缩短到10小时。西尼尔挺身而出，为资本家辩护。他提出，工厂主的利润是11.5小时中的最后一小时生产的，如果工作日缩短一小时，纯利润会大大减少，如果缩短1.5小时，利润则会完全消失，工厂就会倒闭，工人就会大量失业。这种分析难以令人信服，成为经济学说史上的笑料。

西尼尔对经济学研究方法的看法也有很大影响。他认为以前的经济学研究范围过于宽泛，涉及了立法、行政、道德、哲学等。应当将这些与经济学无关的因素排除，建立纯经济学。经济学家应该关注的是财富生产与分配的分析，而对社会改革方案和政策不应发表意见。这实际上区分了政策研究与经济学研究、实证研究与规范研究，建立了实证经济学思想。当时提出这一思想是很不容易的，大大提升了经济学方法论研究的水准，对后世有深远的影响，使得实证分析成为经济学科学化的标志，一直为主流经济学所继承与坚持。

工资是劳动的报酬,利润是节欲的报酬。具有高度独创性的古典经济学家、西尼尔如是说。

薛晓源写

魏源

（中国，1794—1857）

中国第一个有近代资产阶级经济学气味的人

> 名言：师夷长技以制夷。

在中国历史上，是魏源第一个提出了"师夷长技以制夷"，即公开宣扬向西方学习先进技术；魏源也是第一个前往近代资产阶级经济学"圣地"朝拜的"香客"，因而成为中国第一个经济思想带有近代资产阶级经济学气味的人。

魏源出生于湖南邵阳，字默深。清代启蒙思想家、政治家、文学家。道光二年（1822年）中举人，后应礼部会试，与龚自珍双双落第，从此龚魏齐名。此后先后入江苏布政使、江苏巡抚和两江总督幕府帮办事务、编辑文集。道光二十五年（1845年）再次应礼部会试，中进士，年已半百。以知州用，分发江苏，任东台、兴化县令，后任高邮州知州，以"迟误驿报""玩视军机"被革职，后又复职，以世乱多故辞职。魏源一生著作甚丰，以《圣武记》《海国图志》名世。晚年潜心学佛，卒于杭州，终年63岁。

魏源在受林则徐之托编写《海国图志》过程中，了解到西方国家的一些经济和技术发展状况，认识到要富国强兵、抵抗外侮，必须向西洋文明包括经济制度学习。同时，在编写这部著作的过程中他也接触到一些西方经济学知识，在他的经济思想中包含着来自西方的经济思想成分，使他的经济分析突破了传统分析方法的局限，透露出一些近代经济分析苗头。

魏源肯定私有财产制度的作用，并实际上提出了保护私有财产的主张。他指出："使人不敢顾家业，则国必亡。"他借"周官保富"之说，把富民说成是"一方之元气"，坚决反对专事损害富民的政策，并断言"土无富户则国贫"。与中国主张富民政治的思想家总是担心这样会造成贫富不均不同，魏源对贫富分配不均问题毫不在意，而极力宣扬富人的作用，鼓励私有财产积聚，体现了新兴的资本主义精神。

魏源对财富生产的分析，一些方面体现了近代经济思维。比如，他认为生产经营有三个必不可少的因素：财，即货币资本；人，即劳动力；材，即劳动对象。过去中国思想家谈到财富创造的源泉，多认为是劳动与自然资源，魏源的看法显然比他们的观点更接近近代经济学的观点。亚当·斯密就认为价值创造的三个要素是土地、劳动、资本。

魏源先生云：師夷長技以制夷。壬寅薛曉源敬寫

再如，在讲到生产经营方式时，他极力反对官营而力主私营，举凡采矿、盐业、造船及器械制造、屯垦乃至于漕运，都主张委托私人经营。他还提出理想的经营组织方式是公司制。认为"公司者，数十商筹资营运，出则通力合作，归则计本均分，其局大而联"。适应私营方式，他还主张在农工商各行业中实行雇佣劳动制度，体现了强烈的资本主义倾向。他还正确地指出，降低成本对价格和财政收入有重要影响，提出的盐务、漕运、造船和对外贸易等方面的改革主张，无不以降低成本为其主要论点。他还指出，打破行业垄断和官方管制，可以避免关卡勒索，减少费用，降低成本。

魏源重视发展国内商业、宣扬全面发挥商业资本作用的观点是前所未有的。他还主张鼓励发展对外贸易，而且认为对外贸易应该由国内外私商进行，赞成派军舰给商船护航。他还根据统计数据对贸易差额进行分析，论证了贸易差额及由此发生的白银进出口问题。可以发现，自先秦以来所有的对外贸易的论述，魏源的分析才算是第一次进入了科学分析的领域。

魏源带有一定西方近代经济思想痕迹的观点，今天看来不过是浅显的常识。但是，在一个"竭力以天朝尽善尽美的幻想自欺"（马克思语）的时代，魏源能提出一些今天看来仍不过时的观点，在当时可谓振聋发聩、石破天惊——他已经远远走在同时代人的前面了。

约翰·穆勒

John Mill（英国，1806—1873）

古典政治经济学之集大成者

> 名言：未来的发展取决于公民被培养为独立思考的人的程度。

在19世纪下半期的英国，詹姆斯·穆勒和约翰·穆勒都是享誉欧洲的著名经济学家，可谓双峰并峙。然而，老少两穆勒相比较，小穆勒成就更大、名气更大。在整个19世纪后半叶，直到马歇尔发表《经济学原理》，差不多整个维多利亚时代，约翰·穆勒所著的《政治经济学原理及其在社会哲学上的若干应用》，是欧洲乃至全世界最具权威性的经济学教科书。这本书前后一共修改再版了32次，在1890年以前，简直就是经济学的"圣经"。在他生活的那个时代，他不仅享有大经济学家的盛誉，而且是逻辑学家、哲学家、政治理论家、美文作家，被视为欧洲最重要的思想家。加拿大多伦多大学编辑出版的他的著作已有15卷之多，而且不知道什么时候能够出齐。

约翰·穆勒出生于伦敦，是当时著名经济学家詹姆斯·穆勒的长子。在他父亲的亲自指导下，小穆勒3岁开始学习希腊文，8岁开始学习拉丁文，10岁开始学习经济学。他研究过李嘉图的经济学说和边沁的功利主义，后来接受了法国孔特的实证主义思想。当他在法国居住时，结识了空想社会主义者圣西门，受到了圣西门主义的一定影响。小穆勒在东印度公司供职长达35年，1865—1868年曾被选为英国议会议员。小穆勒25岁时遇到了一个伦敦商人的妻子哈丽雅特·泰勒，并一见钟情。在等待20年后，泰勒成为寡妇，他终于娶她为妻。后世有的人评论说，小穆勒与泰勒的婚姻，再一次验证了"爱情是盲目的"这一古老谚语。

穆勒最重要的经济学著作《政治经济学原理及其在社会哲学上的若干应用》出版于1848年。他的经济学说是古典经济学的集大成，对当时形形色色的经济学说进行了经济学说史上第一次大综合，对亚当·斯密以后取得的经济学理论成就进行了第一次综合和系统化。正因为穆勒的经济学说太综合，就显得特点不突出，后人常常把这本著作贬为不过是把"李嘉图的学说重复一遍"。其实，穆勒书中提出的新见解可以说数不胜数，对政治经济学的发展做出了重要贡献。比如，他发展了李嘉图的比较成本说，修正了斯密的工资理论，认识到一切成本实质上都是放弃了的机会的成本，看到了制造业中规模经济的出现,如此等等。

事实上,说穆勒的经济学说没有特点是不准确的。他的学说有一个最大特点就是折中主义。他看到了资本主义社会中工人的悲惨境遇,指出虽然资本主义促进了社会财富的巨大增长,可是占人口绝大多数的劳动群众却没有得到多大的利益。他写道:"劳动产品的分配,……几乎是与劳动成反比例——最大的份额分给从来就不劳动的人,劳动愈繁重和愈不愉快的所分到的愈少,直到最后,那些从事最使人感到疲劳和最消耗体力的劳动的人们,反而连他们能否得到生活必需品也没有把握。"他承认资本主义社会存在矛盾,但又认为在现存社会制度内就可以消除社会的不平等,并劝导工人不要轻举妄动,而应当做一个有理性的人。据说他当时和后来都不知道马克思,却对欧文、圣西门、傅立叶等空想社会主义学说的论述表现出令人吃惊的同情,认为应当实行高税率甚至没收的办法进行收入和财富的再分配,赞同对工人的劳动时间做出限制,以及对儿童实行义务教育等社会主张。

穆勒关于生产规律和分配规律之区别的观点,也受到经济学家的关注。他反对斯密和李嘉图关于经济规律都是永恒的观点。认为生产规律是永恒的自然规律,不因社会制度改变而改变。他认为财富的分配则"完全是人类的制度问题",而"决定分配的规律是统治着社会的那一部分人的意见和感情所制造出来的,并且在不同的时代和不同的国家里是大不相同的"。这样,要改变资本主义社会里存在的矛盾,不需要改变生产制度,只需要调整分配制度就可以了,同样体现了穆勒经济学说的折中主义特点。

1890年,马歇尔的划时代著作《经济学原理》出版。此后,劳动价值论的主流地位被边际效用论取代,古典经济学的主流地位被新古典主义经济学取代,穆勒的经济学说就很少有人问津了。

"江山代有才人出,各领风骚数百年",经济学的发展已经向前迈出了一大步。

约翰·麻三

财富分配是受由统治
者意志决定的。英国著
名经济学家约翰·
穆勒如是说
庚子薛晓源敬写

皮埃尔·蒲鲁东

Pierre Proudhon（法国，1809—1865）

无政府主义经济理论之父

> 名言：财产就是赃物。

在 19 世纪关于社会主义的争论中，马克思挑选蒲鲁东作为靶子，写作出版了《哲学的贫困》来批判蒲鲁东的《贫困的哲学》。可见蒲鲁东在当时的影响非同一般。

蒲鲁东出生于法国贝桑松的一个农民兼手工业者的家庭里。在少年时代，他的家庭就破产了。蒲鲁东 12 岁时就在旅馆当过雇工，后又做过排字工人。之后他和友人合伙开了一个印刷所，不久便因资金不足而倒闭。蒲鲁东靠自学读了不少书。1838 年得到贝桑松大学的一笔奖学金时已 29 岁，但未能毕业，自此迁居巴黎，并在巴黎从事理论活动。他于 1848 年当选国民议会议员，这时他已成为著名的记者和著作家。由于在他编辑的报纸上发表诋毁政府的言论，被判三年监禁。出狱后被迫流亡比利时，1862 年被赦回到法国，于 1865 年因贫困而死。

蒲鲁东的理论代表了小资产阶级的政治要求和经济利益。他以破绽百出的价值论为理论基础，提出了社会改革计划。

蒲鲁东认为人们有许多需求，因而产生了分工，分工导致交换，因为交换就有了价值。他认为在资本主义社会使用价值和交换价值、供给和需求之间存在着矛盾，一些产品不能被交换，列入社会财富，因此不能成为所谓"构成价值"或"综合价值"。蒲鲁东认为，资本主义社会存在剥削和生产过剩经济危机，都是因为用货币作为交换媒介，资本家通过借出货币获得利息对劳动者进行剥削。蒲鲁东声称自己是无政府主义者。要消灭剥削，实现供给与需求平衡，不是要依赖政府的作用，而是要建立"互助主义"，即按照一套自愿的协议，在经济主体之间组成严格代表制的联合体，协调生产与消费。他主张取消货币，直接按劳动消耗进行交换，确定交换的比例关系，就可以实现供求一致，消灭剥削和商品生产的矛盾。蒲鲁东按照自己的设想于 1849 年 2 月发起成立了"人民银行"。银行的资本金为 500 万法郎，分作 100 万股，每股 5 法郎。当时居然有 12000 多人入了股。但是，由于 1849 年 3 月蒲鲁东因在报刊上攻击路易·波拿巴三世而被判监禁 3

財產就是贓物。
無政府主義經濟理論之父
皮埃爾‧蒲魯東先生
如是說
薛曉源繪

年，4月份"人民银行"就关闭了。

蒲鲁东当时的社会影响巨大，不是因为他的思想深刻，而是因为他的论著尖刻雄辩。因此，他的经济思想和本人的影响就像流星划过天幕，虽然一时光芒夺目，但很快就永远消失在天边。

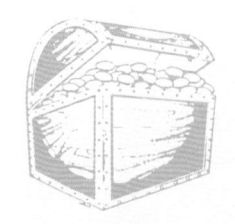

赫尔曼·戈森

Hermann Gossen（德国，1810—1858）

边际效用递减规律的最早发现者

> 名言：经济学的任务是帮助人们获得最大的生活享受。

戈森曾自命不凡地说：《人类交换规律与人类行为准则的发展》对经济学来说，就像哥白尼对天文学的作用一样。但是，与杜能一样，他的著作也因出版于一个错误的时代和错误的国家而被埋没。

戈森出生于德国北莱茵—威斯特法伦州，父亲是一个收税吏。他毕业于波恩大学法律及公共行政系，毕业后继续在柏林和波恩学习进修，后进入政府机关。在政府机关工作十几年后，因屡次不能得到提升而辞职。此后，他的个人生活完全不为人所知。他对自己出版的唯一一本著作极其自信，然而出版后无人问津，一气之下把没有卖出的书全部销毁，只有残存的几本被后人发现。

戈森的著作所反映的社会思想概括起来就是：经济学是完全建立在功利主义基础之上的学问，无情的自私性按照造物主的智慧把私人利益与公共利益协调起来，私有财产是神的旨意的进一步体现。戈森为后代经济学家所重视的是他早就发现了边际效用递减规律。当杰文斯和瓦尔拉斯1878年发现戈森的著作时，瓦尔拉斯惊讶地看到，戈森不仅业已指出边际效用递减的原则并加以图解，而且领会到负向倾斜的边际效用曲线与负向倾斜的需求曲线之间的区别。更令杰文斯和瓦尔拉斯吃惊的是，书中明确阐述了被后人称为"戈森第二定律"的论断："一个人如果在各种不同的享用之间把所挣到的钱做这样的开支分配，这个人将得到最大化的生活满足：即为每一种享用所花费的最后一单位货币都提供相等的满足。"

尽管戈森在整个经济思想史上的独创性无与伦比，但由于那个时代经济学家之间的相互隔绝，人们无从了解他的天才发现，使他在那个时代默默无闻，只能留待后人发掘。

經濟學的任務是
幫助人們獲得最
大的生活享受。邊際
效用遞減規律的最早
發現者赫爾曼・戈森說

壬寅之春薛曉源寫

威廉·罗雪尔

Wilhelm Roscher（德国，1817—1894）

德国旧历史学派的主要代表人物

> 名言：文化越高，劳动越受重视。

威廉·罗雪尔出生于德国汉诺威的一个高级法官家庭。他在哥廷根大学和柏林大学攻读历史和政治学。从1840年起，在哥廷根大学任讲师、副教授、教授。1843年出版了《历史方法的国民经济学讲义大纲》，被称为"历史学派的纲领"。1848年他应莱比锡大学之聘担任政治经济学教授，在这里任教达46年。从1848年开始，他开始写作共包括五大册的《国民经济学体系》。此后，他除了教学，把主要精力和时间用来反复修改和扩充这部篇幅浩繁的著作。在19世纪后半叶，这部著作在德国大概成为最广为阅读的经济学教科书。

罗雪尔所代表的历史学派强调，在发展各种经济学说之前，必须先明确阐述经济研究的目的和方法。他称自己的经济学研究方法是历史的方法或历史的生理学的方法，因此他的经济学是"国民经济的解剖学和生理学"。这是因为他特别强调伦理道德和心理因素在经济生活中的作用。他反对古典经济学的抽象演绎法，认为只有从历史事实的类比中，才能获知关于未来经济发展方向的线索，主张对一国的社会经济活动通过历史归纳法展开研究，通过大量收集关于各个国家和民族的历史及现状的描述性材料，来揭示它们发展的特点与规律，以建立具有民族和历史特点的国民经济学。他认为，由于经济现象和其他社会现象是相互依存的，只有把经济学和其他社会科学结合起来，才能研究影响经济现象的所有因素和经济行为的所有影响，因此强调对经济史、政治史、文明史、法律史的研究。

由他的研究方法所决定，他的经济学著作主要记述各国国民在经济上想什么、要求些什么、感受些什么、做了些什么努力、获得了些什么、又为什么去努力和怎样才能达到成功，完全用历史过程的描述代替了逻辑分析，完全集中于经验研究而放弃了理论抽象，故而在经济学理论上贡献不大。

罗雪尔还认为经济发展过程与动植物一样要经过四个发展阶段，即幼年期、青年期、成年期、衰老期。每个国家的发展要受自然、劳动和资本三个要素所决定。在资本这一要素最占优势的时代是国民最幸福的时代。然而，它不久将进入衰老期，需要采取国家干预来进行人工治疗。这一立场既与古典学派的自由放任主张相对立，也与李斯特反对封建容克制度的立场背道而驰，说明德国资产阶级在政治上与封建容克阶级达成了妥协，转向了维护封建制度的立场。同时，旧历史学派强调政府对经济干预，主要是因为有另外一种需要，就是通过政府政策改善工人的处境，遏制社会主义在德国的影响。

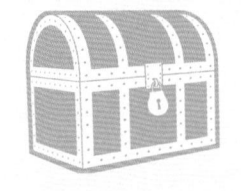

羅雪爾

文化越高勞
動越受重視。
威廉羅雪爾如是
說 壬寅之春
薛曉源欣寫

卡尔·马克思

Karl Marx（德国，1818—1883）

资本主义经济制度理论上的掘墓人

> 名言：最好是把真理比作燧石——它受到的敲打越厉害，发射的光芒就越灿烂。

按照社会科学界流行的看法，马克思是思想史上的巨人，集社会学家、哲学家、经济学家、历史学家于一身。在 20 世纪，马克思的经济思想影响了世界上一半人口的生活方式和思维方式。你完全可以不喜欢马克思，但是却不可以忽视马克思。

马克思出生于德国特里尔城一个犹太律师家庭。在特里尔中学毕业后，先后在波恩大学、柏林大学、耶拿大学学习法律，并获得耶拿大学哲学博士学位。上大学期间，马克思对法律没有兴趣，而把主要精力用来阅读和研究哲学、文学、历史，并写了三大册诗歌，主要是献给燕妮的爱情诗。马克思离开大学后，曾任科隆《莱茵报》主编，一年后报纸被查封，他移居巴黎，与朋友一起创办《德法年鉴》杂志。杂志只出了一期就被普鲁士政府查封，马克思还被判叛国罪而成为政治避难者。1845 年，他又因煽动德国革命的罪名被法国政府驱逐出境，流亡到了比利时。1847 年底，比利时政府以为工人武装购买步枪的罪名拘捕了马克思。获释后，马克思重返科隆，创办了《新莱茵报》，一年后该报停刊，马克思再度被普鲁士政府驱逐出境。马克思在巴黎短暂停留后，移居伦敦，从此一直在伦敦生活、研究和写作达 34 年，直到 1883 年去世。马克思在伦敦的流亡岁月中，唯一的收入来源是为《纽约每日论坛报》撰稿，处于经济上极度贫困和精神极端痛苦之中，他的 7 个孩子中只有 3 个女儿活了下来。马克思从未通过写作赚过什么钱。他曾对女婿法拉格说："《资本论》的稿费甚至不够付给我写作时抽掉的雪茄钱。"马克思主要靠变卖家具首饰、继承遗产、接受捐赠和恩格斯的无私资助维持生活。

马克思的经济思想主要体现在《资本论》中，这部书被称为"工人阶级的圣经"。在马克思生前，《资本论》只出版了第一卷，第二卷和第三卷是他的忠诚朋友和亲密战友恩格斯花了 10 年时间整理出版的。他的 1000 多页的经济思想史手稿，由第二国际的著名理论家考茨基整理出版，成为《资本论》的第四卷。实际上，马克思经济思想的影响是随着俄国社会主义革命的成功才逐渐显现出来的，早期在欧洲并没有产生应有的反响。

马克思

丁酉薛晓源敬写

《资本论》第一卷出版后，尽管恩格斯为这本书发表了 7 篇评论予以推介，1000 册书却卖了四年，被接受程度令人失望。但是，在恩格斯的努力下，还是出版了各种译本。1872 年出版了俄文译本，据说列宁得到了一本。1875 年出版了法文译本。直到 1887 年，才出版了英文译本。1890 年一个美国版本获得了成功，5000 册书很快售罄，因为出版者介绍这本书时耍了花招，说它是一本告诉人们"如何积累资本"的书。

马克思经济学说的核心是分析资本主义经济发展规律，预示资本主义经济必然走向灭亡，而被社会主义制度所替代。马克思经济学说的基础是劳动价值论，认为劳动是价值的唯一源泉。他以商品作为分析的起点，指出商品具有两重性，既具有使用价值，又具有价值。生产商品的劳动也具有两重性，既是具体劳动，又是抽象劳动。具体劳动生产使用价值，抽象劳动创造价值。商品的价值量取决于生产商品所耗费的社会必要劳动时间。资本家通过在市场上购买劳动力和生产资料，用来生产商品。生产资料的价值只是转移到商品上去，不会增加价值，而劳动力在生产过程中的使用可以创造出大于自身价值的价值，这就是剩余价值，就是资本剥削劳动的秘密。马克思研究了资本主义积累的历史过程，指出一方面是资产阶级财富的积累，一方面是工人阶级贫困的积累，这就是资本主义积累的绝对规律和一般规律。这个规律决定了资本主义的必然灭亡。在分析资本主义积累过程时，马克思发现了资本主义的两大基本矛盾。一是社会需求的增长赶不上生产的增长。马克思实际上继承了马尔萨斯有效需求不足的观点。认为商品能否卖出去至为关键，由商品到货币的转变是"惊险的一跃"。为了获得更多利润，资本家必然越来越多地用机器取代劳动，从而导致工人大量失业，使社会财富越来越集中在资本家手中，而工人阶级必然出现绝对贫困化和相对贫困化，贫富悬殊越来越严重。这必然导致在总量上社会需求增长远远赶不上生产的增长，使社会生产难以为继。二是资本主义社会中，虽然每一个企业生产是有组织、有计划的，但是整个社会生产是无组织、无计划的，因而生产与需求之间就会经常出现结构性失衡。这两大矛盾必然导致周期性地出现生产过剩的经济危机，造成社会资源的严重浪费和生产力不断遭到破坏。随着资本主义内在矛盾不断激化，当工人阶级不堪忍受剥削和贫困而奋起反抗和斗争时，资本主义的丧钟就要敲响了，"剥夺者就要被剥夺"，最终被以公有制为基础的社会主义制度所取代。马克思还通过分析资本的流通过程，揭示了剩余价值实现的困难和矛盾。通过分析剩余价值分配过程，分析了社会各个阶级之间的深刻矛盾。这些论述，进一步揭示了资本主义生产方式的内在矛盾，说明了这种经济制度崩溃的历史趋势。

在《资本论》中特别是在第二卷和第三卷中，包含了不少关于社会经济活动一般规律的天才见解，值得现代经济学者从中学习。比如，马克思指出，大规模企业的不断发展，必然造成所有权和管理权的分离；股份制是现代企业的有效形式，可以迅速集中资本，扩大企业规模；社会再生产过程中，各部门之间必须保持一定的比例关系，才能实现供求之间的平衡，保证社会生产正常运行；经济增长并不总是风平浪静，而是由于经济危机的发生，呈现周期性的波动；现代企业中，管理活动具有十分重要的作用；如此等等。

马克思经济学说诞生后，一直遭到各个时期经济学家的批评，在主要发达国家，马克思的经济学也不占主流地位。但是，由于马克思经济学说体现了伟大的人道主义精神，即使那些马克思经济学说的批判者，也对他本人抱有极大的尊重。正如恩格斯的《在马克思墓前的讲话》中所说："他可能有过许多敌人，但未必有一个私敌。"

克莱门特·朱格拉

Clément Juglar（法国，1819—1905）

正式提出经济周期概念第一人

> 名言：萧条的唯一原因就是繁荣。

经济学上的一些重要发现，有时候不是职业经济学家做出的，而是来自其他行当的一些奇人的贡献。比如，非合作博弈理论是数学家纳什的杰作，经济周期是法国医生朱格拉正式提出的。

1862年，43岁的法国医生克莱门特·朱格拉出版了《在法国、英国和美国的商业危机及其反复》，发现这三个国家经济循环总是以5—9年为周期变化一次，并且通过批发价格、利率、银行贴现及垫款、流通货币和存款等多项指标表现出来，从而明确无误地提出资本主义经济发展呈现周期性特点的观点。朱格拉不是发现经济活动有周期性特点的第一人，约翰·穆勒在《政治经济学原理及其在社会哲学上的若干应用》一书中包含了"商贸中周期性剧变"的讨论。但是在朱格拉之前，人们认为经济波动是由于农业歉收、战争发生等外部的、随机性因素导致的，因此不能肯定是一种规律性的现象。朱格拉坚持认为，经济活动的周期性为资本主义制度所固有，气候变化、政治事变和战争只会加重这种现象，但是经济循环基本上与气候和政治因素无关。这就是说，经济危机并不是一些简单的相互独立的事件，而是经济组织内在不稳定性、周期性重复发作的体现。意识到这一点后，他通过收集尽可能长的时间序列统计数据并加以分析，进而对这种周期性运动的不同阶段做了划分，提出经济周期可分为"上升""暴发""清算"等不同阶段，这已经接近后来经济学对经济周期的"四阶段"划分了。

朱格拉的周期理论长时间内没有产生多大影响。自熊彼特《经济周期》一书出版以来，人们现在已将7—11年的周期称为"朱格拉周期"，以区别于为期3—5年的"基钦周期"和为期45—60年的"康德拉季耶夫周期"。

朱格拉是一个内科医生的儿子，后来子承父业做了医生。他的医务工作背景导致对人口统计的兴趣，而人口统计又引起他注意影响出生率和死亡率的繁荣与萧条的起伏波动。在1856年发表一篇论商业危机的文章后，他又加入了一场以商业危机为题的论文比

米格牲

云：萧条的唯一原因就是繁荣。

壬寅之春 薛晓源 钦写

赛，后又以1862年出版的那部著作获奖。1889年，他把此书扩展为对1803—1882年间法、英、美三国经济周期的历史考察。朱格拉因为统计学的成就出名后，曾在巴黎私立政治科学学院教统计学，建立法国统计学会，当选为社会经济学会会长。据说，他通过预报经济周期的转折点，积聚了一笔相当可观的财富。

莱昂·瓦尔拉斯

Léon Walras（法国，1834—1910）

一般均衡模型的建立者

> 名言：如果一个人想快速丰收，他就必须种胡萝卜。如果一个人想要种桉树，他必然已经告诉自己：我的子孙将会因这片树荫而感谢我。

在边际革命"三杰"中，杰文斯的著作发表时没有得到公认，但是有人阅读；门格尔的著作既有人阅读且得到公认；瓦尔拉斯的《纯粹经济学要义》出版后，尽管他不遗余力地推广，还是出奇地遭到冷遇。这一方面因为当时经济学的中心在英国，马歇尔正如日中天，僻处洛桑小城的瓦尔拉斯用法语出版的著作难以进入大众视线；另一方面，瓦尔拉斯在运用数理方法的表述方面比杰文斯走得更远，这就足以把那个时代的大多数读者吓跑。此外，他认同社会主义思想，主张土地国有化和激进的税制改革，明显不合时宜。然而，随着时代进步特别是计算机技术的发展，20世纪50年代以后，瓦尔拉斯真正实现了咸鱼翻身，死后极尽哀荣，成为继李嘉图、马克思之后读者最为广泛的经济学家。在《从马克思到凯恩斯十大经济学家》一书中，熊彼特认为《纯粹经济学要义》在经济学上的地位犹如宪政史上的《大宪章》，说他取得的成就是"经济学家足以与理论物理学家的成就并驾齐驱的唯一结果"，称他是"经济学家中最伟大的一员"。

瓦尔拉斯出生于法国西北部的诺曼底，父亲是一个经济学家。他投考巴黎理工学院因为数学成绩不好两度落榜，后来考进巴黎矿业学院学习几年，成绩也不能令人满意。瓦尔拉斯早年的事业基本上是不成功的。他出版过一本平庸的小说，编过一本短命的杂志，在铁路局和两家银行工作过。直到36岁时勉强成为洛桑大学新设的政治经济学讲座教授，在那里工作了22年。他一生经济困顿，直到娶了一个富孀后情况才有了好转。

瓦尔拉斯对经济学的显著贡献是运用数理方法研究经济问题，建立了一般均衡理论和复杂的数理模型。瓦尔拉斯几乎在马歇尔提出局部均衡论的同时，提出了一般均衡论。马歇尔的模型局限于在两个因素影响下，供求之间的均衡点决定价格；瓦尔拉斯的模型则是在多种因素影响下，供求均衡的形成和价格的决定；马歇尔的模型只需要两三个方程式，瓦尔拉斯的模型则是一个联立方程组；马歇尔的模型解释的是微观经济问题，瓦尔拉斯的模型解释的是宏观经济问题；马歇尔的局部均衡论是大学的课程，瓦尔拉斯的一般均衡论则是研究所讲授的内容。熊彼特说，这个"伟大理论水晶般明澈的思路，以一种基本原理的光芒照耀着纯粹经济关系的结构"。单凭这一个理论，就足以使瓦尔拉斯不朽。洛桑大学为表示对他的尊敬而竖立的纪念碑只是刻着这几个字：经济均衡。

一般均衡论的要义是，在多种商品相互交易的情况下，以完全自由竞争、生产要素完全自由流动和完全价格弹性为假定前提，写下抽象的供求方程式，然后依据方程式和未知数的数目，证明这组联立方程式的一般均衡解之存在。如果这些方程式是相等的，就可以得出结论，认为一般均衡解至少是可能的。在确立了一般均衡的绝对静态概念之后，他又指出，通过竞争机制可以建立一般均衡。当出现需求过剩或供给过剩时，价格机制对于供求的调整，类似于古董拍卖的试错过程，逐步使供求趋于均衡，而不是借助一个权力中心来调节。在瓦尔拉斯看来，经济总是能够通过市场机制的自发调节而处于均衡状态，而现实的经济生活中不均衡倒是常态。直到凯恩斯的宏观经济理论问世，瓦尔拉斯的一般均衡论才遇到了严重的挑战。

瓦尔拉斯对于自己的经济理论极其自信，曾写信给诺贝尔奖委员会，要求授予他诺贝尔和平奖，声称他的经济理论可以促进社会问题的解决。但是，瑞典皇家科学院对此没有做出反应。然而，瓦尔拉斯生前渴求的荣誉和声望，却在身后不求自来。

"桃李不言，下自成蹊"。是金子，就会闪光。

瓦爾拉斯

如果一個人想快速
豐豆收，他就必須種
胡蘿卜。如果一個人想
要獨桉樹，他必然已
經告訴自己：我的子
孫將會因這株樹蔭
而感謝我。瓦爾拉斯
如是說 薛曉源寫

威廉·杰文斯

William Jevons（英国，1835—1882）

经济学边际革命的主将

> 名言：经济学是快乐与痛苦的微积分学。

以大经济学家凯恩斯的极度自信、目中无人，能够让他作传的人，一定不是等闲之辈。经济学家杰文斯就是凯恩斯亲自作传的少数几个经济学家之一，足见他在经济学说史上的重要地位。

杰文斯出生于英国利物浦的一个笃信宗教的家庭。一开始家境富足，父亲是工程师兼制铁商，母亲是当地有名的银行家。不过后来父亲经营的工厂破产，家道中落，以致杰文斯不得不中断在伦敦大学学院的学业，到澳大利亚的铸币厂工作了5年。1857年以前，杰文斯闲暇时主要研究生物学和冶金学。1857年起他的兴趣转向经济学和社会问题，开始意识到他的一生事业在于"研究人"，因而需要回到英格兰继续深造。1859年，他回国后再入伦敦大学学院学习，先后获得学士学位和硕士学位。他毕业后第一个教职是在曼彻斯特的欧文斯学院任指导教师，后来升任该校逻辑学、道德哲学和政治经济学教授，1876年以来任伦敦大学学院的政治经济学教授，1880年因健康原因辞职。1882年一次与家人外出度假，游泳时因体力不支而溺水身亡，年仅47岁。

杰文斯的一系列著作奠定了他在政治经济学和逻辑学两个领域作为当时主要的思想家之一的地位，并于1872年当选为皇家学会会员。杰文斯对多个领域的经济问题进行了探索。比如在他的成名作《煤炭问题》（*The Coal Question*）中，他认为煤炭是英国工业发展的主要资源，而且预言英国煤炭资源即将枯竭，英国工业的领导地位必将衰落，而美国作为工业大国即将兴起。杰文斯还对货币问题进行了定量研究。他还试图把太阳黑子活动的周期与经济循环联系起来，而被一些经济学家讥笑。但也有经济学家认为，杰文斯指出经济发展呈现出周期性特点，并且指出每个周期时间为10年，在大多数经济学家尚未意识到经济周期问题时，应该是一种不凡的见解。杰文斯还区分了理论经济学和应用经济学，讨论了国家在经济中的作用，等等，从而极大地影响了以后经济学的理论基础和应用经济学的基本原则。

杰文斯对经济学发展的贡献主要体现在两个方面：一是对经济学研究方法的创新，

傑文斯

經濟學是扶樂與痛苦的微積分學。

英國經濟學家威廉·傑文斯如是說辛丑薛曉源寫

一是提出边际效用论。这些天才思想反映在《政治经济学理论》(The Theory of Political Economy)一书中。

杰文斯认为,经典作家们经常采用的演绎方法不需要放弃,只需要改革,而这种改革在很大程度上在于公开使用数学技术。对此他看得很清楚,指出经济学属于这样的一类科学,"它们除了是逻辑的以外,也是数学的",且"我们的科学必须是数学的,这只是因为它处理数量"。杰文斯比同时代的人更加深刻地理解经济学理论与计量、计算之间的关系,并且在研究过程中不辞辛苦地搜集和解释大量的统计信息。正因为如此,既可以把他视为边际革命的主将,也可以认为他是经济计量学的先驱。

杰文斯与门格尔同一年提出了边际效用的概念,比瓦尔拉斯提出边际效用概念早了三年。有证据显示之前他没有读过古诺、杜能、杜普伊、戈森等人的著作。在《政治经济学理论》第二版序中,杰文斯慷慨地承认,他的许多思想已经有上述学者提到过。杰文斯认为经济学是快乐与痛苦的微积分。快乐和效用是从商品的消费中产生的,而痛苦和反效用则包含在商品生产之中。他从消费方面的分析中发现了边际现象,而没有涉及生产方面。他提出价值完全依存于效用,同时区分了总效用与"最后一度效用",亦即边际效用,并提出了效用变化规律,即随着消费数量的增加,效用是递减的。

爱因斯坦说过,超越时代半步的是巨人,超越时代一步或两步就是疯子。杰文斯的理论遇到了当时经济学界的漠视。他引发的是经济学的一场革命,被普遍承认却整整延迟了20年。可以认为,爱因斯坦的这句话就是为杰文斯这样的思想巨人量身定制的。

古斯塔夫·施穆勒

Gustav von Schmoller（德国，1838—1917）

德国新历史学派的代表人物

> 名言：人们之间有比经济关系更为基本的道义的结合。

古斯塔夫·施穆勒是德国新历史学派（亦称青年历史学派）的领袖。在19世纪的最后25年内，他实际上主导着德国的整个经济学界。

施穆勒出生于德国海尔布隆市一个官吏家庭，毕业于图宾根大学，先后任哈雷大学、斯特拉斯堡大学、柏林大学教授，而以在柏林大学任教时间最长。他是德国新历史学派的领袖，在经济学界一言九鼎，并主编当时德国权威期刊《年鉴》（*Jahrbuch für Gesetzebung, Verwaltung, und Volkswirthschaft im deutschen Reich*）。在他的把持下，其他学派的经济学家在德国根本没有立足之地，所有重要教职都是新历史学派的经济学家。因此，人们称他为"教授的制造者"。施穆勒积极参与政治，在柏林大学期间，以德国经济学界领袖的身份支持容克政权，1884年任普鲁士枢密院顾问，1887年当选为普鲁士上议院议员，1907年被封为贵族。

施穆勒和新历史学派从整体上继承了旧历史学派的衣钵，但与后者也有一定区别。

在研究方法上，以施穆勒为代表的新历史学派继承了旧历史学派的历史归纳法，但在他们的著作中，历史方法和逻辑演绎法的割裂达到了极端的地步。施穆勒认为，经济问题的分析必须利用历史方法，抽象演绎方法不可能有任何成果。政治经济学研究应当努力收集大量历史的和当前的资料。只有大量收集资料后，经济学家才有可能应用历史归纳的方法得出若干结论。新历史学派在研究当代经济问题时，大量利用了统计资料和当时已相当发达的统计方法。因此，他们常说自己的研究方法是"历史统计方法"，而旧历史学派的研究方法则是"历史的生理方法"。与此同时，施穆勒还特别强调伦理道德因素在经济中的地位和作用。他认为，人类的经济生活并不仅限于满足本身的物质方面的欲望，还有满足高尚的、完美的伦理道德方面的欲望。因此，经济问题只有和伦理道德联系起来，才能得到说明和解决。

施穆勒不仅和旧历史学派一样反对各国经济发展中存在普遍规律，甚至对于前者不敢否认的社会发展规律，也表示怀疑。施穆勒就曾说过："现在被称为历史规律的不是靠不住的结论,就是陈旧的心理概念。我们完全有理由怀疑今天我们能够和应该谈论历史规律。"

改良主义的社会经济政策,是施穆勒经济学说的重要内容。他认为,劳资之间的对立不是经济利益的对立,而是劳资间思想感情有差距,应加强对工人阶级的道德教育,以缓和劳资之间的矛盾。他还主张对资本主义社会的某些缺陷和当时德国存在的一些经济问题,应由国家进行自上而下的改良来加以解决。由于这些主张都是由新历史学派的教授们在各种论坛上阐述的,当时的自由主义经济学家讽刺这些经济政策是"讲坛社会主义"。

后来的经济学术界认为,施穆勒为首的新历史学派与纳粹主义在理论上有着血缘关系。新历史学派经济学家有一个共同的信念,即德意志民族在人类历史上担负着伟大的使命,这个使命要通过一个稳定有力的国家和政权来实现。因此,他们拥护强力政权,强调国家的经济作用,颂扬帝国主义,这些都成为后来的纳粹主义的思想基础。

施穆勒等新历史学派的经济学说整体上虽然是不科学的,但是他们重视利用统计资料和统计方法研究经济问题,则受到后世经济学家的尊重,并成为经济学研究的重要传统。他们过于强调伦理道德在经济生活中的作用固然有极大片面性,但是研究经济问题应该联系道德伦理等社会历史因素,却不失为一种高明的见地。近年来,越来越多的经济学家对主流经济学研究方法进行了反思,认为所谓纯科学研究,即经济研究追求自然科学的精确性,完全不考虑历史、社会、文化、道德等因素在经济生活中的作用,削弱了经济研究的力量和作用。

一种经济学说一定时期内能够在一个国家流行,一定不是偶然的、一无是处的。尊重历史是一种科学态度。对任何一种学说或理论,都应当批判地吸收。切忌泼掉脏水的时候,把孩子也泼掉。

鮑爾生云：人們之間有比經濟關係更為基本的道義的結合。壬寅年薛曉源欣寫

卡尔·门格尔

Carl Menger（奥地利，1840—1921）

奥地利学派的创立者和边际革命的奠基者之一

> 名言：没有欲望，就没有经济活动。

19世纪70年代初发生的边际革命，挽救了业已萎靡不振的经济学，使经济学的发展重新进入一个令人振奋、生机勃勃的时代。奥地利的门格尔、英国的杰文斯和法国的瓦尔拉斯，在互不知情的情况下，通过各自的独立研究，几乎同时提出了边际效用论，共同成为经济学边际革命的奠基者。与门格尔的著作相比，瓦尔拉斯的著作过于难懂，杰文斯的著作则过于格言化，因而门格尔的著作对于经济学发展产生的影响最大。门格尔的理论吸引了包括庞巴维克、维塞尔在内的一批重量级门徒，建立了奥地利学派，与马歇尔的剑桥学派和瓦尔拉斯继承者建立的洛桑学派争雄达半个世纪之久。

如果说，现代经济学就是按照自然科学的研究规范进行研究而发展起来的经济理论体系，那么门格尔、杰文斯和瓦尔拉斯可以称为第一代现代经济学家。

门格尔出生于波兰南部的加利西亚，当时那里是奥地利帝国的一部分。他是一位富裕的专业人士家庭中的三个儿子之一。他在维也纳大学、布拉格大学和雅盖隆大学攻读法律，在雅盖隆大学获得法学博士学位。他毕业后做过经济新闻记者，此后曾在首相办公室的新闻处工作，并业余研究经济学。他所著的《经济学原理》（*Grundsätze der Volkswirtschaftslehre*）为他赢得维也纳大学的讲师职位，这是一个不领薪水的教职，接着升为教授。1876年，他充任奥地利王储的私人教师，陪同他周游德国、法国和英国。两年后他返回维也纳大学，任该校政治经济学教授，直到1903年辞去教职，专心著述。1900年门格尔成为奥匈帝国上议院议员。他在大学任教授时的待遇优厚，年薪约合4000多美元，按照购买力换算，相当于现在的年薪60万美元。门格尔一生未婚，有一个私生子，在国王的干预下，获得了合法地位。

门格尔的经济分析更注重从消费和人们的主观欲望出发，并且不利用数学工具。这是他与杰文斯、瓦尔拉斯的重大区别。在他的主要著作中一开头就指出"一切经济理论研究的出发点都是人类的欲望本性。没有欲望，就没有经济活动"，并认为"对欲望的研究是经济学的关键"。因此，他认为一种货物只有当人们认识到有用时才具有价值，价值

门格尔

没有欲望，就没有经济活动。奥地利学派的创立者和边际革命的奠基者之一卡尔·门格尔如是说。

壬寅 薛晓源写

的大小也取决于人的主观评价，并且价值量随着消费量的增加而递减。

在门格尔看来，人的欲望是分等级的，不同物品满足欲望的意义也是高低不同的。一般来说，欲望是这样排序的：保存生命—增进高度福利—增进低度福利—增进些微福利。随着欲望满足程度的不断增加，物品价值会由高价值降低到低价值，甚至无价值、负价值。

门格尔还根据满足人的主观欲望的不同方式，对财富进行了区分，把可以直接满足人的欲望的财富排在第一级，通过生产过程转化为第一级财富，可以间接满足人类欲望的财富属于第二级，并且参加生产的财富种类越多，财富的等级越高。越高级的财富要转化为可以直接满足人类欲望的低级财富，生产过程越复杂，越需要更高的认识能力。这些观点成为主观价值论和边际效用论的理论基础。

门格尔强调价格形成、货币诞生都是人们无意识经济活动的结果。比如，他说货币的产生，就是因为物物交换不方便，人们通过不断试验不同的等价物，最后选定了贵金属成为货币。因为人们事先根本不知道货币为何物，所以货币不可能是事先设计出来的。这实际上是后来哈耶克的经济制度非预谋学说的理论来源。

门格尔与德国历史学派的方法论之争，捍卫了逻辑演绎法在经济学理论建构中的应有地位。在19世纪80年代到20世纪初，门格尔用了差不多20年与德国的经济学同行论战，以至到了相互交恶的程度。他指出，经济学包括历史统计部分、理论部分和经济政策部分。而历史学派只着重于历史统计部分，却没有理论经济学的精确法则作为指导。纯粹历史的、包括经验的研究只能是一堆毫无意义的事实与数字的罗列，因而"没有理论的生产"。在门格尔看来，理论的发展先于资料的积累，认识的发生先于现实的生活，理论经济学的首要功能，在于为经济学的应用划界和确定前提条件。

门格尔在世时本应该产生更大的影响。但是，由于他是一个完美主义者，对已问世著作均不满意，不允许翻译和重印他的任何著作，限制了他的思想传播。他对当时和后世经济学界的影响主要是通过他的弟子间接发生的。他的弟子和再传弟子都是名满天下的著名人物，如维塞尔、庞巴维克、熊彼特、米塞斯、哈耶克等。其中，庞巴维克被誉为传播奥地利学派"圣经"的"圣保罗"，并三度出任奥匈帝国的财政大臣。熊彼特则通过在哈佛大学任教，广泛传播奥地利学派的经济思想，几乎把半个奥地利学派带到了美国。至今，奥地利学派的经济学家仍然散布在美国各个大学。由于哈耶克的巨大影响，20世纪70年代以来，经济学界兴起一股重新认识奥地利学派的潮流，使得门格尔创立的奥地利学派呈现出强劲的复兴苗头。

阿尔弗雷德·马歇尔

Alfred Marshall（英国，1842—1924）

新古典经济学之创立者

> 名言：金钱完全可能是用于高尚目的的一种手段。

马歇尔是经济学说史上的里程碑式人物。继约翰·穆勒完成了政治经济学的第一次综合，马歇尔是英国19世纪经济学发展成就之集大成者，实现了经济学的第二次综合，创立了新古典经济学和剑桥学派。从19世纪90年代到20世纪30年代，马歇尔的学说统治经济学界达40年之久。

马歇尔出生于英国伦敦，父亲是英格兰银行的一名普通职员。他的父亲希望他成为一个牧师，并且对他要求严格，经常逼迫他做功课到深夜。因此马歇尔从小面色灰白苍老，绰号"小蜡烛"。但马歇尔违背了父亲的安排，到剑桥大学圣约翰学院攻读数学，毕业后留在剑桥大学做数学教师。由于与他在剑桥大学的学生玛丽·佩利结婚，违反了剑桥大学教师独身的规定，他不得不到布里斯托尔大学工作了5年。剑桥大学修改了教师不得结婚的校规后，马歇尔又返回剑桥大学任政治经济学教授，直到退休。在马歇尔的努力下，1890年英国经济学会成立，《经济学杂志》（The Economic Journal）也在次年创刊。

马歇尔一生其实只做了三件事，正是这三件事使他名扬后世。

第一件事，出了一本书。马歇尔一生手不释卷，学识渊博，勤于思考。但由于近乎苛刻的严谨，他的许多研究成果都被锁在抽屉里，公开发表和出版的著作数量并不多。当时的英国经济学者不知道马歇尔的抽屉有多深，因而也都不敢轻易发表作品。凯恩斯曾经写过马歇尔和杰文斯的传记，对他们的个性对照有过精彩的描述："杰文斯看到水壶开了，就像孩子一样尖叫。马歇尔看到水壶开了，就安静地坐下来建造出蒸汽机。"使马歇尔扬名立万的是他的《经济学原理》（Principles of Economics）一书。这本书出版后，直到第二次世界大战以前，一直是大西洋两岸最流行的经济学教科书，是那个时代多数欧洲经济学家和美国经济学家学习和研究的起点。凯恩斯曾经评论道："要想成为一个优秀的经济学家，只需要阅读马歇尔的《经济学原理》和一份好报纸的经济版就可以了。"

第二件事，建立了一个体系，或者说实现了一次综合。马歇尔建立了微观经济学的理论体系，即新古典经济学，既充分反映了穆勒以后经济学研究取得的所有重要进展，特别是边际效用论的研究成果，也继承了古典政治经济学的精华和传统。马歇尔的理论体系为西方主流经济学确立了微观经济分析的基本框架，至今仍然被沿用。尽管马歇尔是一个绅士，总是谦逊地说他的经济学不过是李嘉图经济学的延伸，把他的贡献都说成是前人智慧的一部分。其实他对经济学有许多原创性贡献，这才是他赢得经济学大师声誉的原因。比如，他确立了价格由供给和需求决定的理论，指出需求曲线和供给曲线的交叉点决定价格。关于局部均衡的分析，对市场极短时期、短时期、长时期的区分，提出了需求弹性的概念以及消费者剩余和生产者剩余概念，指出了内部规模经济和外部规模经济的区别。对均衡的稳定条件的分析，还提出了完全竞争不能使经济福利最大化的命题，等等。与今天获得诺贝尔经济学奖的研究成果相对比，马歇尔任何一个方面的贡献都包含成色十足的诺贝尔经济学奖的含金量。

第三件事，改变了一个学科的名称。在马歇尔之前，经济学家把他们研究的这门学科称为"政治经济学"，而马歇尔以后，这门学科便被普遍称为"经济学"了。这不是一个简单的名称改变问题，而是由于马歇尔的缘故，改变了经济学家关注的焦点和研究的范围。马歇尔之前的经济学家关注的是财富的性质和增加，换句话说关心的是经济增长和社会福利的增进。而马歇尔的经济学的主旨不是研究货币、物价、所得、效用、竞争等，而是研究人们日常生活里的行为，即人们如何取得想要的东西，以及运用必要的东西来增进福利。用今天标准的经济学语言来表述，就是研究如何通过合理的资源配置来取得最大的经济效益。或者还可以这样说，以前的经济研究聚焦于如何改进整个社会的福利，因而是政治经济学（政治一词的希腊语词根含义是社会的、国家的意思），今天的经济研究则聚焦于家庭福利的改进和企业利润的增加。马歇尔对经济学研究方向的扭转，与他的数学出身，以及对经济学研究科学化的强烈追求有关。他认为经济学最应该学习的是生物学，因为它最能表现大自然的本质。他的名言是，学科的宽度拉得越宽，科学的精确性越低。经济分析必须与政治、社会切割，走向专业化、精确化才能快速成长起来。经济学分析的专业化，的确使经济学在个别领域的研究更加深入和数量化、精确化，但也使经济学的研究范围日渐缩小，使得经济学家只能"螺蛳壳里做道场"。尽管马歇尔本人主张用数学思维，用英语和事例表达，但对现代经济学研究中数学和模型的滥用，使经济学几乎成了数学的分支，阻碍了人们对更宽广领域、更重要课题的认识，他还是有责任的。

正所谓：知我者，其惟《春秋》乎！罪我者，其惟《春秋》乎！

金錢完全可能是用於高尚目的的一種手段。新古典經濟學之創立者阿爾弗雷德・馬歇爾先生如是說 壬寅之春 薛曉源寫

约翰·克拉克

John Clark（美国，1847—1938）

美国经济学派的最早创立者

> 名言：对不同性质的东西不加区分，对任何哲学都是巨大的灾难。

约翰·克拉克的名字与现代经济学上一个糟糕的辩护性理论联系在一起，即用边际生产力理论为收入分配不均张目。尽管如此，他仍被视为美国现代经济学派的创立者。

克拉克出生于美国罗得岛的普罗维登斯，后全家迁往明尼苏达。他的父亲经营一家小型农具店。由于家境艰难，克拉克在大学的学业一度中断，直到25岁才大学毕业。随后他去德国海德堡大学学习，师从旧历史学派主要成员克尼斯。回国后，他先后在卡尔顿学院、斯密斯学院、约翰·霍普金斯大学和哥伦比亚大学任教。克拉克是美国经济学会创始人，并担任第三任会长。为纪念克拉克100周年诞辰，1947年美国经济学会开始设立约翰·贝茨·克拉克奖。该奖项每两年评选一次，奖励40岁以下在美国大学任教的经济学家。克拉克奖俗称"小诺贝尔奖"，获得该奖项的经济学家往往能引起诺贝尔奖委员会的关注，不少获得克拉克奖的经济学家后来获得了诺贝尔经济学奖。

克拉克的主要经济学著作是《财富的分配》（*The Distribution of Wealth*）和《政治经济学要义》（*Essentials of Economic Theory*）。他的主要经济理论是价值理论和分配理论，而分配理论是他的核心理论。与一些古典经济学家一样，克拉克认为价值是各种生产要素创造的，不仅劳动是价值的源泉，资本和土地也是价值的源泉。因而，不仅劳动应该得到报酬，资本和土地也应该得到报酬。资本和劳动经济地位是平等的，都获得了应得的收入。

他运用边际概念和理论论述工资和利息的决定。关于工资，他认为，在资本不增加的情况下，每增加一个单位劳动，意味着每一单位劳动分摊到的装备减少了，技术供应恶化了，在投入生产的劳动增多之后，就会发生劳动生产率递减。最后增加的一单位劳动是边际劳动，边际劳动生产的产品量是边际劳动生产力，边际劳动生产力是最低的。它不仅决定边际劳动的工资，而且决定所有与其熟练程度一样的工人的工资。同样的道理，假定工人数不变，在资本增加之后，每一单位资本所生产出来的产品量将小于前一单位资本的产品量，存在资本边际生产力递减规律。最后增加的一个单位资本是边际资

约翰·克拉克

對不同性質的東西予加區分，對任何哲學都是巨大的災難。

美國經濟學派的最早創意者約翰·克拉克先生如是說

壬寅春薛暁源寫

本，边际资本所生产的产品量是资本边际生产力。它不但决定边际资本的利息，而且决定其他部分资本的利息。

至于利润，克拉克认为是"过渡性"的，在静态经济状态下是不存在的。实际上，他认为利润是对企业家技术创新的回报，实际上是一种超额利润。令人吃惊的是，克拉克断定利润一般会在以后的生产过程中变成工资的一部分。

虽然克拉克的边际生产力理论经不起推敲，但是由于在他之前，美国经济学家大部分都只关注当时具体的经济问题，如工业化、保护政策、关税制度、国际竞争、货币银行、土地问题等，而对价值、价格、收入分配等理论问题的探讨处于不重要的地位。克拉克重点研究价值决定和收入分配等理论问题，开创了美国经济学界理论研究的倾向，因而赢得重要的经济学家地位，受到推崇。

克拉克还挑起与奥地利学派之间关于资本理论的论战。先是他与庞巴维克两人之间的争论，后来两国许多经济学家纷纷加入战团，并且这场争论一直持续到20世纪30年代才偃旗息鼓。经济学家普遍认为，这是一场混战，对推动经济学发展没有多少贡献，是典型的"春秋无义战"。

维尔弗雷多·帕累托

Vilfredo Pareto（意大利，1848—1923）

新福利经济学的主要代表之一

> 名言：在任何一组东西中，最重要的只占其中一小部分，约 20%。其余的 80% 尽管占多数，却是次要的。

帕累托与瓦尔拉斯同属于洛桑学派，以瓦尔拉斯的学生自处。其实，他们两人的研究领域很不相同，使用的概念与分析工具也大异其趣。所以，两人地缘上的亲近性远于思想上的同构性。

帕累托 1848 年出生于巴黎，那时他的父亲已经从意大利流亡到法国，母亲是法国人。他在法国开始接受教育，但在意大利继续他的学业，专攻数学和古典文学，1869 年从都灵理工学院毕业，获得工程学学位。后来他在两家意大利铁路公司任工程师和经理，工作了 20 多年。直到 42 岁，他才开始研究经济学。两年后因瓦尔拉斯的大力推荐，接替了其在洛桑大学的政治经济学教授职位。7 年后辞职，退休回到了瑞士日内瓦河畔的住所，全力投入研究和著述，直到 1923 年辞世。

帕累托经济学研究的主题是效率与福利的改进，因此被视为新福利经济学的主要代表人物。他创立的"帕累托最优"和"帕累托改进"，成为经济学界耳熟能详的著名定律。他在福利经济学领域中有两个重要创见。一是明确区分基数效用与序数效用，说明利用序数效用，即以偏好的等级，就可以推断需求理论的全部重要命题。这与早期边际效用论以及庇古等以基数效用衡量人的欲望满足，有着很大区别。二是提出了著名的"帕累托最优"定理。通俗地说，如果双方的交换能够做到"不损人而利己"或"不损己而利人"，就达到了帕累托最优。达到帕累托最优意味着，已经无法通过调整资源配置和国民收入再分配来让双方更加满意。如果用更专业的话说，帕累托最优同时达到了三种状态：消费者之间的财富分配已达到最优，资源的配置在技术层面达到了最优，产出量也达到了最优。从帕累托最优，还可引申出以下结论：如果能够增加一个人或一部分人的福利，而不损害另一个人或另一部分人的福利，就称为"帕累托改进"。

帕累托接替瓦尔拉斯的教授职位后，逐渐对一般均衡论和整个经济学不抱希望，转而在较宽广的政治、社会学框架内从事研究。他曾写成两卷本的《社会主义体系》（*Les*

Systèmes Socialistes），对社会主义理论进行了系统批评；他第一次提出了"精英"概念及其作用；他提出了今天人所共知的"二八定律"——最重要的只占少数，占多数的反而并不重要。1916年，他出版了两卷本的《心灵与社会：普通社会学通论》（*Trattato di sociologia generale*），成为他研究生涯的高峰。

帕累托的最优定律虽然数学条件明确，干净漂亮，但在现实中并不容易把握。他的著作表达生硬，概念集中，艰涩难懂，生前没有赢得多少读者。他经济思想的影响是身后才逐渐扩大的。可能因为知音难觅，他的后期社会学著作中弥漫着阴郁压抑的格调，呈现的是一种悲观的社会图景：人们被非理性的情绪所驱使，在精英的操控下，社会陷入一种永无休止的争斗中。

放眼今日的天下汹汹，不幸被帕累托言中。

帕累托

在任何一組東西中，
最重要的只占一小部分，
約百分之二十，其餘四百
分之八十儘管占多數，
卻是次要的。
新福利經濟學的主將
維爾布雷多‧帕累托先生
如是說 薛暮源寫

爱德华·伯恩斯坦

Eduard Bernstein（德国，1850—1932）

修正主义经济理论鼻祖

> 名言：最终目的是微不足道的，运动就是一切。

爱德华·伯恩斯坦是德国社会民主党的著名理论家，是德国社会民主党的领袖人物。他在历史上还有一个更重要的身份：修正主义的理论鼻祖。正是受他的理论影响和指导，从根本上改变了欧洲发达国家共产党的政治方向和斗争方式。

伯恩斯坦出生于柏林一个犹太人家庭。他16岁时离开学校成为学徒，后曾在一家银行当职员。20岁过后他加入了德国社会民主党，从事党的新闻工作。俾斯麦政府1878年下令禁止社会民主党人的活动并禁止社会主义出版物，大量逮捕和流放社会主义者，伯恩斯坦被迫流亡，先到英国，后到瑞士，并担任德国社会民主党的机关报主编。1888年，在德国俾斯麦政府的要求下，伯恩斯坦被瑞士政府驱逐出境，移居伦敦，继续办报。1890年，俾斯麦政府倒台，11年后伯恩斯坦才返回柏林。1902—1928年期间，伯恩斯坦三次当选国会议员。

伯恩斯坦全面"修正"了马克思的经济学说，如劳动价值论、剩余价值理论、资本积累理论、经济危机理论等。但是，他对马克思经济理论最重要的"修正"是从经济分析入手，提出自己的资本主义社会中的阶级和阶级斗争理论。马克思、恩格斯在《共产党宣言》及其他著作中都指出，资本主义机器大工业发展和自由竞争的结果，使得原来的小企业主和农民破产，加入到无产阶级的队伍，社会分化成资产阶级和无产阶级两大阶级。无产阶级的形成和壮大，为资本主义制度准备了掘墓人。随着资本积累过程和剥削的加重，两大阶级的矛盾越来越尖锐，必然爆发无产阶级革命，推翻资产阶级的统治，建立社会主义制度。伯恩斯坦引用了大量当时的统计资料，认为资本主义社会的阶级结构不是马克思分析的那样只有两大阶级。随着资本主义生产力的发展特别是在帝国主义时代，中产阶级兴起并不断壮大，在资产阶级和无产阶级之间，形成了一个中间阶级。中产阶级比较满足现状，是社会的稳定力量，没有强烈的革命要求。这就使得社会矛盾大大缓和，无产阶级革命爆发不是必然的，资本主义制度不一定必然走向灭亡。根据对马克思经济学说的修正，伯恩斯坦进一步指出，随着生产力的发达和民主制度的完善，

伯恩斯坦

最終目的是甚麼
不足道的，運動
就是一切。愛德華·
伯恩斯坦如是說
辛丑季薛曉源寫

阶级斗争越来越采取"温和"的、"文明"的和"人道"的形态，社会民主党应该放弃以武装斗争手段推翻资产阶级政府的做法，而应该通过议会选举和立法等合法途径，在不改变现有制度的前提下，逐步改良，使社会主义因素在资本主义制度内部发展起来，最终使资本主义和平长入社会主义。

伯恩斯坦的修正主义理论在德国社会民主党内掀起轩然大波，遭到了考茨基、卢森堡等人的严厉批判，列宁也发表文章严厉指责伯恩斯坦对马克思主义的背叛。但是，伯恩斯坦的理论主张也得到了党内一些人的支持，最终导致了德国社会民主党的分裂。

经过辩论，伯恩斯坦的修正主义理论还是遭到了德国社会民主党的公开谴责。但是，伯恩斯坦对马克思主义的修正，还是对社会主义运动造成了重大影响。第一次世界大战后，他的观点成为几乎全欧洲社会民主党的共同纲领。1928年，欧洲有11个国家的社会民主党进入了资产阶级的内阁政府。战后恢复活动的德国社会民主党于1959年正式通过所谓"坏的哥德斯堡原则宣言"，放弃一贯拥护的马克思主义，宣称赞成通过投票选举实现社会主义。

欧根·庞巴维克

Eugen Böhm-Bawerk（奥地利，1851—1914）

传播奥地利学派理论和方法的"圣保罗"

> 名言：利率是一个国家文化水平的反映：一个民族的智力和道德力量越强大，其利率水平越低下。

庞巴维克生前被认为是欧洲大陆最负盛名的经济学家，在事业上达到了他的老师门格尔和同学维塞尔难以匹敌的高度。他的头像被印在奥地利100先令的钞票上。

欧根·庞巴维克1851年出生于维也纳。他毕业于维也纳大学法律系，并曾在德国海德堡大学、莱比锡大学和耶拿大学学习政治经济学。1881年他在因斯布鲁克大学第一次担任教职。1889年他入奥匈帝国财政部供职，并由于杰出的经济学成就和崇高声望，于1895年、1897年、1900年三度出任奥匈帝国财政大臣。1904年，他辞去公务员职务，担任维也纳大学经济学教授，直至1914年逝世。庞巴维克当时有众多的追随者，他在维也纳大学的讲座和私人研讨会，吸引了许多学生参加，其中就包括后来成为奥地利学派第三代经济学家的米塞斯、哈耶克和熊彼特。

如果说门格尔是奥地利学派的开山祖师，那么庞巴维克就是他的"圣保罗"，对推广和宣传奥地利学派独特的经济研究方法所做贡献最大。同时，庞巴维克因为对资本和利息的研究成果，成为当时最著名的经济学家之一，生前声望甚至超过了剑桥的马歇尔，可与李嘉图和杰文斯比肩。

在《资本与利息》（*Kapital und Kapitalzins*）一书中，庞巴维克列举了100多种现有的利息理论，认为这些利息理论都没有抓住利息的本质。在分析利息的来源时，庞巴维克继承了门格尔的从主观欲望出发研究经济问题的方法。他认为，一切利息形态的产生和高低，都取决于人们对同一商品在现在和将来两个不同时点上主观评价的差异。庞巴维克把商品分为两类：现在财货和将来财货。直接满足现在欲望的商品为现在财货，满足将来欲望的商品为将来财货。他相信人们对现在财货的评价总是高于对将来财货的评价，使得等量的同一商品由于在不同时间中人们的评价不同而产生了价值上的差异，即商品价值的时差。价值时差的存在，要求同一商品现在财货与将来财货交换时，将来财货的所有者必须付给现在财货的所有者等于这个差价的"贴水"。按照庞巴维克的说法，一切形态的利息，都不过是这种"贴水"的不同形态。

利润是利息的最主要形态。庞巴维克用"迂回生产法"解释了利润的产生。按照他的说法，不用任何工具直接进行生产是"直接生产法"，利用工具、原料进行生产是"迂回生产法"。资本主义生产属于迂回生产法。在他看来，企业家购买原料、工具、机器和劳动进行生产，这些原料、工具虽然在物质上是现在财货，但在经济上是将来财货，因为它们不能直接满足现在的欲望。因此，它们的价值一定小于现在已经成熟的消费资料的价值。资本家的活动就是以现在的消费品换取生产资料和劳动，并让这些生产资料和劳动通过生产过程，变成新的消费品。生产资料和劳动是将来财货，资本家在购买它们时所支付的价值小于它们将来所生产出来的商品的价值，因为后者是现在财货，其价值要高于前者。二者的差额构成时差，利润就是这个时差的贴水。

庞巴维克在经济学说史上享有盛名，还因为他坚持边际效用价值论，激烈批评了马克思的劳动价值论。在庞巴维克看来，发达资本主义条件下同量资本获得同量利润，表明了价格与价值的相背离，说明劳动价值论存在着不可克服的矛盾。后来马克思在《资本论》第三卷中提出了生产价格理论，解释了价值与生产价格相背离的原因，从而解释了同量资本获得同量利润的表面矛盾。但是，庞巴维克仍然坚持指出，马克思实际上有两个价值论，一个在《资本论》第一卷中，一个在《资本论》第三卷中，两个价值论是互相矛盾的。

庞巴维克的资本和利息理论一经问世，既收获了一片赞扬声，也遭到了主要来自美国的经济学家的批评，他一生中用了大量精力为自己的理论辩护。随着时光流逝，他的资本和利息理论影响越来越小。特别是当美国经济学家费雪的利息理论问世后，庞巴维克的利息论更少有人提及。但是，庞巴维克以及奥地利学派的心理分析、边际概念、时差利息论等仍然被主流经济学接受，并且被写进各种经济学教科书而得以保存下来。

金巴維克

利率是一個國家文化
水平的反映，一個民族的
智力和道德力量越
強大，其利率水平
越低下。
歐根龐巴維克如是說
壬寅之春薛曉源寫

克努特·维克塞尔

Knut Wicksell（瑞典，1851—1926）

瑞典学派的创始人

> 名言：市场竞争的皇帝没有穿道德的外衣。

从来没有一个比维克塞尔更矛盾、更加人格分裂的经济学家。一方面，他是一个认真的学者，出版的著作具有为经济推理而经济推理的严谨风格。他是瑞典学派或称北欧学派、斯德哥尔摩学派的主要创立者，瑞典和挪威等国的现代著名经济学家几乎都出于他的门下。他对经济学的发展做出了划时代的贡献，真正接触到了现代经济学的核心。他的理论成为凯恩斯宏观经济学的直接理论渊源，还使布坎南得到重要启发，创立了公共选择理论。另一方面，在日常生活中，他非常蔑视社会习俗，特立独行，以至因为讲课时发表渎神的言论而坐牢服刑两个月。在致瑞典国王的教授职位申请书中，因为带有"国王陛下最忠顺的仆人"之类标准的套语，他拒绝签字，因而迟迟不能当上教授。

维克塞尔1851年出生于瑞典斯德哥尔摩，与另两位著名经济学家庞巴维克、维塞尔同年出生。早期的维克塞尔对经济学并没有兴趣，而是打算成为一位数学家和物理学家，他获得的第一个学位是乌普萨拉大学的数学学位。30岁时他凭借一小笔遗产去英国、法国、德国和奥地利游学，才开始接受正规的经济学训练。为了维持生活，他曾做过记者、自由职业者，向报纸大量投稿和发表演讲，广泛涉及酗酒、言论自由、妇女权利、君主立宪等问题，严重挑战传统观念，引起了广泛敌意。早在1900年之前，维克塞尔就出版了三部重要的经济学著作。以今天的眼光看，凭这几本著作足以使他跻身一流经济学家的行列。但当时的瑞典还不能完全理解维克塞尔经济学说的重大意义，致使他找到一份理想的工作颇费周折。尽管他在1895年获得了乌普萨拉大学的博士学位，但为了争取隆德大学的一个编外教授职位，竟然要与三位对手竞争。幸亏他还拥有一个法学学位，才如愿以偿胜出，并在隆德大学长期执教，直至退休。

维克塞尔经济学说的中心是所谓"维克塞尔累积过程理论"。这一理论既是他的货币价格理论，又是他的经济周期理论。

维克塞尔把利息率区分为货币利息率与自然利息率。前者是金融市场上的实际利息率，后者是预期的均衡利息率。商品价格的上涨或下落，经济活动的扩张或收缩，均决

維克塞爾

市場競爭而曾王
常沒有穿道德
的外衣。瑞典學派
創始人克努特·維
克塞爾如是說
壬寅薛晓源寫

定于这两种利息率之间的差异。如果两种利息率的差额等于零，则投资和储蓄相等，物价和生产稳定不变，整个经济处于均衡状态。如果自然利息率大于金融市场利息率，这时增加投资有利可图，因而投资增加，物价上涨，经济处于扩张状态。这种扩张具有累积性质，直到经济扩张到刺激起来的需求使工资、原材料价格日趋上涨，生产成本逐渐增加，资本的边际利润率与市场利息率相等，然后到经济恢复均衡状态为止。如果自然利息率小于金融市场利息率，则会出现相反的累积过程，结果也会使经济恢复到均衡状态。维克塞尔根据这一理论，提出控制利息率以维持经济稳定的政策建议，以价格变动为指示器，当价格上涨时将利息率提高，而当价格下降时则将利息率降低。

维克塞尔在西方经济学说史上的地位远远超出了瑞典学派的范围。在理论方面，他以利息率为纽带，将原来经济学中截然分开、互不联系的价格理论与货币理论打通，建立起统一的货币价格理论，并用以解释经济周期现象。这是对经济学了不起的理论贡献。哈耶克曾这样评论道："只是由于这个伟大的瑞典经济学家，才使直到这一世纪末仍然隔离着的两股思潮终于确定地融二为一了。"

在处理公共物品问题时，维克塞尔提供了一种新的方法论，即没有简单沿用流行的成本—收益分析方法讨论公共物品，而是采用了一致同意的方法。布坎南声称，在这一点上，他深受维克塞尔的启发，表明了公共选择学派与维克塞尔的理论渊源。

在经济政策方面，维克塞尔提出借助于调节利息率以克服经济周期波动的宏观经济政策主张。用利息率而不用货币数量作为经济杠杆，正是凯恩斯主义区别于货币数量论的地方。因此，维克塞尔的经济理论也是凯恩斯主义的先驱。正因为如此，瑞典经济学家、诺贝尔经济学奖得主刚纳·缪尔达尔指出：凯恩斯革命只是一种盎格鲁—撒克逊现象，对于在维克塞尔传统下成长起来的我辈瑞典学者而言，凯恩斯的著作无论如何不能算是革命性的突破。

由于英国和美国交替处于世界经济学研究的中心地位，僻处北欧的维克塞尔的经济学理论显然没有得到应有的重视和尊重。这让我想起一句当今的流行语：平台大小决定一切。

卡尔·考茨基

Karl Kautsky（捷克，1854—1938）

第二国际主要的马克思主义理论家

> 名言：当资产阶级取得了政权，不再想改变整个社会时，它对理论的需要也就消失了。

考茨基是德国社会民主党的著名理论家和第二国际的主要领导人之一，和伯恩斯坦一样，也是修正主义的代表人物。

考茨基出生于布拉格一个知识分子家庭里。1874年，入维也纳大学学习哲学，次年加入了奥地利社会民主党，后加入德国社会主义工人党（后为德国社会民主党）。考茨基早年是一个资产阶级民主主义者。1881年在伦敦认识了马克思、恩格斯，开始信仰马克思主义。考茨基是一个多产的专栏作家，以各种身份和方式传播马克思主义，特别是《卡尔·马克思的经济学说》（*Economic Doctrines of Marx*）的出版，为他获得了很高声誉，使他成为德国社会民主党和第二国际主要的理论家。从1883年起，他长期担任德国社会民主党机关刊物《新时代》（*Die Neue Zeit*）的主编，在刊物上发表了马克思和恩格斯的重要著作。恩格斯去世后，考茨基整理编辑了马克思手稿中的经济思想史部分，以《剩余价值理论》（*Theories of Surplus Value*）的书名出版，也有人称这是《资本论》的第四卷。考茨基曾任德国政府外交部副部长。希特勒上台后，他迁居维也纳，最终病死在荷兰。

考茨基在第二国际各种派别中持折中立场，是中派的主要人物。他认同伯恩斯坦对马克思主义的修正，在《新时代》杂志上发表了伯恩斯坦的系列文章。虽然他也批判了伯恩斯坦的理论，但回避了无产阶级专政这一核心问题。在关于社会民主党人米勒兰加入法国资产阶级政府问题上，他为第二国际起草了一个折中性文件，认为这不是战略问题，只是策略问题。第一次世界大战爆发后，他拥护本国政府的对外战争。所以，作为第二国际的左派，卢森堡、列宁都尖锐批判了考茨基的理论，列宁称他为"叛徒考茨基"。

作为对马克思主义经济理论的修正，考茨基主要是提出了"超帝国主义"理论。他认为，在资本主义社会，工业发展需要农业提供食品和原材料，而工业的发展速度远高于农业，工农业发展不平衡的矛盾越来越尖锐。工业高度发达的帝国主义国家为了解决这一问题，就要不断扩大为自己提供农产品的区域。所以，他认为帝国主义就是工业高度发达的产物，出现了工农业二者比例不协调问题。由此他提出了"超帝国主义"理论，认为帝国主义的武力扩张并不是解决工农业发展不平衡的唯一办法，还可以通过帝国主义国家之间的联合、签订协议，共同瓜分世界，这就是"超帝国主义"。考茨基认为，既然资本家可以在国内联合形成垄断组织，也可以在国际范围内通过跨国联合和签订跨国协议，形成一个跨国的超级垄断组织。这样，就可以避免帝国主义战争，帝国主义就不是无产阶级革命的前夜。

考茨基

当资产阶级取得了政权，小想改变整个社会时定对理论的需要也就消失了。第二国际主要的马克思主义理论家卡尔考茨基如是说薛晓源写

托尔斯坦·凡勃伦

Thornstein Veblen（美国，1857—1929）

美国制度学派的创始者

> 名言：消费者花钱是为了让他的邻居和朋友嫉妒。

在今天的社会科学界，凡勃伦更多地被看作是一个社会学家，在19世纪末20世纪初的美国扮演了资本主义社会和正统经济学批评者的角色；用今天经济学的眼光来看，凡勃伦等制度学派代表人物的著作不像是严格意义上的学术论著，而更像是具有讽刺和揭露作用的文学作品。

托尔斯坦·凡勃伦1857年出生于美国威斯康星州的凯托，是家里的第6个孩子。他的父母是第一代挪威移民，终生在土地上劳作。16岁之前，凡勃伦一直生活在一个与世隔绝、自给自足的挪威人社区，这对他一生性格形成具有重要影响。17岁那年，他进入明尼苏达州卡尔顿学院学习。毕业后先后在约翰·霍普金斯大学和耶鲁大学学习哲学，并获得耶鲁大学哲学博士学位。由于哲学家市场需求的低迷，加上性格古怪、行为异常，他大学毕业后没有找到教学职位，回到明尼苏达的家中，乡居读书达7年之久。7年后，出于生计的考虑，凡勃伦以研究生身份进入康奈尔大学学习经济学，1年后跟随导师到了芝加哥大学，谋到了该校《政治经济学杂志》（*Journal of Political Economy*）编辑职位，并成为经济系的一名教师。在芝加哥大学工作12年后，由于和女学生发生了不道德行为且教学效果极差，再加上经常无情讽刺为学校提供了大量捐助的企业界人士，凡勃伦被解聘。此后，他先后在斯坦福大学、明尼苏达大学任教，但终生的职称没有超过助理教授。凡勃伦曾预言美国将发生股票市场崩盘和经济大萧条。就在1929年"黑色星期二"和大萧条开始前的几个月，凡勃伦与世长辞。

凡勃伦的著作对资本主义发展及其对人们生活、文化的影响，进行了全面、琐碎、杂乱无章的批判，始终没有形成一个完整、严谨、单一、逻辑一致的理论体系。

凡勃伦等制度学派学者认为，经济活动不是仅仅受利益最大化动机机械支配的个人活动的总和，必须将经济作为一个整体来考察。只有分析了社会生活的所有方面，才能认识清楚人类的经济行为。制度学派重视制度在经济活动中的作用，并认为制度不仅包括有形的组织和机构，如银行、学校、监狱和医院等，还包括社会习俗、习惯、法律、

凡勃倫

消費者花錢是為了讓他們鄰居和朋友嫉妒。美國制度學派的創始者托爾斯坦凡勃倫先生如是說 薛吃源寫

信仰、意识形态、思维方式和生活方式等。这是凡勃伦等被称为制度学派的原因。

制度学派反对新古典经济学在不考虑时间、地点和各种变化的情况下，寻求所谓永恒的经济规律的静态观点。如果说新古典经济学关心"是什么"的问题，凡勃伦等制度学派学者则关心"我们是如何达到这里"的问题，从而认为经济制度的演进和功能应该成为经济学研究的中心议题。

新古典经济学主张利益和谐论，凡勃伦等则认为人与人之间存在着严重的利益分歧。指出人是具有合作性和集体性的动物，为了成员们的共同私利，他们将自己组织成各种团体。这样，人们之间的利益冲突就表现为不同团体之间的利益冲突。例如市民和农民之间、雇主和雇员之间、生产者和消费者之间、大企业与小企业之间，如此等等。政府的作用就是为了社会的共同利益和社会的有效运行，对不同利益集团之间的冲突进行协调和控制。他反对自由放任的经济制度，主张政府在社会事务中应该发挥更大的作用。

《有闲阶级论》(*The Theory of the Leisure Class*)是凡勃伦的著名畅销书，书中提出了影响很大的"炫耀性消费"观点。凡勃伦把社会成员分成有闲阶级和劳作阶级。前者指的是拒绝一切具有实际价值的生产性工作的上层阶级，他们主要从事政治、宗教、战争、运动比赛等非生产性或荣誉性工作，后者指从事体力劳动、生产性工作或同谋生直接相关的日常工作的下层阶级。在凡勃伦看来，有闲阶级积聚财富就是为了进行炫耀性消费，以求得社会对他们的尊重，并与劳动阶级区别开来。炫耀性消费是对物品的浪费，炫耀性休闲是对时间资源的浪费，回避生产性劳动而热衷于炫耀性消费和炫耀性休闲，是美国社会中的主要问题。

虽然主流经济学对凡勃伦的经济学观点持轻视态度，但是他的看似混乱、芜杂的经济学思想并非毫无价值和启发意义。自科斯获得诺贝尔经济学奖以来如日中天的新制度经济学派，其研究方法就和凡勃伦及制度学派有一定的血缘关系。近年来日渐崛起的演化经济学，也同凡勃伦的重视过程研究、反对一味进行静态研究的观点一脉相承。

科学的发展要求人们，任何时候都不要对历史特别是思想史持轻薄态度。

马克斯·韦伯

Max Weber（德国，1864—1920）

资本主义发展的精神动力的发现者

> 名言：追求和获得财富金钱，不是一种罪恶，而是"体现上帝的荣耀"的外在标志。

一般认为，马克斯·韦伯是德国新历史学派的思想后裔。他首先是最伟大的社会学家之一，然后才是经济学家和经济史学家。然而，他对资本主义经济发展的洞见至今影响巨大。

1864年，马克斯·韦伯出生于德国爱尔福特，在当地上中学，在海德堡大学、哥廷根大学和柏林大学攻读法律。在获得必需的法学学位后，他先后发表了关于意大利和西班牙中世纪商社的文章，以及关于古罗马农业史的博士后任教资格论文。1892年，在柏林大学法律系初次担任教职时，他指导完成了对普鲁士农业工人的一项调查。之后，他被聘为弗莱堡大学的经济学教授和海德堡大学的政治学教授。他与父亲有一次激烈的争论，之后7个星期，韦伯的父亲便去世了。受内疚的折磨，韦伯患上了严重的抑郁症，在长达15年的时间里无法承担教学任务，最严重时甚至无法集中精力进行阅读。1903年，韦伯辞去教职去美国旅行，使自己重新振作起来，写出了他最著名的著作《新教伦理与资本主义精神》(*Die protestantische Ethik und der Geist des Kapitalismus*)，使他成为社会学的奠基者。此后，他作为独立学者主要生活在海德堡，把宗教社会学的研究延伸到研究犹太教、印度教、儒教、佛教和伊斯兰教，分析各工业社会的科层组织和政府的作用，并发展了关于社会科学的性质与范围的观点。由于韦伯长期身体欠佳，后来的著作都是未完成的片段，是在他去世后编辑出版的。1910年，韦伯参与创立了德国社会学会。1919年，他受聘于慕尼黑大学，一年后就去世了。

马克斯·韦伯的《新教伦理与资本主义精神》旨在解决这样一个悖论：尽管新教神学谴责贪婪掠夺的精神，新教徒却获得了明显的经济成就。

美国政治家本杰明·富兰克林对资本主义精神做出了精辟的论述，认为是这样一种伦理观：个人有获利从而增加自己资本的责任，并且是人生的终极目的。这种获利并不是为了满足自己的物质需要，而是作为一种事业或人生目标。无论如何，追求财富是一种欲望，而宗教是主张禁欲主义的。如何把资本主义精神与新教伦理统一起来？韦伯用新教伦理对宗教的禁欲主义做出了重新解释，引出了新教的核心教义：只有当财富使人游手好闲时才是一种不良之物。在把财富作为履行职业义务的意义上说，获得财富不仅在道德上是允许的，而且是实际上必须要做的事情。这就使资本主义精神合法化，并揭示了新教伦理与资本主义精神之间的关系。资本主义精神的伦理基础正是新教对禁欲主义的解释。新教不反对创造财富的劳动，反对增加财富只为自己的享受。这就形成了资本主义精神中的节俭理念。新教伦理使获取财富的行为合理化，摆脱了传统教义的束缚，而且成为上帝的直接旨意。

正因为新教伦理使资本主义精神合法化，极大地促进了经济发展。禁欲主义的节俭，引起资本的积累，不得过度消费的限制，使得财富变成生产性投资，促进了财富生产和增加。在资本主义上升期，一大批企业家节俭、刻苦，不想消费，只想赚钱，精明而大胆，自制而可靠，明智且富于献身事业精神。这使得资本主义在青春期呈现出生机勃勃、勇于进取的面貌。

有人认为，韦伯把资本主义兴起的原因归结于新教伦理，即归因于意识形态，从而颠覆了马克思关于资本主义兴起源于科技发展和社会阶级关系变化的理论。而韦伯本人则认为这样看问题过于简单。认真阅读韦伯的著作还会发现，对于资本主义兴起而言，新教伦理究竟是必要条件或者只是充分条件，韦伯的书中只是提出了问题，但并没有解决，也没有解决这个问题的研究计划。

对资本主义兴起原因的探讨，在韦伯那里并没有画上句号。

马克斯·韦伯

追求和获得财富金钱，不是一种罪恶，而是体现上帝的荣耀，和外在标志，德国学术大师马克斯·韦伯如是说 辛丑之春 薛晓源沐手敬写之

孙中山

（中国，1866—1925）

系统提出中国现代化建设主张第一人

> 名言：以吾人数十年必死之生命，立国家亿万年不死之根基，其价值之重可知。

孙中山是近代中国向西方寻找救国救民真理的最重要代表人物，是中国民主革命的伟大先行者，伟大的爱国主义者。

孙中山，名文，字载之，号逸仙，1866年出生于广东省广州府香山县翠亨村。早年原在香港学医，并成为西医师。鸦片战争后，孙中山目睹中华民族有被列强瓜分的危险，决定抛弃"医人生涯"，进行"医国事业"。孙中山看清了清政府的腐败糜烂，决定推翻清王朝，建立民主共和国。他创立了兴中会、同盟会，后将其改组为国民党。辛亥革命后被推举为中华民国临时大总统。1925年3月12日因病在北京逝世。1940年，国民政府通令全国，尊称孙中山为"中华民国国父"。

孙中山的经济思想见于他的主要著作《建国大纲》《三民主义》《建国方略》以及后来经整理出版的《孙中山全集》和《国父全集》。孙中山主要是一个实践家，不是一个理论家，他的经济思想多反映在他的建国方略之中。由于他生活的年代中国知识分子已经较多地接触到了西方近代经济学说，孙中山的经济思想要远远高于前人的认识水平。

孙中山的经济思想带有明显的社会主义烙印。他说："社会主义为人类谋幸福，普遍普及，地尽五洲，时历万世，蒸蒸芸芸，莫不被其泽惠。"在他的演讲和著作中，不止一次强调要把中国建设成一个社会主义国家，声称"民生主义就是共产主义，就是社会主义"，并认为"共产主义是民生的理想，民生主义是共产主义的实行，两种主义没有区别"。他的建国方略、实业计划、均贫富、平均地权、节制资本等思想，都渗透了社会主义经济主张。实际上，孙中山所说的社会主义既与"天下为公""大同世界"的传统理想社会相联系，又包含空想社会主义思想成分。

向西方学习先进技术，发展现代工商业，是孙中山经济思想的重要内容。孙中山不同意同盟会内部章太炎等人发展工商业必然带来贫富不均的观点，坚持认为发展工商业与实行社会主义并不矛盾，是振兴中华的必由之路。强调"实业主义为中国所必须，文明进步，必赖于此，非人力所能阻遏"。在长期革命生涯中，他一直以振兴实业、建设中

伟大的民主革命先行者孙中山先生曰

心信其可行,则移山填海之难,终有成功之日。心信不可行,则反掌折枝之易,亦无收效之期。

己亥之夏 薛晓源敬写

国为己任，集中研究和策划中国的建设问题，并呕心沥血亲自制定了《实业计划》，作为《建国方略》之二。

"节制资本"在孙中山经济思想中占有重要的位置。根据他的解释，节制资本就是"凡本国人及外国人之企业，或独占的性质，或规模过大为私人之力所不能办者，如银行、铁路、航路之属，由国家管理之，使私人资本不能操纵国民之生计，此则节制资本之要旨也"。不过，孙中山提出的上述政策主张，目的还是落到了均贫富上。他说："要革命成功后，不受英国美国现在的毛病，多数人都有钱，把全国的财富分得很均匀，便要实行民生主义，把全国大矿业、大工业、大商业、大交通都由国家经营。"他受社会主义思想影响之深，于此可见一斑。

"平均地权"是实现孙中山均贫富理想的重要措施，然而他的平均地权的设想却十分幼稚，带有浓厚的空想成分。他提出的平均地权的办法有两个。一是核定天下地价，国家按现价把土地收购下来归国家所有，但土地现有使用权不变，地价上涨的收入归国家，就可以使国家富起来，就可以救济贫困。二是提出"耕者有其田"，其办法是，革命者到乡下去，对农民进行教育，提高他们的觉悟，使其增长本领，待时机成熟后，在农民与地主之间慢慢协商，让农民得到利益，地主也不受损失。这种想法真是异想天开，书生气十足！利之所在，以命相拼，哪容得什么慢慢协商？

孙中山先生的理想和宏伟规划（比如《建国方略》中提出建设三峡水库），许多已经实现了，可以告慰他的在天之灵。有些设想特别是制度改进的主张，还远远没有实现。

"革命尚未成功，同志仍须努力。"

欧文·费雪

Irving Fisher（美国，1867—1947）

美国历史上"最伟大、最引人注目"的经济学家

> 名言：风险与知识呈反向变化。

费雪是一位视野宽广、才力惊人的经济学家。从数理经济学到数理统计学，从价值和价格理论到资本和利息理论，他的著作无所不包，的确是美国有史以来最伟大的经济学家之一。

费雪出生于美国纽约州北部地区，1891年获得耶鲁大学的数学学士学位，1898年获得耶鲁大学经济学博士学位。他在耶鲁大学教了3年数学后，转入经济系，因为他的博士论文使他在经济学领域获得了国际声誉。1935年退休前，费雪一直在耶鲁大学任教。费雪早年由于发明卡片索引资料系统而成为百万富翁，因为投资华尔街股票而成为千万富翁。他当过兰德公司的董事，在优生学研究协会、美国计量经济学会、美国统计学会以及其他公司和机构当过创建人或主席。

费雪的研究涉及众多领域，有过许多创见。他区分了存量与流量的概念，他的著作为会计学提供了理论基础，他还探讨了利息问题，提出了货币改革方案，等等。但是，费雪在经济学界最著名的是提出了关于货币的方程式：$M \cdot V = P \cdot T$，被称为"费雪等式"。等式左边是货币的总量（M）和货币流通速度（V）的乘积，等式右边是一般物价水平（P）与一个经济体系内总交易量（T）的乘积。这个方程式的经济含义是，在交易数量不变的前提下，货币的数量和流通速度会"均匀"地影响物价水平。假如一个国家的 $M \cdot V$ 增加10倍，如果T不变，它的物价P就会提高10倍。这个观点被称为"货币数量论"，从古典经济学家到弗里德曼都接受这个观点。但是，在经济学说史上，18世纪的理查德·康帝隆和19世纪的约翰·凯尼斯（他们都来自爱尔兰），分别从理论和实际数据两个方面否定了货币数量论。康帝隆认为货币数量的增加和流通速度加快，不会引起各种产品价格等比例的上涨，而是会引起物价总水平上涨，并且会引起物价结构的变化。凯尼斯则认为，货币数量增加对初级产品价格影响更大，而对制造业产品价格影响较小。

费雪对美国经济学界的巨大影响实际上到1929年便告结束，因为他不仅未能预见到1929年大萧条的爆发，而且后来还日复一日地坚持认为走向繁荣的转折点即将到来。他

自己也因为华尔街股票的暴跌而从一名千万富翁变成了破产者，直到去世也没有还清因借债投资而欠下的巨额债务。耶鲁大学为了保护他，不得不把他的房屋买下来再租给他，以免债主把他的住所拍卖掉。

　　经济学毕竟是一种应用性较强的学科。如果经济理论不能解释现实经济活动和不能预测经济活动走向，这样的经济理论必然会受到怀疑。费雪面对大萧条的表现，极大地损害了他的学术声誉。事实上，在他人生的最后 20 年，费雪在美国经济学术界已经没有什么影响了。

風險與知識呈反向變化。美國歷史上最偉大、最引人注目的經濟學家歐文·費雪如是說 薛兆源寫

弗拉基米尔·列宁

Vladimir Lenin（俄国，1870—1924）

帝国主义经济理论的创立者

> 名言：有时鹰比鸡飞得还低，但鸡永远不能飞得像鹰那样高。

列宁是一个理论家、思想家，也是一个革命家、政治家。如果说，马克思的经济学说在20世纪间接地影响了世界上几乎一半人口的生活方式和思维方式，那么列宁的经济学说并由于他建立了世界上第一个社会主义国家，则直接地影响了20世纪几乎一半人口的生活方式和思维方式。

列宁原名弗拉基米尔·伊里奇·乌里扬诺夫，列宁是他参加革命后的用名。他出生于沙皇俄国伏尔加河畔的辛比尔斯克。在喀山中学毕业后，进入喀山大学学习法律，不久因参加学生运动、反对警察制度被开除，后来取得了圣彼得堡大学的毕业文凭。列宁多次被捕和遭流放，并流亡欧洲。1905年11月，俄国爆发了资产阶级民主革命，列宁回国直接领导革命，12月份莫斯科武装起义失败后，列宁开始了长达十多年的第二次流亡生活。1917年，列宁秘密回国，发动十月革命，推翻了临时政府，成立了苏维埃并被选为人民委员会主席。十月革命胜利后，列宁领导苏维埃俄国粉碎了国际帝国主义的武装干涉和国内武装叛乱，保卫了苏维埃政权，领导国内经济恢复和社会主义经济建设。1918年8月，列宁在视察莫斯科郊外的米赫尔松工厂时，被社会革命党成员卡普兰刺杀，中了两枪。由于紧张的革命与战争，列宁的健康已经受到严重损害，再加上这次暗杀带来的伤害，他在多次中风、卧床不起后，于1924年去世，时年54岁。

列宁的经济理论是对马克思经济理论的直接继承和发展。马克思主要分析了自由竞争阶段的资本主义经济，列宁则主要研究了垄断阶段的资本主义经济。列宁最重要的经济学著作是《帝国主义是资本主义的最高阶段》（*Imperialism, the Highest Stage of Capitalism*），简称《帝国主义论》。《帝国主义论》的基本经济思想是揭示帝国主义的本质及其发展规律，为帝国主义时代无产阶级社会主义革命制定理论和策略。

列宁深入分析了帝国主义的经济特征，指出生产集中必然走向垄断，垄断是帝国主义的基本经济特征。垄断由于竞争而产生，但是垄断不能消除竞争，垄断组织与非垄断组织、垄断组织之间仍然存在着空前残酷、具有更大破坏性的竞争。帝国主义还有其他

列寧

云：政治是經濟的集中表現

辛丑季薛曉源敬寫

经济特征。首先是金融资本的形成和统治。他指出，随着银行业的集中，银行的作用发生了根本性变化，通过业务支配着整个工商业的业务，乃至决定着它们的命运，由简单的中介人变成了万能的垄断者。工业垄断组织和金融垄断组织通过相互持有股票，形成了金融资本和金融寡头。其次，资本输出代替了商品输出而占统治地位。这是因为所有国家都卷入了世界资本主义的体系，少数资本主义国家已经成熟过度，获利的投资场所已经不够了。还有，帝国主义国家瓜分和重新瓜分世界。垄断集团首先是分割国内市场，随着资本输出和大垄断集团在国际市场上势力范围的扩张，垄断集团之间必然形成分割世界市场的协议，并从经济上分割世界走向从领土上分割世界。列宁强调，垄断是帝国主义的基本经济特征，其他特征都是由此派生出来的。正是由于生产集中和垄断，才使银行具有新作用，工业垄断和金融垄断结合起来，形成了金融资本和金融寡头。因此，在这些国家出现了大量过剩资本，使资本输出成为必要。垄断的高度发展和资本输出的日益扩大，必然要走向瓜分世界。所以，如果"要给帝国主义下一个尽量简短的定义，那就应当说，帝国主义是资本主义的垄断阶段"。

从垄断是帝国主义的基本经济特征出发，列宁进一步揭示了帝国主义的基本矛盾和所处的历史地位，指出帝国主义是寄生的或腐朽的、垂死的资本主义。帝国主义的寄生性或腐朽性首先表现在，垄断资本家为了获得超额利润，而人为地阻碍技术进步。帝国主义的寄生性或腐朽性还表现在，极少数最富有的资本主义国家里出现了一个食利者阶层，他们不工作、靠剪息票而发财，而且随着资本输出的增长，还形成了一些掠夺殖民地和经济不发达国家的食利国。列宁认为，帝国主义国家的垄断资产阶级收买工人贵族，以及政治生活中的反动统治和官场中的贪污贿赂风行一时，也是它的寄生性或腐朽性的表现。

列宁在《帝国主义论》中阐明了，由于垄断统治的结果，资本主义所固有的一切矛盾空前尖锐化，资本主义已经达到过度成熟的程度，资本主义的制度外壳与高度社会化的生产力已经不相容了。按照列宁的分析，帝国主义的基本矛盾有三个方面：帝国主义国家内部资产阶级与无产阶级之间的矛盾，帝国主义与殖民地、半殖民地人民之间的矛盾，帝国主义国家之间的矛盾。这些矛盾的激化，必然促进无产阶级革命的到来，并导致帝国主义国家之间的战争，使帝国主义走向末日。所以，"帝国主义是资本主义的垂死状态"，是"无产阶级革命的前夜"。

除了《帝国主义论》，列宁还出版了大量研究资本主义特别是俄国经济问题的著作，分析了分工、市场竞争与资本主义产生的关系，分析了资本主义在农业中的发展规律和地租问题，研究了社会资本再生产理论，论述了俄国的土地关系和布尔什维克的土地纲领，等等。

值得注意的是，在苏维埃政权建立早期，列宁在经济上试图直接向共产主义过渡，实施了"战时共产主义"政策，包括余粮收集制，企业国有化，国家垄断所有外贸活动，禁止商品交易并实行计划配给，等等。随着这些经济政策导致经济近乎崩溃，列宁转而实行"新经济政策"，包括废除余粮收集制，允许私营经济一定发展和商品买卖，停止配给制，鼓励外商投资，等等，意识到社会主义也要发展商品经济，发挥市场机制的作用。如果列宁不是过早去世，苏联可能不会实行后来的单一公有制和高度集中的计划经济体制；如果列宁选择了布哈林而不是斯大林作为接班人，苏联有可能是另一种历史结局。

然而，历史是不能假设的。

罗莎·卢森堡

Rosa Luxemburg（波兰，1871—1919）

历史上最早的女经济学博士

> 名言：社会主义社会的本质在于，大多数劳动群众是自己全部政治生活和经济生活的主人。

在经济学说史上，著名女性经济学家比较罕见，罗莎·卢森堡便是其中之一。她是一个马克思主义经济学家，还是国际共产主义运动著名的活动家，波兰和德国社会民主党左派的领导人之一。

1871年，卢森堡出生于俄国占领下的波兰的一个富有的犹太木材商人家庭。中学毕业后投身于波兰革命，18岁时因遭到俄国政府的通缉而侨居瑞士。她在瑞士的苏黎世大学先是学习生物学、数学和法学，后来学习政治经济学，并以《波兰工业的发展》（The Industrial Development of Poland）的论文获得了博士学位。在无法返回祖国的情况下，她通过与一个德国青年结婚的方式加入了德国国籍。她曾在德国社会民主党举办的党校讲授政治经济学，《国民经济学入门》（Einführung in die Nationlökonomie）和《资本积累论》（Die Akkumulation des Kapitals）这两本书，就是在这一时期讲课稿的基础上完成的。卢森堡因为革命活动和号召反对帝国主义战争，一生9次被捕或被判处监禁。在德国社会民主党分裂后，她和李卜克内西一起被推选为新成立的德国共产党的领导人。卢森堡因思想激进和意志坚定，被称为"嗜血的红色罗莎"。1919年，与李卜克内西领导德国工人罢工和示威游行，一起被捕并被秘密杀害，时年48岁。

卢森堡的经济学创见在于她对马克思社会再生产图式的重新解释。马克思的社会再生产理论一方面说明资本主义再生产的顺利进行需要极其严格的条件，从而可以得出维持这种再生产过程是困难的结论；另一方面，也隐含着在一个封闭的资本主义国家内，社会再生产过程所需要的条件是具备的，是可以得到维持的结论。卢森堡从资本积累着手进行的分析认为，在封闭的环境下资本主义社会再生产不能维持下去。由于资本的本性是追求利润的不断增加，就要不断进行资本积累和扩大再生产。但是，就整个社会而言，用于积累的那部分剩余产品，既不能由资本家之间的交换实现，也不能由工人和资本家之间的交换实现，而必须在资本家和工人之外的"第三者"的交换中实现。所以，

鷹有時比雞飛得低，但雞永遠也不能像鷹那樣搏擊長空。列寧如是贊羅莎·盧森堡。毛澤東亦曰：革命之鷹。作為經濟學家，她依然光芒四射。薛暗源寫资本主义制度下的扩大再生产需要在国内、国外向非资本主义领域扩展。随着欧洲各国农业经济日益市场化，以及在北美开拓疆土达到极限，资本主义不得不日益加强对亚非拉欠发达国家的剥削。所以，卢森堡认为，资本主义固有的总需求不足的矛盾，帝国主义对外扩张的战争，是现代世界国际形势紧张和不稳定的根本原因。要推翻资本主义，不仅包括马克思预言的国内革命，还包括国际战争和殖民地的解放战争。

卢森堡曾发表过一本论1917年布尔什维克革命的小册子，认为列宁所实行的无产阶级专政，实际上是共产党对无产阶级的专政，引起了列宁的不满和批驳。她还认为，俄国的革命道路和社会主义模式有特殊性，不能简单地把俄国模式向其他国家输入。尽管列宁认为卢森堡有种种错误，但仍然对她给予极高评价，称赞她是"红色之鹰"。

阿瑟·庇古

Arthur Pigou（英国，1877—1959）

旧福利经济学的主要代表人物

> 名言：只有个人而不是他人，才最有资格判断自己是否幸福。

阿瑟·庇古是经济学说史上一位很重要的经济学家。在众多弟子中，马歇尔视他为天才。他创立了福利经济学，提出了许多经济学家至今还在争论不休的命题。庇古的著作曾被时间尘封。因为庇古著作出版的20世纪20—30年代，爆发了一场到底是资本主义经济还是社会主义经济最好的大争论，而庇古研究的则是一些更具体的、特定市场如何运作的问题。凯恩斯20世纪30年代对他有失公正的批评，也妨碍了庇古学术思想的传播和经济学界的认可。

庇古出生于英国怀特岛的赖德，父亲是一位陆军退休军官。早年他凭奖学金进入著名的哈罗公学，此后又凭奖学金进入剑桥大学的国王学院学习历史和伦理学，后来受马歇尔的影响学习经济学。毕业后入剑桥大学任讲师。1908年马歇尔退休，年仅31岁的庇古继任老师在剑桥大学的经济学教授席位，并占据该席位35年之久。退休后仍然留在剑桥大学从事著述和研究工作。他还担任过英国政府若干委员会的委员、国际经济学会名誉会长、英国皇家学会会员等职务。

庇古是福利经济学之父，提出了这个经济学分支的基本概念和原理。庇古认为，个人福利是个人满足的总和，而社会福利则是个人福利的总和。在一定前提下，可以认为国民收入越大，社会福利就越大。从生产方面来看，要增加社会福利，就必须最大限度地增加国民收入，并最大限度地增加社会生产量。而要最大限度地增加社会生产量，就要使社会资源在各个部门的配置达到最优化。同时，庇古还从分配方面提出了收入均等化的主张，作为增加社会福利的重要措施。庇古认为，随着货币收入的增加，货币的边际效用递减。贫穷阶层的货币收入很少，因而他们货币收入的边际效用很大；富人的货币收入很多，所以他们货币收入的边际效用很小。如果把富人的一部分收入转移给穷人，就可以增加社会福利。转移的办法是实行累进税制度，把富人缴纳的一部分税款用来兴办社会福利事业，例如失业救济金、养老金、医疗补助金、助学金，等等。

庇古另外一个重要的经济学观点，是把马歇尔发明的外部性概念加工提升为政府干预经济的一般理论。他提出，市场机制经常引导人们做出有利于自己利益的选择，但这种选择往往会包含损害他人利益的副作用。就是说，个人的选择和行为往往具有"外部性"。这种外部性既包括消极的外部性——个人或企业利益的增加损害了社会利益，如油漆的生产带来了河流的污染，给下游食品厂造成了损失；也包括积极的外部性——一种选择或行为对社会有利，个人或企业却没有得到任何好处，如路灯给行人带来了光明，却不需要花钱就可以分享。这样，在市场自发调节下，资源就不能得到最优的利用，糟糕的产品数量过多，社会需要的产品数量过少。为了增加社会福利，政府就应该推动市场向正确的方向迈进，鼓励积极的外部性，抑制消极的外部性。比如向污染企业征税，抑制污染；向某些企业投资，鼓励开发更多有利于社会的技术。

庇古福利经济学中包含的规范经济学原则，也是至今经济学界还在争论不休的问题。现代理论经济学或实证经济学提出的有关现实世界的命题，是事实判断，要用事实检验。规范经济学提出的命题，是根据定义和假设得出的逻辑结论，属于伦理判断。庇古创立的福利经济学派，至今认为经济分析要以一定的价值判断为出发点。虽然庇古的这个观点遭到了来自经济学家的激烈批评，但是孰是孰非，并没有最后结论。

以第一次世界大战为分界，庇古的性情发生了很大变化，变得不修边幅，深居简出，丢三落四。据说，为了表示对纳粹的蔑视，第二次世界大战期间德国飞机对伦敦空袭时，庇古手拿一张报纸，坐在楼顶的帆布椅子上一动不动，拒绝和同事们一起去防空洞躲避。大家劝说不动，只好把庇古的命运交给上帝了。

阿瑟·庇古

只有個人而不是如山才最有資格判斷自己是否幸福。舊福利經濟學主要代表人物阿瑟·庇古先生如是說
壬寅 薛曉源 寫

马寅初

（中国，1882—1982）

中国人口学第一人

> 名言：言人之所言容易，言人之欲言不易，言人之不能言更不易。

马寅初是中国最早一批接受西方经济学教育的知名学者，也是中国著名的财经专家，1949年前就已有多种著作问世。但他在中国妇孺皆知并因此被弃置不用20年，主要是因为《新人口论》的出版发行。

马寅初，字元善，中国当代经济学家，教育家，人口学家。1882年，马寅初出生于浙江省嵊县，大学毕业于天津北洋西学学堂采矿和冶金专业。1907年获得政府资助，赴美国留学，先后获耶鲁大学经济学硕士学位和哥伦比亚大学经济学博士学位。1915年回国任教，"五四"前已经成为享有盛誉的知名教授。他早年曾加入同盟会，参加过五四运动。1949年前历任北京大学经济系主任、教务长，重庆大学商学院院长，东南大学、中山大学等大学教授，国民政府立法委员，当选中央研究院院士。抗日战争时期，因指斥时事，他被国民党政府逮捕入狱，先后关押在息烽集中营、上饶集中营，后被软禁在重庆歌乐山家中，直到抗战结束后才恢复人身自由。中华人民共和国成立后他曾任中央人民政府委员、政务院财政经济委员会副主任、华东军政委员会副主席，浙江大学校长、北京大学校长、中国科学院哲学社会科学部学部委员。1957年他发表《新人口论》，旋即遭到批判，1960年被迫辞去北京大学校长职务。1979年平反后，马寅初担任北京大学名誉校长。有20多种著作存世。1982年去世，享年100岁。

马寅初在读书期间曾经研究过人口问题。回国后尤其是中华人民共和国成立后，他主要研究财政、货币问题。由于对1953年第一次全国人口普查结果有所怀疑，1954—1955年，马寅初三次到浙江实地考察，详细调查了农村人口增长与粮食生产的发展状况，看到了人口自然增长率达到千分之二点五至千分之三，有的地方甚至高达千分之五。他把调查研究的成果写成了《控制人口与科学研究》的发言稿，于1955年全国人民代表大会上提请浙江小组讨论，遭到了许多代表的反对，有的还认为马寅初的观点是马尔萨斯那一套。鉴于代表们的反应，马寅初自动把发言稿撤回。

1957年2月，在最高国务会议上，马寅初发表了自己对中国人口问题的看法，得到

梁漱溟先生

言人之所言容易，言人之欲言不易，言人之不能言更不易。

辛丑李薛晓源敬写於西山

毛泽东、周恩来等中央领导的重视和肯定。同年6月，他又在第一届全国人民代表大会第四次会议上系统阐述了他对人口问题的主张。1957年7月，《人民日报》以大会发言的形式全文发表，这就是他的《新人口论》。

马寅初的《新人口论》共分10个部分，根据人口发展规律，从人口发展与粮食生产、工业化、人民收入等方面的关系，根据调查研究得到的数据资料，进行了定性分析和定量研究，得出了中国人口增长过快，需要加以控制并重视提高中国人口质量的结论，就控制人口过快增长提出了具体的政策建议。马寅初在《新人口论》一书中重点论述了控制人口过快增长的必要性。一是人口增长与资金积累的矛盾。因为中国人口多，消费大，所以积累少。只有把人口控制起来，使消费比例降低，才能多积累资金。二是社会主义必须提高劳动生产率，多搞大工业，搞农业机械化、电气化。但是为了安置较多人员就业，就不得不搞小型工业，农业搞低效率实际上是拖住了高度工业化的后腿。三是人口增长与工业原料的矛盾。大办轻工业可以有效地积累资金，但是轻工业原料大多数来自农业。由于人口多，粮食紧张，就腾不出土地种植经济作物，影响了轻工业发展。由于农产品出口少，不能进口成套工业设备，也影响了重工业发展。四是人口与土地、粮食生产的矛盾。全国人均不到3亩耕地，短期内又不能大面积垦荒，从粮食问题看，也必须控制人口过快增长。

马寅初的《新人口论》发表不久，随着"大跃进"的升温，人口越多越好的论调甚嚣尘上，首先在北大校园里开展了对马寅初的批判，接着全国重要的报纸杂志陆续刊登批判"新人口论"的文章，有人提出要像批判艾思奇那样展开对马寅初的批判，对"新人口论"的讨伐进一步升级，并召开了多次批判会。当时加在新人口论上的主要罪名是，说他是马尔萨斯人口论彻头彻尾的鼓吹者，说他歪曲了马克思相对人口过剩的理论，指责他对人民群众缺乏感情，更严重的是说他利用人口问题向党、向社会主义进攻，新人口论就是射向党和社会主义的一支毒箭。面对铺天盖地的批判浪潮，马寅初拒绝参加批判会，并且表示接受《光明日报》开辟一个战场的挑战："我虽年近80，明知寡不敌众，自当单身匹马，出来应战，直至战死为止，决不向专以力压服不以理说服的那种批判者们投降。"不久，马寅初被撤销北大校长职务，取消全国人大代表资格。

60多年后的今天，中国控制人口增长的政策又成为学术界争论的一个热门话题。值得庆幸的是，无论持何种观点，参加讨论的学者不会遭受当年马寅初那样的灭顶之灾，我们的社会的确是进步了。但是，我们应当牢记当年的教训，坚持实践是检验真理的唯一标准，而不是由所谓权威来裁定学术观点的正确与否；要尊重少数派学者的观点，真理有时候可能掌握在少数人手中。

约瑟夫·熊彼特

Joseph Schumpeter（美国，1883—1950）

企业家的热情讴歌者

> 名言：所谓创新，就是能够带来创造性毁灭的行为。

美籍奥地利裔经济学家约瑟夫·熊彼特是一个个性鲜明、特立独行的人。因此，有人说他是奥地利学派中的"坏孩子"。据说，他年轻时曾发下宏愿，要成为世界上最伟大的情人、最伟大的骑师和最伟大的经济学家。英国著名经济学说史学者马克·布劳格，称熊彼特是"20世纪经济学巨擘之一，他对经济变化过程的高瞻远瞩，可以与马克思或亚当·斯密媲美"。据说他提出的"创造性毁灭"理论，在西方世界的被引用率仅次于亚当·斯密的"看不见的手"。

1883年，熊彼特出生于奥匈帝国摩拉维亚省特里希镇一个织布厂主的家庭，他的继父是一位高级军官。他幼年就学于维也纳的一所贵族中学，1901—1906年在维也纳大学攻读法律和经济，获得法学博士学位。大学毕业后，他曾在切尔诺维茨大学和格拉茨大学任教。1919年，他短期出任奥地利内阁财政部长，因与当时的左翼政府政见不合，几个月后就被驱逐出内阁。随后他担任了私营比德曼银行的行长。两年后银行破产，为了偿债，他几乎失去所有地产和私人积蓄。1924年他首次访问美国，回国后任波恩大学财政学教授。1932年，因希特勒上台，他离开欧洲到美国哈佛大学担任教授，一直到1950年去世。1938年，作为计量经济学会的创始人，熊彼特担任该学会第一任会长，1948年担任美国经济学会会长。

熊彼特著述甚丰，涉猎广泛，凭借某一个领域的研究成果，都足以使他进入大经济学家的行列。他最重要的著作是年仅28岁时出版的《经济发展理论》（*Theorie der wirtschaftlichen Entwicklung*）。在这本书中他提出了创新理论，确立了大师级经济学家的地位和声望。

熊彼特特别强调，创新不等于发明。一种发明只有应用于经济活动并获得成功，才能算是创新。他所说的创新，特指企业家的创新活动，包括引进了一种新产品或提高了产品的质量，采用了一种新的生产方法，开辟了一个新的市场，获得了一种新的原料或半成品的供给来源，创造了一种新的生产组织形式。熊彼特满腔热情地讴歌了企业家。

指出他们创新的动机不是追求利益最大化，而是充满梦想、征服的欲望、创造的激情的结果，追求的是发挥个人能力和才智的快乐。他们有胆有识，敢于承担风险，又有组织才能。只有他们才是资本主义的英雄。熊彼特指出，并不是所有企业的领导者、管理者都是企业家，他们中的许多人是在从不尝试新思想或新的做事方式的情况下经营企业的。企业家是那些引入创新的人，他们能够把握被别人忽视的机会，能够通过自己的想象力和洞察力创造机会。

熊彼特依据创新理论解释了经济发展的本质和内在机理。在一个缺乏创新的社会，资本、技术和生产组织都不变，因而经济发展处于停滞状态。由于企业家不断的创新活动，不断发现和利用新技术、新方法，提高效率，降低成本，开拓市场，使得成本低于价格而获得利润。由于创新活动得到了利润，其他企业就会起而仿效，从而形成新的创新浪潮，促进整个社会生产效率的提高，带来了新的经济发展。

熊彼特把资本主义经济发展描绘为一种"创造性毁灭过程"。由于创新可以带来利润，企业就会充满创新冲动，围绕创新展开竞争。这种竞争在带来新的经济发展的同时，也会导致一些企业破产关闭，原有技术、产品、生产方式、商业模式被淘汰。这就是创造性毁灭的含义。

从创新理论出发，熊彼特还提出要重新认识垄断。他反对行政性垄断，但认为由于创新，个别企业在短期内拥有一定的垄断地位，不仅不是经济发展的阻碍力量，反而是创新活动产生和经济发展的必要条件。创新者在短期内获得的垄断利润，是对创新者的奖励。否则，创新活动就不会出现。因此，政府没有必要去打破或限制某个行业中存在的来自创新和竞争的垄断格局。

熊彼特著书立说可谓"语不惊人死不休"，因而在他的著作中充满了大胆武断和突兀之语。这就不可避免地使他的一些观点显得吊诡和自相矛盾。比如，在《经济分析史》（*Epochen der dogmen-und Methodengeschichte*）这部无人企及的、极其浩瀚渊博的著作中，他惊人地把亚当·斯密贬为缺乏独创性的人，痛斥马歇尔头脑混乱，而把瓦尔拉斯捧为空前伟大的经济学家。在《资本主义、社会主义和民主》（*Capitalism, Socialism and Democracy*）一书中，他一方面断然否定马克思关于资本主义即将崩溃的结论，同时又预言，作为西方知识界背离资本主义价值观的结果，社会主义的到来几乎不可避免。有人因此开玩笑说，熊彼特和凯恩斯都出生于马克思逝世的1883年，说不定熊彼特是马克思的"转世灵童"。

熊彼特

所謂創新，就是能
夠業系創造性設
滅而行為。約瑟夫·
熊彼特如是說
薛吃源敬寫

约翰·凯恩斯

John Keynes（英国，1883—1946）

现代宏观经济学的创立者

> **名言**：经济学家和政治学家的思想，不论它们正确与否，都比一般想象的更有力量。的确，世界就是由它们统治的。

亚当·斯密以来的经济学说史上，举世公认的最伟大的经济学家可能只有两人，即马克思和凯恩斯。凯恩斯创立的宏观经济学与弗洛伊德建立的精神分析法、爱因斯坦发现的相对论，被称为20世纪人类知识的三大革命。从20世纪30年代以来，凯恩斯主义对经济学发展和现实经济生活的影响已将近90年，而且至今也看不出结束的征兆。

凯恩斯出生于英格兰的剑桥市。他的父亲是剑桥大学的经济学家和哲学家，母亲曾经担任过剑桥市市长，可以说他是含着金钥匙出生的。凯恩斯14岁以奖学金入伊顿公学主修数学。毕业后，入剑桥大学国王学院学习数学和古典文学，获剑桥大学文学硕士学位。据说凯恩斯原来对经济学并无兴趣，是当时的经济学大师马歇尔看上了他的才华，要他的学生庇古每星期陪凯恩斯吃一次早餐，与他谈论经济学。马歇尔无论如何也没有料到，正是这个他苦心栽培的天才，后来成为颠覆新古典经济学，把他这个"祖师爷"赶下神坛的那个人。凯恩斯从大学毕业后先后在印度事务部和财政部工作，是1919年巴黎和会英国财政部的首席代表。1944年率英国政府代表团参加布雷顿森林会议，参与筹划建立战后国际货币体系，并在两年后出任世界银行首任行长。凯恩斯长期担任《经济学杂志》主编，英国皇家经济学会会长，1929年被选为英国皇家学会会员，1942年被封为男爵。凯恩斯不仅是经济学家和政府高官，还是银行家、艺术品收藏家，出任过多家大公司董事。他一生立功、立言取得的成功，经济学家中几乎无人可以企及。

凯恩斯对传统经济学理论最大的冲击，或者说他对经济学发展的最大贡献，在于颠覆了古典经济学关于供给会自动创造需求的理论信条，认为单凭市场机制的自发调节，不能使投资等于储蓄，不能保持经济均衡，不能保证充分就业。凯恩斯用三条心理规律证明了需求不足的必然出现。它们是：边际消费倾向递减规律，即随着收入的增加消费所占比重会出现下降；资本边际效率递减规律，即预期利润率将会因增添的资产设备成本提高和生产出来的投资物扩大而趋于下降；流动偏好规律，即人们有把货币保存在手

凱恩斯

凱恩斯云：經濟學家和政治學家的思想，不論它們正確與否，都比一般想象的更有力量。世界就是由它們統治的。

薛呢源敬寫

边的偏好，以便应付日常的、未能预料到的或紧急的开支需要，特别是想把一定数量的货币保存在手边，以应付投机活动的需要。由此可见，这三条基本心理规律既引起投资需求不足，也会引起消费需求不足，从而导致总需求不足，不能实现充分就业。显然，为了保持总需求与总供给的均衡，不能依赖价格的自动调节作用，而必须对经济活动实行政府干预。

凯恩斯主义是为了应对20世纪30年代席卷全球的严重经济危机而产生的，它企图提供短期内使资本主义经济得到恢复的办法，是一种短期静态分析。凯恩斯的主张遭到了传统经济学家的反对，他们认为靠市场经济机制的调节，从长期来看供给和需求之间会恢复平衡。对此，凯恩斯回答，"是的，从长期来看，我们都会死，问题是我们必须解决迫在眉睫的问题"。根据凯恩斯的分析，既然由于总需求不足，资本主义社会通常达到的是小于充分就业的均衡，为了保证充分就业，就有必要通过政府财政政策，增加支出，以增加需求，遏止失业。此外，政府还应该通过减免税收的措施鼓励消费支出，或鼓励企业家增加投资。凯恩斯还提出通过控制货币供应量以促进总需求增加，主张采取降低利息率的办法，鼓励消费和投资增加。上述政策主张构成了他的宏观经济政策，这些政策的理论基础构成了宏观经济学。

在货币政策和财政政策中，凯恩斯更看重财政政策的作用，认为财政政策是主要的。因为财政政策直接影响消费和投资，而货币政策只能间接地影响私人投资和消费，凯恩斯曾半开玩笑地说，即使把钱埋到地里头，也比什么都不做好。政府雇人埋钱，商人们雇佣工人挖钱，都可以产生开支，并创造就业。

《圣经》有云：家乡无先知。虽然凯恩斯对其在《就业、利息和货币通论》中提出的理论充满了自信，并曾对老朋友萧伯纳说，他正在写作的这本书是"革命性"的，但该书出版后在英国的影响远不及在大洋彼岸的美国。在英国，凯恩斯主义只是被视为一种经济学流派，而在美国，从20世纪30年代到今天，只要出现了经济衰退，美国政府开出的药方总是凯恩斯的处方，同时成为世界各国政府应付经济危机的不二法门。与此相适应，第二次世界大战后凯恩斯经济学一直是美国经济学界的主流学派，并通过经济学家的传播，产生了世界影响，凯恩斯也成为人们最熟悉的经济学家。20世纪70年代中期，美国出现了经济滞胀，以芝加哥学派为代表的新自由主义思潮蓬勃兴起，与凯恩斯主义经济学相颉颃，而且似乎一度还占了上风，里根总统等似乎与弗里德曼等货币学派经济学家更加亲近。但是总的来看，主导美国政府经济政策的还是凯恩斯主义。芝加哥学派在学术领域打了胜仗，在现实层面胜出的还是凯恩斯学派。

有人说20世纪30年代美国"罗斯福新政"的实施是由于凯恩斯主义的直接影响，这应该是一个误解。1933年罗斯福就提出"第一次新政"，1934—1936年推行"第二次新政"，而凯恩斯的《就业、利息和货币通论》则是1936年出版的。在该书出版前，凯恩斯通过演讲活动，在多种场合阐述过书中的一些观点，可能间接影响到美国的经济政策，或者"罗斯福新政"与凯恩斯的经济理论和政策主张完全是一种暗合。据说，凯恩斯曾与罗斯福有过一次会面，但并不愉快。1934年6月，凯恩斯受哥伦比亚大学之邀访问美国，罗斯福总统专门安排会见了他。会面结束后，彼此都很失望。在罗斯福总统看来，凯恩斯应该是一个数学家，而不是一个政治经济学家。凯恩斯则认为罗斯福缺少应有的经济学修养，根本不能理解他的经济思想。

值得一提的是，在某种程度上，是凯恩斯改变了经济学和经济学家的命运，或者说提升了经济学和经济学家的地位。从亚当·斯密到马歇尔，都没有达到凯恩斯的境界：他极大地影响了国家的经济政策，改变了经济活动的走向。凯恩斯主义经济学变成了国家经济政策的理论基础，向世人证明，经济学不仅仅是经济学家的逻辑推演，而是真的能够经世济民。

所有以经济研究为职业的人，都不要忘了凯恩斯的功劳：是他赏了经济学家一个还算不错的饭碗。

弗兰克·奈特

Frank Knight（美国，1885—1972）

芝加哥经济学派的创始人

> 名言：造成最大破坏的不是无知，而是对错误的结论深信不疑。

弗兰克·奈特作为一个经济学家，他是芝加哥学派的创始人，对于经济学发展和经济分析方法的创新做出了多方面的杰出贡献；作为一个批评家，他告诫公众，经济学家的知识是有限的，其预测的失误是不可避免的；作为一名教师，他在芝加哥大学培养出了像弗里德曼、斯蒂格勒和詹姆斯·布坎南这些著名的经济学家和诺贝尔经济学奖得主。

1885年，奈特出生在美国伊利诺伊州麦克莱恩县的一个农场里。1911年在田纳西州的米利根学院获学士学位，1913年在田纳西大学获硕士学位。同年，奈特进入康奈尔大学学习哲学，一年后开始学习经济学。1916年，奈特从康奈尔大学获得博士学位。毕业后，奈特在康奈尔大学任教一年，20世纪20年代初先后转入芝加哥大学和艾奥瓦大学，1927年初回到芝加哥大学，留在芝加哥大学度过他后来的学术生涯。奈特是芝加哥大学历史上最具影响的经济学家之一，也是美国经济学界最具权威性的人物之一。他于1930年获得美国著名的古根海姆奖，1950年被推选为美国经济学会会长，1957年获弗朗西斯·沃克奖章（Francis Volcker Medal），这是美国经济学会的最高奖。

奈特对经济学的重要贡献，在于引进了不确定性概念、区分了风险和不确定性，从而揭示了利润的来源，以及企业的性质和企业家的作用。

为了说明利润的来源，奈特首先区分了两种不确定性：风险指可度量的不确定性，不确定性指不可度量的风险。利润理论之所以得以成立，正是因为真正的不确定性，而不是风险。实际上，奈特把利润看成是对履行一种特殊职能的回报，即对敢于冒风险并能把握不确定性的回报。这种履行特殊职能的能力不是可以在市场上随便购买到的，因为这是一种特殊的天赋或才能。显然，奈特这里讲的利润，是经济学意义上的利润，是超额利润，而不是会计学上的利润。

奈特运用不确定性概念，揭示了企业的性质和企业家的作用。奈特最先回答这样一个问题：既然价格体系如此有效，为什么现代经济里还有依赖行政命令运行的企业存在呢？奈特认为，在不确定性的假设下，决定生产什么与如何生产优先于实际生产本身，

井蘭克·奈特

造成最大破壞的
不是無知而是
對錯誤的結論
深信不疑。芝加哥
學派創始人弗蘭克·
奈特如是說
辛丑季薛曉源寫

这样，生产的内部组织就不再是一件可有可无的事情了。生产的内部组织首先是要找到一些最具管理才能的人，让他们负责生产和经营活动。世界上只有少数人是风险偏好者，而绝大部分人是风险规避和风险中性者，后者愿意交出自己对不确定性的控制权，但条件是企业家要保证他们的工资，于是，企业就产生了。也就是说，在企业制度下，管理者通过承担风险获得剩余，工人通过转嫁风险获得工资。我们知道，经济学家罗纳德·科斯因回答了企业为什么会产生的问题而成名，他也不同意奈特的观点。但奈特对企业起源和性质的讨论对包括科斯在内的经济学家，尤其是新制度经济学家都有着深远的影响。奈特进一步说明了企业家的作用。奈特的基本分析思路为：现实的经济过程是由预见未来的行动构成的，而未来总是存在不确定因素的。企业家就是通过识别不确定性中蕴含的机会，并通过对资源的整合来把握和利用这些机会获得利润。企业家就是这样一个特殊的群体。可以看出，从奈特对利润来源的分析，可以得出企业家性质的逻辑结论。

奈特一生中还做了一件大事：因为他的猛烈讨伐，奥地利学派的资本理论从主流经济学中完全销声匿迹。20世纪30年代，奈特发起了一场反对奥地利学派资本理论的战斗，发表了一系列论文，旨在说明资本不能是奥地利学派经济学家所想的那样，可以用确定的"生产期"来衡量，资本的收益率也不是"等待"延时产出的效益。虽然他的见解引起了一些经济学家的反对，但是他在20世纪30年代末，终于把奥地利学派资本理论留下来的影响完全消除掉。

奈特还提出了一些重要的经济学观点。比如，他批评了庇古用道路拥挤现象，来说明政府以征税的形式进行干预是正当的观点。认为道路所有权私有化会导致收取通行费，从而自动抑制道路拥挤现象。这实际上提出了产权理论的第一定律：市场只有在稀有资源的产权得到明确时才是有效的。另外，奈特在分析人们之所以富裕和贫穷时，认为有出身、运气和努力三个影响因素，而个人努力是最不重要的。

瓦尔特·欧肯

Walter Eucken（德国，1891—1950）

联邦德国新自由主义经济学的领军人物

> 名言：没有理论就不能解决现实问题。

欧根教授相信理论的力量。他的理论也确实作用于现实，产生了巨大力量。他提出的新自由主义经济理论，不仅成为经济学说史上的一个重要流派，在战后联邦德国经济学界占据主流地位，而且深深地影响了战后联邦德国经济体制和经济发展走向。根据他的经济思想形成的社会市场经济体制和实施的经济政策，成为战后联邦德国经济迅速恢复并跃居当时世界第二经济强国的决定性原因。

瓦尔特·欧根出生于德国耶拿，他的父亲是一个著名的哲学家。欧根早年求学于基尔、波恩和耶拿，在波恩大学获得博士学位。他先短期在德国图宾根大学任教，而后长时间任德国弗莱堡大学经济学教授。第二次世界大战后，欧根曾任联邦德国政府经济部咨询委员会委员。为了宣传"竞争秩序"的新自由主义经济理论，扩大他的经济思想的影响，1948年他创办了《奥尔多，经济与社会年鉴》(*ORDO: Jahrbuch für die Ordnung von Wirtschaft und Gesellschaft*)，吸引了当时政经两道志同道合的著名人物参与，形成了弗莱堡学派，又称"奥尔多学派"。1947年，欧根与普朗克、哈耶克、弗里德曼等共同创立了蒙佩勒兰学会（也称朝圣山学会或朝圣山学社），并任第二任会长。这个学会后来成为新自由主义经济思想的世界性组织，影响至今长盛不衰。1950年，欧根应伦敦大学之邀，赴英讲学，当年3月病逝于伦敦。

欧根早年本来倾向于历史学派。第一次世界大战后，德国出现了空前的通货膨胀灾难，而历史学派对此束手无策，于是他放弃了历史学派的传统，开始了自己开山立派的经济理论研究。

欧根主张采取"形态学"的研究方法掌握和分析经济体制，即研究社会经济的所谓"理想型"或"理念型"。他认为，历史上的社会经济结构有两种形态：一种是"中央领导经济或集中管理型经济"，另一种是"交换经济或市场经济"。这两种形态各有特点，而现实经济形态应当是这两种纯粹经济体制相互结合的混合体制。这正是拉丁文"Ordo"一词的含义：有别于现存秩序而又与现存秩序有联系的"正确秩序"。他对纳粹政府统治时期的"统制经济"进行了彻底的批判，反对政府干预深入和扩展到经济活动的所有方面和所有环节。同时，他主张的新自由主义经济，又不是纯粹的自由经济，而是一种"社会市场经济"。在他看来，在"中央领导经济"形态下，计划机关无法使现代经济过程中无数的部分相互结合起来，而"交换经济或市场经济"由于垄断组织的存在，不能保障自由竞争。因而，他主张国家有责任去组织、形成一种每个人都能在其中发挥积极性的、自由活动的经济秩序，这种秩序叫作"竞争秩序"。在"竞争秩序"体制下，有效的竞争得到保障，自由与秩序之间获得了均衡，有利于经济发展。

"竞争秩序"的形成显然离不开政府的干预作用。在欧根看来，政府对经济活动的干预有两种方式。一种是"自然监督或物质监督"，即对于原料、粮食、劳动力等资源的直接调拨、分配，严格控制各个企业的经济活动；另一种是"价值监督"，即通过对货币、信贷、预算、税收、价格政策等，影响社会需求和个别企业的活动。"物质监督"只适用于战时经济或准战时经济，而不适用于正常情况下的经济，因为它会压抑人们的主观能动精神，最好采取"价值监督"方式来对经济活动实行干预。这就要求国家应该明确什么是应该做的，什么是不应该做的，更多地采取和实施有利于维持市场机制作用的"秩序政策"。在国家的基本政策中，应该对人口在各工业部门和地区之间的分布做出适当安排，对社会资本的运用，也应该有所干预，等等。

一种经济理论的产生和盛行，取决于一个国家当时具体的历史经济环境。弗莱堡学派的经济理论在第二次世界大战后一度占据主流地位，与战后联邦德国经济恢复的需要以及对纳粹统治时期统制经济的反思有关。随着联邦德国经济的快速恢复和重新崛起，德国经济重新回到世界各国前列，弗莱堡学派经济学说的影响力逐渐减弱，社会市场经济的政策也逐步退出了历史舞台，与欧美其他国家不再有明显差别。然而，社会市场经济理论和政策却对中国的经济体制改革产生了重大影响。至今为止，中国采取的经济体制改革措施和实施的经济政策，依然能够看到弗莱堡学派的身影。

弗雷德里希

没有理论就不
能解决现实问
题。德国新自由主
义经济学领军
人物瓦尔特欧肯如
是说 薛晓源写

尼古拉·康德拉季耶夫

Nikolai Kondratieff（俄国，1892—1938）

经济长波理论的提出者

> 名言：经济发展周期决定于科学技术发展周期。

我们今天能够知晓康德拉季耶夫的长波理论，大半是因为熊彼特出版于 1939 年的《经济周期》(Business Cycles: A Theoretical, Historical, and Statistical Analysis of the Capitalist Process)一书。在那本书中，他提到了三种周期模式，其中就有康氏的长周期理论。

关于康德拉季耶夫的生平，目前我们所知有限。他 1892 年出生于莫斯科，早年就读于圣彼得堡大学。他是 20 世纪 20 年代俄国著名经济学家和统计学家，在农业经济学和中央计划经济问题上，有大量著作。从 1917 年 5 月推翻沙皇到 1917 年 11 月布尔什维克胜利的几个月之间，他曾在克伦斯基临时政府任粮食部副部长。1920—1928 年，他在季米里亚泽夫农学院任教并担任经济活动研究所所长。在这段时期，他协助制定了苏联第一个五年经济计划。他虽然基本赞成斯大林的经济政策，但反对农业全盘集体化，并批评后来实行的片面重视工业发展而忽视农业发展的政策。1928 年被解除职务，两年后被逮捕。1931 年受审，被判 8 年徒刑。1938 年重审，改判死刑，并被流放到西伯利亚。像他那一代一些俄国知识分子一样，康德拉季耶夫死亡的地点不详，日期不详，死因不详，就那样人间蒸发了。

康德拉季耶夫的长波理论最早见于完成于 1919—1920 年（1922 年出版）的《战时及战后时期世界经济及其波动》(The World Economy and Its Conjunctures During and After the War)一书中，1925 年出版了《经济生活中的长波》(The Major Economic Cycles)，1928 年出版了《大经济周期》。关于资本主义制度下经济增长的长周期，出生于保加利亚的阿夫托力昂和德国的斯皮托夫都曾经在第一次世界大战期间提出过。但是，康德拉季耶夫的贡献和独特之处在于，他用大量经验统计数据检验了长周期的假想，从而使之成为一种比较系统的周期理论。他的长波理论，是通过对英、法、美等资本主义国家 18 世纪末到 20 世纪初 100 多年的批发价格、利率、工资、对外贸易等 36 个系列统计数据的加工分析得出来的，因而有更充分的原始凭证。他指出，各个长波大致为 50—60 年，到

萧德姆彼得夫

经济发展周期
决定于科学
技术发展周期，
俄罗斯经济学
家尼古拉康德
拉季耶夫如是说
薛晓源写

他著作出版的年代已经历了两个半长周期。第一个长周期，从18世纪80年代到19世纪40年代中期，以1815年左右为波峰；第二个长周期，从19世纪40年代中期到90年代中期，以1875年左右为波峰；第三个长周期，从19世纪90年代中期至1918年左右的波峰，假定延伸至20世纪40年代。

康德拉季耶夫证实了长周期的存在，但对长周期存在原因的解释则不够令人信服。他的原始凭证和后来所提出的所有凭证，大体上由各种价格的时间系列资料构成。但是，19世纪的各种价格始终是以农产品而非工业品价格为主，而一切长波理论讨论的都是工业创新和工业投资的影响。康德拉季耶夫还猜测经济周期的存在与科学技术发展有关。但是，20世纪80年代以来，使用新数据和新工具的经济计量学研究，无法确定长波是否真的存在。他还提到诸如战争、发现金矿之类外部冲击效应对经济周期的影响，但断定经济增长长周期是资本主义经济制度固有的特征。所有这些分析，都使长波理论带有显著的经验假说性质。

正是由于康德拉季耶夫提出了经济长波理论，但对长波的解释不能令人满意，便有一些学者提出了各种各样的解释。有的认为长周期的存在与太阳黑子的活动有关，有的认为跟人的世代交替有关，有的认为与专利保护年限有关，有的认为与设备、厂房的更新周期有关。总之，五花八门，不一而足，但都不能令人满意。

在几位对经济学发展做出过重要贡献的俄罗斯经济学家中，远走他国的几位，如库兹涅茨、里昂惕夫、康托罗维奇都获得了诺贝尔经济学奖，生荣而死哀。而康德拉季耶夫留在了苏联，则杳如黄鹤，不知所终。两相对比，令人深思。

路德维希·艾哈德

Ludwig Erhard（德国，1897—1977）

社会市场经济之父

> 名言：竞争是获得繁荣和保证繁荣最有效的手段。

艾哈德是德国社会市场经济的理论家和实践家。无论是作为政治家，还是作为经济学家，都取得了极大成功与声望。这对于任何一个政治家和经济学家，都是可望而不可即的。

由于他长时间主导联邦德国经济体制和经济政策走向，在他的加持下，德国新自由主义经济理论成为占主导地位的经济学理论，因此被称为"社会市场经济之父"。在长达20年的时间里，艾哈德组织和领导了整个联邦德国经济的恢复和发展，在短短的10年时间内就使联邦德国重新成为世界经济强国，他因此成了联邦德国"经济奇迹"的缔造者，并与阿登纳总统一起被称为"德国复兴之父"。

路德维希·艾哈德出生于德国巴伐利亚州菲尔特市一个富裕家庭。他从小患有小儿麻痹症，并导致右腿残疾。他曾作为士兵，参加第一次世界大战并负伤。他先在纽伦堡高等商业专科学校学习，后进入法兰克福大学当研究生，师从德国新自由主义经济学大家弗朗茨·奥本海默教授并深受其影响，获得该校经济学博士学位。艾哈德由于不肯加入纳粹组织，未能获得大学教授教职，第二次世界大战前一直在研究机构从事经济研究活动。第二次世界大战后，艾哈德进入政界，先后任巴伐利亚州商业和企业部部长，美英法占领区经济管理当局实际上的负责人，联邦德国政府经济部长、副总理、总理。艾哈德主政占领区经济事务之初，物资奇缺、物价飞涨，美国士兵手中的巧克力、香烟竟可以当通货使用。艾哈德果断实行货币改革和物价改革政策，很快使市场恢复信心和秩序，经济逐步恢复。之后又坚持实行社会市场经济政策，促进了联邦德国低物价情况下的经济快速增长，失业率大大降低，1955年联邦德国的经济总量就超过了英、法两国，位居世界第二。这一时期，艾哈德赢得了极高的声望。1966年，联邦德国发生了严重的经济危机，使他的声望遭到严重损害，在政敌的攻击下，艾哈德被迫辞去总理职务。艾哈德80岁时辞世，联邦德国为他举行了国葬。

艾哈德将社会经济形态分为"计划经济""自由经济"和"社会市场经济"。他给社会市场经济下的定义是:"最低限度地行使政治的和社会的权力,保证供给最低廉的物资,以符合社会共同体的希望的制度。"他认为,"计划经济"是社会主义和共产主义社会所采取的经济理论,"自由经济"是资本主义社会所采取的经济原理,而社会市场经济则是不同于上述两种形态的"第三条道路"。他一再强调,社会市场经济不同于自由经济,因为自由经济是自由放任的经济秩序,而社会市场经济则是受到政府强有力控制的经济秩序。

既然社会市场经济要求政府对经济活动实行干预,以保证形成竞争秩序,那么它要求一种什么样的政府干预呢?这对社会市场经济是至为关键的。艾哈德主导下的联邦德国政府公布实施的经济政策主要包括以下方面:采取反垄断政策,联邦政府成立了卡特尔局;实行稳定的货币政策,防止银行滥放贷款,并利用通货调节以维持市场物价稳定;根据企业盈利情况而增减工资,实行伸缩性工资制度;对市场上不正常的现象,由国家采取措施,决定价格;努力培养壮大中产阶级;对劳动力和资源的利用,由国家加以规定和限制,防止森林和自然资源的滥用;利用财政税收政策,调整市场所决定的收入分配不合理现象。

艾哈德特别强调竞争对于经济发展和繁荣的根本作用,因而制定和实施了一系列确保竞争的基本经济政策,包括生产资料的私有制;商品和服务根据市场规律决定价格,保证完全竞争;实行自由国际贸易;保障经济主体订立契约的自由;保持经济政策的连贯性,使经济主体免受经济政策经常变动带来的风险和损失,等等。

在第二次世界大战后的 20 年内,社会市场经济理论一直是联邦德国政府的经济指导思想。以 1967 年危机为转机,联邦德国经济增长开始下降,特别是进入 20 世纪 70 年代以来,西方主要国家出现了"滞胀"的经济困境,失业人口增加,凯恩斯主义在联邦德国有了更大的市场,一些经济学家试图调和社会市场经济的自由竞争主张和凯恩斯主义的调节总需求的主张,提出"全面调节的社会市场经济",公开主张对经济实行全面干预,标志着联邦德国社会市场经济理论与凯恩斯主义经济理论的合流,艾哈德及弗莱堡学派的经济理论和经济政策逐步淡出了历史舞台。

虽然德国社会市场经济理论和政策已经淡出了人们的视野,但这种理论是也非也,凯恩斯主义经济理论和政策一家独大,幸也不幸也,还有待历史来检验。

艾哈德

竟年長獲得繁榮
荣和保證繁榮莱景
有效的手段。社會市
場經濟之父路德維希·
艾哈德先生如是說
辛丑年薛曉源寫

莱昂内尔·罗宾斯

Lionel Robbins（英国，1898—1984）

给现代经济学定性的人

> 名言：经济学要保持价值中立。

英国经济学家罗宾斯之所以在经济学说史上占有一席之地，不是因为做出了引人注目的发现，也不是因为建立了经济学流派，而是因为提出了著名的经济学定义而引起了长期的争论。

罗宾斯出生于英国米德尔塞克斯的西普森一个寒微的家庭。他 1920 年入伦敦经济学院就读，1923 年大学毕业后，几乎一生一直在伦敦经济学院工作。他先是担任该校研究助理员和讲师，后来担任教授长达 32 年，并长期任经济系主任。接着当兼职教授、名誉教授。1968—1974 年任校董会主席。罗宾斯在第二次世界大战期间任职于战时内阁办公厅，1944 年曾和凯恩斯一起代表英国参加布雷顿森林会议，1959 年受封为非世袭勋爵。1961 年他出任英国高等教育委员会主席，提出了著名的"罗宾斯原则"，即每个合格学生都必须受到实际上免费的高等教育，对英国高等教育政策产生了深远影响。第二次世界大战后，罗宾斯越来越醉心于艺术，担任过多家美术馆的理事和皇家歌剧院经理。1962 年他还担任了英国著名经济报刊《金融时报》（*Financial Times*）的董事长。

1932 年，罗宾斯出版了一本名为《经济科学的性质和意义》（*Essay on the Nature and Significance of Economic Science*）的小册子。这本书出版后引起了广泛关注，不仅是因为其深受奥地利学派的影响，还因为坚持经济学的逻辑演绎方法，与经济学传统的经验主义潮流大相径庭。但是，这本书最引人注目的是引起了经济学界激烈的争论，争论的焦点在于罗宾斯给经济学下的著名定义：经济学是一门把人类行为作为既定目的和具有多种用途的稀缺手段的关系来研究的科学，以及所谓经济学家之所以为经济学家在于他们不关心手段而关心目的相关主张。今天人们公认的经济学研究稀缺资源的有效配置的定义，就来源于罗宾斯的定义。罗宾斯还认为，在实证经济学和规范经济学之间存在着严格区别。前者讨论"这是什么"的问题，后者讨论"应该怎样"的问题。根据经济学的定义，目的和手段的关系排除了价值判断存在的空间，价值判断超出了实证科学的范围，经济学研究应保持价值中立。这实际上完全割断了经济学与历史学、哲学的联系。

罗宾斯

经济学要保持价值中立,莱昂内尔·罗宾斯如是说
薛兄源欣写

皮埃罗·斯拉法

Piero Sraffa（英国，1898—1983）

"新李嘉图学派"的创立者

> 名言：把透明度给予一个体系，把被隐蔽起来的东西变成可见的。

意大利裔英国经济学家斯拉法以一本中译本只有99页的小册子，成为现代主流经济学和马克思主义经济学研究都不能绕过的高峰，而且越到后来他的理论越引起重视，越到后来他的地位越崇高。

斯拉法出生于意大利的都灵，是一位法学教授的儿子。他在都灵的高级中学和大学读书。20世纪20年代末，他与传奇人物、意大利共产党领袖安东尼奥·葛兰西建立起了亲密友谊，并在葛兰西主编的刊物上发表文章。葛兰西被捕后，他多方营救，虽未成功，但对保存葛兰西著名的《狱中札记》（Quaderni del Carcere）原稿起了重要作用。斯拉法1924年起开始在撒丁岛的卡里阿里大学、佩鲁贾大学任教。由于斯拉法先后在凯恩斯任主编的《经济学杂志》发表了两篇有影响的论文，在凯恩斯的推荐下，1927年移居英国，任剑桥大学三一学院研究员，直到1983年去世。斯拉法作为圈内人士，参加了凯恩斯《就业、利息和货币通论》酝酿过程中重要思想的讨论。在凯恩斯授意下，斯拉法在《经济学杂志》上发表了批评哈耶克《价格与生产》的文章。一般认为，哈耶克经济周期理论的销声匿迹，与斯拉法的这篇文章有关。李嘉图是斯拉法最推崇的经济学家。他几乎用了40年时间，收集和编辑《李嘉图著作和通信集》（The Works and Correspondence of David Ricardo）。1951—1973年间，这套10卷本的宏大工程终于完成，赢得了学术界的称道。

20世纪50年代，斯拉法是以经济思想史学家著称的。1960年他出版了一本不同凡响的小册子，书名像内容一样令人费解：《用商品生产商品》（Production of Commodities by Means of Commodities），使他在经济学界的地位达到一个空前的高度。该书的主要任务是解决利润的决定问题。斯拉法首先阐述了他的价值理论。他把商品的价格归结为劳动时间，并进而归结为生产价格。斯拉法在书中建立了一套标准合成商品体系，以满足作为"不变的价值尺度"的必需条件。进而用这一标准体系下的标准商品来作为不变的价值尺度，据此可以算出利润率，以及工资与利润的相对份额。这样就解决了利润率的

斯拉饿

把透明度給予一
個體系把祂隱藏
疑來似東西變成
可見的皮埃羅·斯
拉法如是說
薜曉源欲寫

确定问题。

李嘉图曾因混同了价值和生产价格,从而无法解决价值规律与生产价格之间的矛盾。后来,李嘉图毕生用了很大精力来寻找"不变价值标准"这一怪物,终未达成目的,引为一生憾事。斯拉法在《用商品生产商品》一书中,找到了李嘉图一直困惑的不变价值物,一举突破了经济学的难题——利润的决定问题,并据此确定了工资与利润之间的分配关系,从而为新剑桥学派收入分配理论提供了一个价值理论基础。他在该书中提出的思想,被认为是在方法论、价值论和分配论等方面全面复兴了李嘉图理论体系,因此形成了"新李嘉图学派",并为批判新古典综合派的边际分析法和边际生产力理论提供了基础。由于该书直接涉及"两个剑桥"之间关于资本和分配理论的论战,也影响到关于马克思经济理论中价值转化为生产价格的讨论,因此对当代西方经济学和马克思主义经济理论都产生了较大的影响。

一粒金子可以发出耀眼的光芒。一堆黄铜与之相比,什么也不是。

刚纳·缪尔达尔

Gunnar Myrdal（瑞典，1898—1987）

货币和经济波动理论的先驱之一

> 名言：制度并不总是向着平等的方向变动，而是向它的反面变动。

缪尔达尔一生享有三种成功生涯：依次成为经济学家、社会学家、政治家。他自己是1974年的诺贝尔经济学奖（与哈耶克分享）得主，还是诺贝尔奖得主的丈夫——他的妻子阿尔娃·缪尔达尔是1982年诺贝尔和平奖得主。夫妻双双获不同的诺奖，可谓史无前例，至今未见突破。

刚纳·缪尔达尔出生于瑞典的一个农业社区。中学毕业后考入斯德哥尔摩大学，在维克塞尔等名师指导下攻读经济学，1927年获该校博士学位。他曾去美国进修数年，回国后先短期在日内瓦大学任教，后应聘为斯德哥尔摩大学教授。20世纪30年代后期，缪尔达尔开始进入政界，曾任两届瑞典议会参议员、瑞典驻印度大使、贸易商业大臣、瑞典计划委员会主席和联合国欧洲经济委员会执行秘书。缪尔达尔拥有世界上30多所大学的名誉学位，获得许多奖章和奖金。但是，他的论敌和朋友一样多，尤其在瑞典，每当事业的紧要关头，他都置身于激烈的政治和学术争论之中。

缪尔达尔是凭借1930年出版的《经济理论发展中的政治因素》（*The Political Element in the Development of Economic Theory*）和1931年出版的《货币均衡论》（*Monetary Equilibrium*）获得诺贝尔经济学奖的。缪尔达尔对经济学的贡献主要是开创了动态均衡过程的分析，使经济学的均衡分析更接近现实经济过程。他主张把时点与时期区别开来。每一时点上的均衡都是暂时的、静态的。从一个时点到另一个时点的过程内，情况处于不断变动之中。一定时点上的均衡将不断被打破，又在另一个时点上重新建立均衡。这样，从时期的角度看，均衡都是暂时的、刹那间的，从一个均衡到另一个均衡的移动则是长期的、不间断的。

为了研究经济变动和均衡变化过程，缪尔达尔第一个把预期概念系统引入到经济学分析，被认为是这方面最有贡献的经济学家。他指出，企业家的预期包括对未来收益的预期和对实际获得这种收益的机会的预期。他们是根据自己的收益预期，再参照市场利息率，然后才决定投资的。为了进一步研究货币均衡问题，他又引进了"事前估算"和

"事后计算"的概念。缪尔达尔的观点是这样的：对任何收益率的计算，都有事前和事后之分。事前估计是指对未来时期内将会产生的收益率的估计，即预期利润率；事后计算是指按一个时期内已实现的收益来计算，记录那些已发生的情况。由于事前估计与事后计算的存在，将影响投资与储蓄的关系，从而影响货币的均衡。

1947年以后，缪尔达尔开始关注国际问题，特别是第三世界国家发展和消除贫困问题，出版了一系列具有重大影响力的著作，成为研究欠发达国家经济发展问题的权威。与阿瑟·刘易斯、沃尔特·罗斯托等发展经济学家不同，缪尔达尔进行的研究不是书斋内的逻辑推演，而更重视"田野调查"，不是纯经济研究，还涉及欠发达国家的政治、文化、宗教、人口与种族、教育等方面。缪尔达尔对欠发达国家能否消灭贫困，先是持乐观态度，后来却陷入悲观。他先后在泰国、斯里兰卡、印度等亚洲国家进行了长达几年的实地调查，广泛与下层机构和群众接触，并作为联合国工作人员参与了这些国家的发展过程。1969年，缪尔达尔完成了《世界贫困的挑战》(*The Challenge of World Poverty*)，相信通过发达国家的援助、现代化观念的传播和发展中国家政治的彻底改变以及人民自身的努力，贫困问题可以得到解决。然而，15年后的1984年，他对过去十几年中发展中国家的现实深感失望，认为人民的贫困几乎到处都在加剧而且在走向极端。产生这种状况的根源，是不平等的社会结构使得社会进步的每一点成果都被掌握实际权力的上层集团所瓜分，而下层贫困阶层的分裂又阻碍了他们为自己共同的利益而促进改革的努力。这些国家贪污贿赂盛行，重要的政治权力越来越多地落入富人和权势人物手中，使得原本不平等的社会结构更加刚性化。正是基于这些认识，他对发达国家给予欠发达国家的援助进行了反思，认为这种为发展中国家大规模工业化提供的各种技术、资金上的支持，其成果无一例外地落入了富人的腰包，反倒不如直接给这些国家陷入贫困与灾难的下层民众援助效果好。

缪尔达尔对第三世界国家经济发展问题的深入研究，明白无误地告诉人们：决定这些国家经济发展过程的绝不只是经济因素，而且取决于政治、文化、宗教、人口、种族等复杂因素。因此，只进行纯经济研究，而不进行政治、教育、宗教、文化等社会科学领域的研究，对欠发达国家发展问题的研究注定是纸上谈兵。这对当时风头正盛的以欠发达国家经济发展为对象的发展经济学，无疑是攻心一拳。事实上，正是因为缪尔达尔的研究结论，不少态度严谨的经济学家干脆指出，根本不存在什么发展经济学。正是拜缪尔达尔所赐，20世纪80年代以来，发展经济学不可救药地衰落了。

缪尔达尔的研究工作告诫经济研究人士，经济学不是纯粹书斋里的学问。经济学家要对真实的世界做出科学解释，不能怕脏了自己的鞋子，而应当走出书斋，多做"田野调查"。

缪尔达尔

制度并不总向
着平等的方向
变动，而是向它
的反面变动。
瑞典经济学家
缪尔达尔如是说

薛晓源写

米哈尔·卡莱茨基

Michał Kalecki（波兰，1899—1970）

凯恩斯主义经济学的先驱

> 名言：对于单个企业有利的事情，并非对整个企业家集团有利。

一个经济学家要对一个时代的经济学产生影响，一定要在适当的时间、适当的地点、用适当的语言发表其研究成果。波兰经济学家卡莱茨基发表他的研究成果时，恰恰违反了上述所有三个条件。因此，尽管他在凯恩斯之前就发现了凯恩斯理论体系的许多基本要素，但却一生籍籍无名，而凯恩斯生前和身后则集万千荣耀于一身。直到逝世后，人们才真正认识到卡莱茨基经济理论的价值。他是所有现代伟大经济学家中最被忽视的一位。

卡莱茨基1899年出生于俄国罗兹（今属波兰）。他在华沙工业大学和格但斯克工业大学读工科，但未获得学位。由于他的父亲多次失业，家境困难，卡莱茨基年轻时不得不从事多种临时工作，直到中年以后才谋得一个稳定的研究工作岗位。第二次世界大战爆发后，由于犹太人的身份，他不得不在欧洲国家流浪，最后在英国牛津大学统计研究所工作，研究战时配给方案，并从事经济周期问题的理论研究。他1955年回到波兰，任波兰政府经济顾问，后任波兰驻联合国代表。他是波兰1961—1975年远景规划的主要制定者。但是，由于瓦迪斯瓦夫·哥穆尔卡的下台，远景规划刚出台就作废了。

卡莱茨基经济理论中最有特色的是采取马克思主义经济学的分析方法，建立了反危机和实现充分就业的理论体系。卡莱茨基摒弃了新古典经济学完全竞争和充分就业的假设，而从不完全竞争，特别是寡头垄断和存在失业的现实出发，来研究现代经济，得出了与有效需求不足相类似的观点。这样就把经济周期和经济增长统一到一个理论框架之中，并根据这个方法得出结论：资本主义政府事实上不论在多长时间内从来不能维持充分就业的收入水平。值得指出的是，卡莱茨基的当代资本主义动态经济学是在1933年创立起来的，不仅先于1936年凯恩斯出版《就业、利息和货币通论》3年提出了凯恩斯理论的基本内容，而且他的垄断价格理论、收入分配理论的微观基础和动态分析胜过凯恩斯的《就业、利息和货币通论》。另外，卡莱茨基的写作特点是简洁，娴熟地运用了数学工具进行推导，与凯恩斯著作混乱、冗长的表达形成鲜明对比。正因为如此，他受到了

卡萊茨基

對於單個企業
有利的事情，並
非對整個企業
家集團有利。
米哈爾·卡萊茨基
如是說
壬寅薛曉源寫

后来的计量经济学大师劳伦斯·克莱因、扬·丁伯根等人的尊重。克莱因曾经说过："虽然不应该说，现代计量经济学体系的所有基本要素都源自于卡莱茨基的模型，但可以说卡莱茨基模型里的所有要素，都可以在现代重要的计量模型里找到。"

卡莱茨基的研究领域广泛，除了当代资本主义动态经济学，还包括社会主义经济理论、发展经济学。卡莱茨基的社会主义经济理论涉及经济增长、收入分配和长期计划等方面。他还是发展经济学的开创者之一，在联合国工作期间对发展中国家经济问题进行了多方面的研究，并帮助印度、巴西、以色列设计发展计划，回国后参与设计了波兰长期发展规划，只是由于哥穆尔卡的下台，他的规划才没有付诸实施。

凯恩斯从来没有承认过他提出的宏观经济理论与卡莱茨基的工作有任何关系。据说，在琼·罗宾逊夫人引见下，他们二人曾经见过一面。凯恩斯对卡莱茨基十分冷淡，卡莱茨基出于尊严也没有提起过自己的经济学发现。随着时间的流逝，越来越多的经济学家肯定了卡莱茨基的重大贡献。英国剑桥的罗宾逊夫人和前面提到过的克莱因高度赞赏卡莱茨基的贡献。克莱因这样评价卡莱茨基的理论："卡莱茨基模型的精神是马克思学派的，因而时常未能得到足够的赏识。其实他早就提出凯恩斯学派体系的所有主要内涵。"

历史自有公论。对所有被埋没的天才，这也许算是一种安慰。

贝蒂·俄林

Bertil Ohlin（瑞典，1899—1979）

新的区域分工和国际贸易理论的创立者之一

名言：政府投资应尽可能不与私人投资竞争。

早在1929年，俄林就因为质疑凯恩斯关于德国如何支付第一次世界大战赔款的转账方案而崭露头角。那一年他刚刚30岁。1933年《地区间贸易和国际贸易》（*Interregional and International Trade*）出版，标志着现代国际贸易理论的建立，确立了他世界一流经济学家的名望，并于1977年获得诺贝尔经济学奖（与詹姆斯·米德分享）。俄林怀有远大政治抱负，目标是当上瑞典首相。他曾担任瑞典商业贸易大臣，但因为瑞典自由党长期在野，作为党魁的他最终未能当上瑞典首相，成为终生遗憾。

俄林出生于瑞典的克利潘，他的父亲曾当过律师和瑞典国家警察总监。他16岁就进入隆德大学，两年后转入斯德哥尔摩经济及工商管理学院学习。大学毕业后，开始在该校攻读博士学位。在剑桥大学进修几个月和在哈佛大学进修一年后，1924年俄林获得博士学位。在丹麦哥本哈根大学任教5年后，他回到母校，接替赫克歇尔的教职，一直到退休。1938—1970年，他任瑞典议会议员长达32年，1944—1967年，他担任在野党瑞典自由党领袖长达23年。

俄林对经济学的重大贡献是提出了"资源禀赋说"的国际贸易理论，从而创立了著名的"赫克歇尔—俄林定理"。大卫·李嘉图以来的国际贸易理论认为，国家和地区之间进行贸易的根据，是因为各国生产产品的技术不同，因而产品成本不同，形成了各自的比较优势，进行国际贸易对交易双方都是有好处的。俄林发展了前辈瑞典经济学家赫克歇尔的理论，认为国家之间贸易的根据是各自资源禀赋的不同。俄林指出，在生产某种产品的物质技术条件不变的前提下，如果一个国家某些生产要素的供给相对大于其他要素的供给，这些生产要素必然便宜；供给量相对较少的其他生产要素必然比较昂贵。因此，这个国家生产那些需要大量价格低廉生产要素的产品就会比较便宜，如果生产其他产品就会比较昂贵。这样，一个国家出口的是那些生产中密集地使用这个国家最丰富的生产要素的产品，因为它可以获得比较利益；进口的是那些这个国家最缺乏的生产要素的产品。这就决定了国际贸易的流向是劳动力众多的国家集中生产劳动密集型产品，出口到劳动力相对稀缺的西欧、北美等地区，西欧和美国则应该生产像机器设备等资本密集型产品，出口到资本相对缺乏的国家或地区。

俄林还提出，通过这样的国际贸易，可以达到各国生产要素价格的均等。资源禀赋不同的国家发生国际贸易后，随着贸易的深化和扩大，劳动力密集的国家劳动力越来越多地被雇佣来生产出口产品，需求的增加使得劳动力成为稀缺的要素，价格会逐渐上涨；而资本密集型产品输入的增加，使得对资本的需求得到缓和，资本逐渐成为国内比较丰富的资源，价格就会下降。对于资本相对丰富的国家，国内发生的情况与劳动力密集的国家正好相反。这样就会使生产要素的国际价格趋向于相等。美国经济学家保罗·萨缪尔森运用数学方法验证了俄林的这一结论。因此，在有的场合下，也有人把资源禀赋理论称为"赫克歇尔—俄林—萨缪尔森定理"。

俄林在其他方面还有杰出的建树。从 1927 年发表的一本小册子到 1934 年写给瑞典政府失业问题委员会的报告中，俄林几乎提出了凯恩斯在《就业、利息和货币通论》中提出的理论大纲，包括与凯恩斯相似的政策建议。所以，1937 年，俄林在评述斯德哥尔摩学派关于投资和储蓄理论的一篇文章中，提醒英国凯恩斯派学者，他们关于宏观经济学的一些见解不是唯一的，甚至不是最早的。但这个说法被英国人拒绝了。

然而，白纸黑字，事实就摆在那里。近年来，整个斯德哥尔摩学派，特别是俄林对现代宏观经济学的贡献终于得到了应有的承认。

缪林

政府投資應盡可能不與私
人投資競爭。瑞典經濟學
家貝爾，繆林如是云。
辛丑之春 薛邦源寫

弗里德里希·哈耶克

Friedrich Hayek（奥地利，1899—1992）

以极端的经济自由主义闻名于世

> 名言：通往地狱的道路通常是由善意铺就的。

哈耶克是 20 世纪最具影响力的经济学家和社会思想家之一。有人曾指出，哈耶克是以其极端的经济自由主义立场而不是他对经济学做出的理论贡献而闻名于世。这只能说明，世人对哈耶克丰富的思想成果还需要进一步消化、吸收。

哈耶克 1899 年出生于维也纳的一个学者家庭。第一次世界大战时在军队服役，战后入维也纳大学法律系学习，获法学博士学位，两年后又获政治学博士学位，接着又去美国哥伦比亚大学短期访学。回国后他一度任奥地利经济周期研究所所长，后在维也纳大学任讲师。20 世纪 30 年代，他应罗宾斯之邀，到伦敦经济学院讲学，并获得经济学博士学位，此后任该校教授达 18 年之久。1950 年，哈耶克离开英国，去芝加哥大学任社会和伦理学教授。1962 年他返回欧洲，任德国弗莱堡大学教授。退休之后，他又在奥地利萨尔斯堡大学任教 9 年，最后以 78 岁高龄退出学院生涯，于 1992 年去世，享年 93 岁。

哈耶克可谓一生"好辩"。作为经济学家，他的职业生涯因为两场大辩论而辉煌，也因这两场大辩论而黯淡，正所谓"成也萧何，败也萧何"。

20 世纪 30 年代初，欧洲和美国正陷入席卷全球的经济大萧条之中，各国政府和经济学家都在寻找走出经济危机泥淖的出路。这时凯恩斯出版了两大卷的《货币论》(*A Treatise on Money*)，提出政府要对利率实行干预，增加货币供应量和政府财政投入，刺激投资和消费，扩大就业，使经济走向复苏。刚到伦敦经济学院任教的哈耶克在伦敦经济学院的校刊上发表文章，对凯恩斯的理论和政策主张进行了言辞激烈的批评。指出正是由于政府干预了利率，放宽了货币供应，扭曲了资源配置，导致了经济危机，人人都为此付出了代价。现在凯恩斯提出进一步干预利率，增加货币供应，是用新的错误纠正原来的错误，只能使危机更加深重。凯恩斯看到哈耶克长达 26 页的书评后，非常生气，发表了文章对哈耶克的指责予以回应，语言也很不客气。哈耶克和凯恩斯的辩论文章发表后，两个阵营的经济学家纷纷加入，进行了一场旷日持久的论战。由于凯恩斯的声誉正如日中天，小他 16 岁的哈耶克还是一个无名小辈。在大洋彼岸的美国，当时的罗斯福

哈耶克

通往地獄的道路通
常是由善意鋪
就的,弗里德里希·
哈耶克先生如是說
辛丑之春薛曉源寫

总统采取了凯恩斯的政策主张，美国经济逐渐复苏，走出萧条阴影。再加上实行计划经济的苏联和东欧国家经济正呈现欣欣向荣景象，使得经济学界对自由市场经济普遍发生怀疑，而对于计划经济心生仰慕。到了1936年凯恩斯的《货币、利息和就业通论》出版，哈耶克这一方的声音已经没有人理会，一些原来站在哈耶克一边的经济学家，也纷纷转投凯恩斯阵营，这场争论以凯恩斯的完胜而结束。

这场论战之后，哈耶克作为经济学家淡出了人们的视野。第二次世界大战后，他集中研究心理学、法律哲学、政治哲学和思想史，出版了大量著作。其间，他曾一度在芝加哥大学任教，但不是任经济学教授，而是担任社会和伦理学教授。可能是因为哈耶克一生的研究中不用数学，也少用图形，难以和多用数理方法、图表的美国经济学家打成一片。因此，当哈耶克1974年获得诺贝尔经济学奖时，经济学界几乎没有人知道这个身着白色礼服的谦谦君子是何方神圣。

哈耶克加入的第二场论战是1933—1936年间奥地利学派和社会主义阵营关于计划经济合理性之争。在这次大论战中，他的老师米塞斯是主将，哈耶克是助攻。针对当时苏联、东欧实行的计划经济，哈耶克和老师认为，计划经济必然带来资源浪费，不可行。在分工高度发达的现代经济体系中，集中决策需要大量的信息，计划部门没有能力收集和处理巨量信息，而且由于决策机构远离现实经济活动，信息传输过程中还会发生信息的遗漏和失真，因而计划部门做出的决策必然是低效和错误的。如果实行分散决策，企业和个人只需要根据必要的信息做出决策即可，不需要了解全面的信息。在现代经济中，只有分散决策可行。集中决策只在简单分工条件下才有可行性。奥地利学派从决策所需信息的收集、传输和处理的角度论证计划经济的不可行和市场经济的必要性，本身就为计划经济留出了"后门"。因为，如果中央计划部门具备了足够强大的信息收集和处理能力，实行计划经济就有了可行性。当时计划经济阵营的主将奥斯卡·兰格就提出了"计算机社会主义"的主张，与奥地利学派的观点相抗衡。同时，由于当时苏联、东欧各国经济发展情况蒸蒸日上，在这场争论中，社会主义阵营事实上是占了上风的。

哈耶克逝世后，他的后期著作中关于"社会后果非预谋性学说"受到了越来越多的关注。他认为，我们的社会中形成的一些好的制度，比如法律、经济甚至政府本身，都是千千万万的个人由于其他原因而采取的行动的"副产品"，这些制度绝不可能被蓄意地、有目的地创造出来。这些"自发秩序"往往优于人们有意制定的"人为秩序"。因此，对个人的行动，政府干预越少越好。这与他的自由主义经济主张是一脉相承的。

虽然哈耶克在两场大论战中都没有赢得胜利，但是并不意味着他的思想和理论的失败。事实上，哈耶克和老师米塞斯是唯一预测到20世纪30年代经济大危机的两位经济学家。哈耶克认为，大萧条在1929年春季已有明显苗头，1927年经济发展已经出现颓势。

历史再次告诉我们，不能以一时成败论英雄。这个世界是由少数思想家统治的。

王亚南

(中国，1901—1969)

中国半殖民地半封建经济形态研究巨擘

> 名言：实践，唯有实践，是最可靠的检验。

王亚南是当代著名经济学家、翻译家、教育家。王亚南的一生不算长，却做成了三件了不起的事情：他在困难的情况下和郭大力一起翻译了马克思的《资本论》第1、2、3卷；他出版了《中国半殖民地半封建社会经济形态研究》和《中国官僚政治研究》，在中国半殖民地半封建社会形态领域的研究国内外无出其右；在他主政厦门大学的近20年中，把一个偏处海隅的大学办成了全国一流大学，特别是把厦门大学的经济学科办成了全国一流学科。任何人做成了其中一件事，生前事功身后名，足可以永垂不朽。

王亚南1901年出生于湖北省黄冈县。父母早逝，他靠兄长支持读完中学，考入武昌中华大学教育系（今华中师范大学前身）。1927年大革命中他投笔从戎，参加了北伐军，曾在军中任政治教员。大革命失败后，王亚南辗转来到杭州，遇到郭大力，商定一起翻译《资本论》，后来赴日本留学和流亡英国、德国。王亚南一生从事教学和科研工作。中华人民共和国成立前，他曾任中山大学经济系主任，厦门大学法学院院长兼经济系主任，福建研究院经济研究所所长。中华人民共和国成立后任厦门大学校长一直到去世。他是第一、二、三届全国人大代表，并曾任福建省政协副主席、中国科学院哲学社会科学部学部委员。

王亚南身后留下41部著作、译著，340多篇论文，是经济学界和翻译界的泰山北斗，有五大卷的《王亚南文集》存世。他和郭大力用十年心血一起翻译出版了中国第一个《资本论》三卷版中译本。为翻译《资本论》做准备，他们还翻译了马克思之前的6部古典政治经济学名著，诸如斯密的《国富论》、马尔萨斯的《人口论》、李嘉图的《政治经济学及赋税原理》、穆勒的《政治经济学原理》等。王亚南早在20世纪30年代初期就出版了自己的经济史和世界经济专著，在经济学界崭露头角。他的成名作大都出版于1949年前，成为一时大家。当时的学术界认为他的著作具有"中国的、实践的、批判的"三大特色。

奠定王亚南著名经济学者地位的是他对中国经济史的研究。从20世纪30年代起，王亚南就从中国经济史入手，探索旧中国的社会经济问题，完整系统地提出"地主经济论"。他认为，中国的封建制度分为领主经济和地主经济两大阶段，而以地主经济形态和半封建生产方式作为一个整体，从经济结构、政治体制和文化思想几个方面，进行全面系统的、微观和宏观相结合的研究，来解释中国社会经济史长期争论的"停滞发展"的问题，被称为是对20世纪30年代以来讨论的小结，成为1949年以前中国经济史学界一个突出的科学研究成果，为国内外经济史学界所瞩目。

使王亚南成为中国一流经济学大家的研究成果，则是他对中国半殖民地半封建社会经济形态的理论研究，也是他一生中最为杰出的理论贡献。1943年，英国著名学者李约瑟访问了王亚南，向他提出中国封建官僚政治问题，两人就这个问题进行了探讨。几年之后，王亚南写出了《中国官僚政治研究》，有力地论证了作为上层建筑的官僚政治对于中国封建生产方式和经济形态所起的作用，指出了改造中国、改革政府的希望所在。这个方面的研究，就学术水平和开创性而言，目前还没有人能超越他。

他的经济学代表作《中国经济原论》（1949年后以《中国半殖民地半封建社会经济形态研究》的书名出版），被誉为中国的"《资本论》"，被翻译成多国文字流传国外。在这本著作中，王亚南对于旧中国的商品经济理论、资本理论、利润利息理论、经济危机理论等方面，都有自己独到的见解。王亚南在书中着重指出，在近代中国的社会经济关系中，既有外国资本、官僚买办资本和民族资本，又有封建经济。这个经济形态具有过渡性质。在当时经济学界关于近代中国经济性质的争论中，为主张旧中国半殖民地半封建社会的正确观点，做出了科学的、系统的阐发。这对于认识中国新民主主义革命的性质、对象和革命的战略策略具有重大意义，是对新民主主义革命理论的一个卓越贡献。这本书至今仍然是中国经济学研究的经典之作，常读常新。

王西甫先生

实践,唯有实践
是最可靠的检验。
辛丑仲秋吃源
敬寄西山

西蒙·库兹涅茨

Simon Kuznets（美国，1901—1985）

经济统计分析的先驱

> 名言：收入分配变化的长期轨迹是：先恶化，后改进。

1971 年的诺贝尔经济学奖授予西蒙·库兹涅茨，显然是强调对于经济学这样的学科，耐心收集和处理统计数据的重要意义。

库兹涅茨 1901 年出生于俄国哈尔科夫，早年曾在布尔什维克政权下任乌克兰统计处处长。1922 年移居美国，入哥伦比亚大学学习，先后获得理学学士学位、硕士学位和经济学博士学位。库兹涅茨的职业生涯中，除了在第二次世界大战中出任美国战时生产委员会计划统计局副局长的两年，大部分时间是在大学度过的，先后任宾夕法尼亚大学、约翰·霍普金斯大学、哈佛大学经济学教授。他曾任美国统计学会会长、美国经济学会会长。继 1971 年获诺贝尔经济学奖以后，1977 年他又获美国经济学会最高奖——弗朗西斯·沃克奖章。

第二次世界大战前，库兹涅茨致力于建立上溯到 1919 年，最后上溯到 1869 年的美国收入与产量的系统数据，发表了一系列著作。这些著作为凯恩斯学说的骨架填充了经济事实，使之更有说服力。同时，当时新兴的经济计量学也高度依赖库兹涅茨的统计资料。倘若没有这些统计资料，这门学科可能根本就建立不起来。20 世纪 60 年代，库兹涅茨扩大了研究领域，开展了对各国经济增长模式的比较研究。经济学界现在对经济增长的了解，很多应归功于他的研究成果。20 世纪 70 年代，库兹涅茨的研究重点又转移到人口增长以及与经济增长、收入分配的关系，也取得了许多重要成果。

库兹涅茨的某些研究成果已经变成了用他名字命名的概念或名词。他根据美国历史上的经济统计数据，发现每 20 年发生一个周期性的经济波动。这一发现被称为"库兹涅茨周期"，与"基钦周期""朱格拉周期""康德拉季耶夫周期"共同成为人们研究经济周期的著作中常用的理论。库兹涅茨的另一个重要发现是，人均收入和按基尼系数测定的收入分配不均等之间呈现一个倒"U"型曲线，即贫国收入分配不均程度随着收入水平上升而加大，富国的收入分配不均程度随着收入水平上升而缩小，这种关系被称为"库兹涅茨倒 U 型曲线"。然而，经济学家对第二次世界大战以来发达国家收入水平和分配不

庫茲涅茨

收入分配變化的長期軌跡見乎：先惡化後改進。庫茲涅茨如是觀其吻源焉

均的考察发现，并没有出现"库兹涅茨倒 U 型曲线"，而是随着收入水平的上升贫富差距更加拉大了。法国经济学家托马斯·皮凯蒂在《21 世纪资本论》(*Capital in the Twenty-First Century*) 中，运用大量数据进行分析，就得出了上面的结论。

美国商务部负责对国民生产总值做出官方估算，库兹涅茨一直与商务部保持着密切的关系。然而，从 20 世纪 40 年代末开始，库兹涅茨越来越多地批评美国商务部估算国民生产总值的方法，尤其是批评不把无报酬的家务劳动的价值估算在内的做法。他的这个看法没有得到重视，于是他后来创立收入与财富问题研究的国际学会，以便把国民生产总值的信条传播到全世界。

劳尔·普雷维什

Raúl Prebisch（阿根廷，1901—1986）

当代南美最伟大的经济学家

> 名言：特权是实现人类福利的巨大障碍。

普雷维什是当代拉丁美洲最有影响的经济学家，一生的活动都和拉美国家的发展问题紧密地联系在一起。他的经济发展理论独树一帜，有关理论观点和政策建议对拉美及其他发展中国家产生了巨大影响。

普雷维什1901年出生于阿根廷北部的萨尔塔。在布宜诺斯艾利斯大学经济系毕业后，他到阿根廷国民银行从事研究工作。1930年，普雷维什出任阿根廷政府财政副国务秘书（相当于财政部副部长），稍后又受命组建"阿根廷共和国中央银行"，并在1935—1948年间任总经理，1943—1948年任布宜诺斯艾利斯大学经济学教授，同时还受聘担任墨西哥、巴拉圭、委内瑞拉等国中央银行顾问。1949年，普雷维什到总部设在智利首都圣地亚哥的"联合国拉丁美洲经济委员会"工作，并在1953—1963年间担任该机构的执行秘书。20世纪50年代后期，普雷维什受当时的联合国秘书长吴丹委托，负责筹组"联合国贸易与发展会议"，1964年起，出任贸发会议秘书长兼任联合国副秘书长。1970年，他回到圣地亚哥任《拉美经济委员会评论》（*CEPAL Review*）主编。1983年，阿根廷恢复文人执政后，普雷维什又以80多岁高龄出任阿方辛总统的经济顾问，直到1986年逝世。

普雷维什因为创立了"中心—外围"理论，在发展中国家经济现代化研究中独树一帜，受到经济学界和政治家的尊重。普雷维什自称，他年轻时是一个"十足的新古典主义者"。但是，他20世纪30年代开始在阿根廷担任公职时，就目睹了资本主义大危机给阿根廷造成的糟糕局面，促使他逐步摆脱新古典经济学理论的影响，开始形成"中心—外围"的观点，坚信"外围"国家必须寻找适合自身特点的发展理论。

普雷维什提出，当代国际经济体系是一种"中心—外围"的格局。他把发达国家称为"中心"，第三世界国家是"外围"，而外围是从属于中心的。按照传统的经济学理论特别是李嘉图的国际贸易理论，如果各国按照自己的比较优势专门生产某种产品，那么对贸易双方都有利。通过"中心"与"外围"的经济互动和市场机制的自发作用，"中心"先进的技术、消费形式、文化形式、制度、思想和意识形态都会向"外围"扩散，从而使"外围"国家走向现代化。普雷维什指出，这种先进资本主义在全球范围内的自发扩散，不过是一种神话。因为发达资本主义"中心"的本质是向心性的、吸收性的和统治性的。它的扩展是为了利用"外围"，而不是为了发展"外围"。"外围"要走向现代化，必须创造自身的发展动力，打破过去的格局。

普雷维什通过具体分析"中心"和"外围"国家之间的国际贸易现状证实了上述论断。他指出，像古巴这样的贫困国家倾向于出口"初级产品"，如糖、香蕉和咖啡，富裕国家倾向于出口加工产品，如汽车、电视机。当人们收入提高时，他们会为购买汽车和电视机多花钱，而基本上不会为糖和咖啡多花一分钱。对贫困国家来说，这当中存在着令人不安的事实。随着贫困国家的经济增长，对富裕国家的汽车和电视机的需求则会快速增长。而富裕国家经济增长时，他们对贫困国家咖啡和糖的需求则会增长得很慢。这样发展下去的结果，就是汽车等加工产品价格上涨比咖啡等初级产品更快，显然贫困国家的贸易条件恶化了。随着时间的推移，贫困国家一定数量的糖能买到的汽车越来越少了，最后贫困国家的发展赶不上富裕国家的发展速度。因此，不改变这种贸易结构，贫困国家将永远落后于发达国家。对于贫困国家来说，出路在于实现产品生产的多样化，既要生产糖、咖啡等初级产品，又要生产汽车和电视机等加工产品。与其用出口糖和咖啡的钱来购买汽车、电视机，不如把国外汽车、电视机挡在国门之外，把这笔钱用来制造自己的汽车和电视机。这就是所谓进口替代战略。20世纪50—60年代，拉美地区、非洲和亚洲的许多国家采取的正是这种做法。

按照普雷维什进口替代的政策建议，许多国家和地区的确取得了成功。如亚洲"四小龙"——韩国、新加坡以及中国的台湾、香港地区都迅速摆脱了20世纪中期的贫困，成为发达的经济体，20世纪80年代以来中国大陆也上演着同样的一幕，经济迅速崛起。在这个过程中，也有国家开始时实行普雷维什的政策主张取得了成功，后来被新自由主义经济学家说服，按照"华盛顿共识"，重新采取自由国际贸易的经济政策，经济发展情况出现了恶化，其中就包括普雷维什的祖国阿根廷。

尽管普雷维什对发展经济学做出了杰出贡献，并且其理论已为一些发展中国家的实践所验证，但生前却未能获得诺贝尔经济学奖，这无疑降低了这个奖项的成色。这让人怀疑，诺贝尔经济学奖评奖委员会对欧美国家以外的经济学家存在着事实上的歧视，不但有失公正，也说明参与评奖的专家们格局不大。

普特雷恰

特權且已實現
人類福利的巨大
障礙。勞爾•普雷
維什如是說
辛丑季薛曉源寫

西奥多·舒尔茨

Theodore Schultz(美国，1902—1998)

人力资本理论的奠基人

> 名言：世界上大多数人是贫穷的。所以，如果懂得了穷人的经济学，我们也就懂得了许多真正重要的经济学原理。

西奥多·舒尔茨因为提出了所谓"穷人的经济学"命题，特别关注和深入研究了农业现代化与农民生活状况的改善，在经济学界独树一帜。

舒尔茨出生于美国南达科他州阿林顿一个德裔农民家庭。他先在南达科他州立学院攻读农业经济学3年，获得农学和经济学学士学位，后来到威斯康星大学麦迪逊分校攻读研究生课程，获得科学硕士学位和哲学博士学位。他最初在艾奥瓦州立学院任教，后到芝加哥大学任教授和经济系主任，一直到1974年退休。舒尔茨从北美洲和南美洲多所大学获得名誉学位，曾当选美国经济学会会长，担任联合国各专门机构和一些私人基金会的顾问。1972年获美国经济学会弗朗西斯·沃克奖章，1976年获得国际农业学会埃尔姆赫斯特奖，1979年获得诺贝尔经济学奖（与阿瑟·刘易斯共同分享）。

20世纪50年代，经济学家把以工业化为中心作为现代化的战略。他们认为，农业发展是停滞的，农民是愚昧的，农业不能对现代化做出什么贡献，充其量只能为工业化提供劳动力和资金。许多发展中国家按这种思路发展工业化，不仅没有实现现代化，还导致了农业凋敝，甚至连吃饭问题也没有解决。舒尔茨用充足的数据资料和严谨的理论分析，驳斥了这种现代化理论。舒尔茨认为，农民也是理性人，一点也不愚昧。农民不愿意革新农业技术，是因为农业收益低和不稳定造成的，而且由于缺乏农业技术推广以及发展中国家政府采取的对农产品的歧视性价格，使得农民更不愿意投入农业技术改进。传统农业的确不会对现代化有多大贡献，但现代农业则能够大大促进现代化，关键是要把传统农业改造成现代农业。为此需要建立一套适合农业发展的制度体系，向农业提供现代化的生产手段，加强对农民的教育和技能培训。舒尔茨强调，农业本身的发展是现代化的重要组成部分，没有农业的现代化，绝没有整个社会的现代化。第三世界的贫困，主要是由于亚非拉国家采取了片面重视城市和工业发展而忽视农业发展的战略，实行进口替代政策，导致农业只能维持简单再生产，也拖累了整个社会的现代化进程。

西奥多.舒尔茨云：
世界上大多数人
是贫穷的，所以
如果懂得了
穷人的经济学，
我们也就懂得
了许多真正重要
的经济学原理。
薛暮源写

舒尔茨虽然不是第一个提出人力资本理论的人，但由于他对人力资本理论的强力推介及对这个理论的发展，再加上他在经济学界的影响力，一般认为他是人力资本理论的奠基者。舒尔茨认为人力资本积累是社会经济增长的源泉。现代经济发展已经不能单纯依靠自然资源和人的体力劳动，生产中必须提高体力劳动者的智力水平，增加脑力劳动的成分，以此来代替原有的生产要素。因此，由教育形成的人力资本在经济增长中会更多地代替其他生产要素。舒尔茨运用自己创造的"经济增长余数分析法"，估计测算了美国1929—1957年国民经济增长额中，约有33%是由教育形成的人力资本做出的贡献，进一步证明了人力资本是经济增长的源泉。他认为，教育也是使个人收入的社会分配趋于平等的因素。人力资本可以使经济增长，增加个人收入，从而使个人收入社会分配的不平等现象趋于减少。因为通过教育可以提高人的知识和技能，提高生产的能力，从而增加个人收入，使个人工资和薪金结构发生变化。舒尔茨认为，世界各国个人收入的增长和个人收入差别缩小的根本原因，是人们受教育水平普遍提高，是人力资本投资的结果。

经济学界一般还认为，舒尔茨对"新家庭经济学"的研究，做出了与加里·贝克尔同样重要的贡献。

由于当年温家宝总理多次引用舒尔茨关于"穷人的经济学"的论述，并提出要高度重视和支持农业的发展，与其他西方著名经济学家相比，舒尔茨在中国引起了更多的关注。还要提到的是，中国经济学家林毅夫早年曾师从舒尔茨。林毅夫在中国经济学界及其对政府政策的影响，某种程度上也在中国"带火"了舒尔茨。

扬·丁伯根

Jan Tinbergen（荷兰，1903—1994）

经济计量学的奠基者

> 名言：科学知识与洞察力在现实决策中只能起适当的作用，人们不可能离开直觉而做出决策。

丁伯根无疑是荷兰最伟大的经济学家。1969年，他获得了第一届诺贝尔经济学奖（与拉格纳·弗里希分享）。颇具戏剧性的是，4年后他的弟弟尼古拉斯·丁伯根因对动物行为的研究，获得那一年的诺贝尔生理学或医学奖。兄弟双双获得诺贝尔奖，在世界学术史上可谓奇迹与佳话。

丁伯根出生于荷兰的海牙。他1922年考入荷兰莱顿大学攻读物理学，1929年获得物理学博士学位。读书期间，丁伯根的志趣已不在物理学方面，而转向了经济学。数学是丁伯根由自然科学工作者转向经济学家的桥梁，他的博士论文题目就是"物理学和经济学中最小值问题"。毕业后，他加入荷兰中央统计局新设的一个关于经济周期的研究单位，工作至1945年，其间还兼任阿姆斯特丹大学的统计学讲师、荷兰经济学院的兼职教授。1945年，他担任新成立的荷兰中央计划局局长，开始注意政策制定问题。1955年，丁伯根离开中央计划局，去荷兰经济学院任发展计划课程的专职教授，1973在莱顿大学任国际合作课程教授，直至退休。他在日内瓦国际联盟工作过两年，1966—1975年，任联合国开发计划委员会主席，担任过许多发展中国家和一些联合国机构的顾问。

丁伯根的学术生涯可分为三个阶段，每个阶段研究重点不同，都做出了重大发现。

第一个阶段，是1929年至第二次世界大战期间。他与其他学者一起，努力使经济计量学成为一门科学。他在这个领域有三个贡献：一是提出了现代动态经济分析和"蛛网理论"；二是根据历史统计资料，利用数学和数理统计方法，对各种商业循环理论进行统计检验；三是首次用包括24个方程式的模型，用以描绘荷兰经济。这个模型预示了凯恩斯《就业、利息和货币通论》的内容，甚至预示与现代宏观经济理论相关联的理性预期思想。

第二个阶段，是第二次世界大战结束到20世纪50年代中期。丁伯根注意研究制定政策问题，把他在荷兰中央计划局的经验和在广泛的经济政策领域参加讨论的结果，提升为系统的经济政策理论，成为规划短期政策的基础。丁伯根这一时期的一个重要研究成果是提出了"丁伯根法则"，即政府要完成一定数量的经济目标，经济政策工具的数量至少要等于目标的数量，并且这些工具必须是相互独立的。这就意味着，政府决策者只有一个独立的工具，而要试图实现两个以上的目标，是不可能成功的。这个原则已被各国政府的政策实践所证实，也成为各国政府制定经济政策所一致遵循的原则。

第三个阶段，是 20 世纪 50 年代以后。丁伯根主要关注第三世界国家发展问题，特别是投身于长期发展计划的方法研究和实践。他在著作中总结了制定长期发展计划的一般经验，分析了长期计划、中期计划、短期计划的相互关系，阐述了计划编制的准备工作以及编制计划的步骤。丁伯根在这一时期的贡献，还包括国际经济理论，阐述了独立国家之间经济关系的实质。

丁伯根虽然是一个自然科学出身的经济学家，但却充满了人文关怀。在一段时期以内，他曾经周游世界各国演讲、游说，试图促成一个可以缩小富国与穷国之间差距的国际开发政策。这个愿望在他有生之年没有实现。目前，经济全球化出现了逆转，国际社会出现了撕裂，实现这个愿望的前景似乎更加黯淡了。

杨伯根

科学知识与
洞察力在现
实中又能起
适当的作用，
人们不可能离
开直觉而做
出决策。
丁伯根先生云
薛晓源写

琼·罗宾逊

Joan Robinson（英国，1903—1983）

不完全竞争理论的提出者

> 名言：学习经济学的目的，就是不受经济学家的欺骗。

最简单地介绍经济学家罗宾逊夫人，只需要两句话：她是迄今为止所有伟大经济学家中的唯一女性，她是伟大的经济学家中应该获得而没有获得诺贝尔经济学奖的人。

罗宾逊夫人出生于英国一个中产阶级学者家庭。她于1925年毕业于剑桥大学格顿学院，不久与奥斯汀·罗宾逊结婚。在印度逗留一段时间后，罗宾逊夫妇返回剑桥大学。罗宾逊夫人先是任助理讲师，又升任讲师。由于庇古占据了经济学教授职位，早已世界闻名的罗宾逊只能长期充任高级讲师，直到1965年才升任教授，1971年退休。

罗宾逊夫人对经济学最重要的贡献，是她与美国经济学家张伯伦几乎同时提出：现实的市场既不是马歇尔以来经济学家所说的完全竞争市场，亦非只有垄断和自由竞争两极，而是存在一个"中间地带"或"灰色地带"，张伯伦叫"垄断竞争"，罗宾逊夫人称为"不完全竞争"。罗宾逊夫人的不完全竞争经济学分为两大部分："卖方垄断，即卖的原理；买方垄断，即买的原理"。卖方垄断源自于市场不完全性，这种不完全性是由以下因素造成的：运输成本的高低、企业坐落的位置、名牌产品提供的质量保证、不同生产者提供的便利条件，以及广告的影响等。买方垄断主要是由价格歧视造成的。所谓价格歧视，就是企业可以对不同的买者规定不同的价格。买方垄断既可以是个人的行为，也可以是生产者或企业的行为。比如劳动力市场上存在企业的买方垄断，就可以把劳动力价格压低到市场价格以下，此时就需要政府干预，所以她建议实施最低工资制度。这一观点提出后，遭到了西方经济学家的围攻，但现在世界各国大都建立了最低工资制度，足见这个观点的现实影响力。

罗宾逊夫人早年是凯恩斯在剑桥大学的学生，后来在剑桥大学任教期间与凯恩斯长期共事。在20世纪30年代，她是凯恩斯主义的忠实捍卫者和主要普及者，第二次世界大战后继续把凯恩斯的短期分析改为凯恩斯型的经济增长理论。在凯恩斯主义成为经济学主流的过程中，罗宾逊夫人可谓居功至伟。她后来以真正理解凯恩斯主义的经济学家自居，抨击了新古典综合派的资本理论和边际生产力分配论，将新古典综合派看作是冒

琼·罗宾逊

学习经济学的目的,就是要
不受经济学家的
欺骗。英国经济
学家琼·罗宾
逊夫人如是说
辛丑 薛晓源

牌的凯恩斯主义，从而开启了"两个剑桥"的论战。经济学界认为这是一场有损于现代经济学面貌的无谓争论，因为实际上双方的共同点远远大于其分歧。

在罗宾逊夫人学术生涯的后期阶段，她成了传统经济学的批判者。她公开宣称，研究经济学的目的，就是为了防止被经济学家蒙骗。她喜欢问一些尴尬的问题，时常颠覆传统的理论。她认为比较静态分析是毫无意义的，传统经济学的资本理论有致命的缺陷，等等，差不多在所有经济问题上都转向她本人特有的非正统立场。随着年龄的增长，她变得更加离经叛道。从1953年开始，琼·罗宾逊一共来过中国7次，并于1969年出版了《中国的文化大革命》(The Cultural Revolution in China)，表达了她对中国"文化大革命"的印象和体会；1972年出版了《中国经济管理》(Economic Management in China)，对中国的计划经济赞美有加。两本书中都表现了其作为左派思想家在政治上的极端轻信。她的这些观点，使她的朋友和论敌都感到迷惑不解。

罗宾逊夫人是1975年诺贝尔经济学奖的大热门，那一年又是国际妇女年，可谓天时地利人和都已具备，业内人士对她一致看好。诺贝尔经济学奖宣布前，伦敦一个俱乐部聚集了不少人，准备为她庆祝。美国《商业周刊》(Business Week)则提前刊出了她的小传。然而，瑞典皇家科学院却把那一年的诺贝尔经济学奖颁给了俄国人康托罗维奇和美国人库普曼斯。事后经济学界议论纷纷，指斥林德伯格把持的评奖委员会有失公正。1983年罗宾逊夫人逝世时，连她的论敌萨缪尔森都为她鸣不平。人们对评奖内幕有各种猜想，有的说是诺奖评奖委员会对女性的歧视，有的说是对罗宾逊夫人否认瑞典学派先于凯恩斯建立了宏观经济学的报复，有的说是因为对罗宾逊夫人左派观点的排斥。至今，这仍然是一个悬而未解的公案。

奥斯卡·兰格

Oskar Lange（波兰，1904—1965）

因提出"计算机社会主义"而闻名

> 名言：社会主义的实际危险是经济生活的官僚化。

奥斯卡·兰格作为经济学家有重要理论贡献，作为外交家和政治家也有辉煌成就，人生可谓精彩、刺激。

兰格出生于波兰的托马舒夫。他在克拉科夫大学学习法学，先后获得硕士学位和博士学位。后在伦敦经济学院短暂学习后，他回到克拉科夫大学任讲师。1934年，他获得洛克菲勒基金赞助，先去英国，后转往美国，在密歇根大学、芝加哥大学任教。1943年，兰格获得美国国籍。第二次世界大战结束后，兰格放弃了美国国籍。1945年新成立的波兰共产党政府任命他为驻美国大使，翌年任命他为驻联合国的波兰代表。1949年由于国内政局变动，被召回国内，在一个不出名的大学任职。1955年，波兰政局再度发生变化，他迅速升任华沙大学统计学教授并一度任波兰国家经济委员会主席。兰格去世后，波兰政府为他举行了国葬。

兰格的经济学学术生涯明显分为两个阶段：第二次世界大战前在美国的阶段和战后在波兰的阶段。

在他学术生涯的美国阶段，虽然也发表过几篇重要的关于社会主义经济的论文，但主要是从事纯经济理论研究，在主流经济学的范围内做出了重要贡献。比如，他研究了效用函数的决定因素、利率与生产理论的关系、效率与最优消费倾向、储蓄与投资、福利经济学的基础、经济均衡的稳定性、计量经济学、投入产出分析，等等。在美国期间取得的学术成就，已经使兰格成为世界级的经济学家。据说兰格的理论曾引起当时苏联领导人斯大林的重视，请求罗斯福总统特许兰格访苏，共同商谈社会主义建设议题。

使兰格赢得世界声誉并流传后世的，是他在波兰期间关于社会主义经济的研究，以及与奥地利学派关于社会主义计划经济的大论战。可能由于既在资本主义国家生活过，也在社会主义国家生活过的经历，促使他认为市场机制发挥作用与生产资料所有制没有关系，完全可以建立一种市场机制与公有制、计划经济相结合的市场社会主义。兰格认为，市场机制确实有效，但又坚持社会主义的根本原则，即生产资料的公有制和中央计划经济。他试图把计划与市场两个不兼容的概念结合起来，主张在整体和宏观经济层次上，实行计划经济；在产业、厂商和家庭等微观层次上，走市场经济道路，发挥市场机制的作用。这样既可以发挥市场机制的效率优势，又可以避免资本主义的分配不均。兰格相信这是可以做到的，只要中央计划机构能善用市场机制，企业等微观主体能够努力实现成本最小化和效率最大化。

兰格对中央计划经济充满信心，认为只要计划机构掌握了充分的信息，特别是利用计算机技术建立正确的模型，有效地收集和处理信息，就能够通过制定和实施计划，实现供求平衡，保证经济增长顺利进行。由于奥地利学派的理论本身就为计划经济留下了"后门"，在20世纪30年代东西方经济大论战中，兰格的观点明显占了上风，导致哈耶克因此一度从经济学界消失。

需要指出的是，兰格关于市场机制发挥作用与所有制无关的观点，使得马克思主义经济学与资产阶级经济学可以结合起来，受到了当时西方国家经济学家的欢迎。在以后社会主义国家包括我国推进经济体制改革时，也从兰格的这个观点中得到了启发并成为深化改革的理论依据。比如邓小平同志就曾指出：计划经济不等于社会主义，资本主义也有计划；市场经济不等于资本主义，社会主义也有市场，计划和市场都是经济手段。

这再一次证明，生活是灰色的，而理论之树常青。

兰格

社会主义的实际危险是经济生活的官僚化。奥斯卡·兰格语 晓源写

约翰·希克斯

John Hicks（英国，1904—1989）

一般均衡模式的创建者

> 名言：价值判断是福利评价无法回避的因素。

经济学说史家马克·布劳格在评价希克斯时，说他是20世纪六位最伟大的经济学家之一（未指明其他五位的名字）。的确，约翰·希克斯是一位学识渊博的杰出经济学家。即使在其他方面什么也没做，凭借在价值理论和福利经济学方面的贡献，已足以使他成为一位伟大的经济学家。

希克斯出生于英国沃里克。1925年毕业于牛津大学，毕业后执教于伦敦经济学院。1935年离开伦敦经济学院去曼彻斯特大学，在该校任教授直到1946年。此后，他又转到牛津大学纳菲尔德学院，先任研究员，后任教授。1952年至1965年退休时，任德拉蒙德政治经济学讲座教授和万灵学院研究员。希克斯曾任皇家利润与所得税委员会委员，1942年成为英国社会科学院院士，1964年被封为爵士，1972年获得诺贝尔经济学奖（与肯尼斯·阿罗共享）。

希克斯一生研究的领域十分宽广，举凡工资、货币、经济增长和周期、价值和价格、宏观和微观经济、经济思想史、福利经济学都有涉及，甚至进入了通常为哲学家和统计学家所保留的领地，出版的著作都成为名著被广泛阅读。但是，希克斯广为人知的是以下几个方面的突出贡献。

使希克斯名声大噪的是一篇关于凯恩斯理论的解释性文章。凯恩斯的《就业、利息和货币通论》是一部令人迷惑不解的著作，许多人读这本书而不知所云，不能把握它的中心意思。希克斯的文章忠实地再造了凯恩斯的各种理论细节，只是运用了一个两部门模型来建立一种理论框架，它体现为一个简单的IS-LM图形，成为人们学习凯恩斯经济理论的入门指南，这个图形后来成为宏观经济学教材中的经典图形。由于希克斯表述论点的独特方法比凯恩斯的方法更优越，满足了人们既能理解凯恩斯理论精髓，但又更易于接受的要求，在凯恩斯主义的传播中发挥了极其重要的作用，以至于人们把他对凯恩斯理论的注释也认为是一种创造。

希克斯的价值理论集中呈现在他最著名的《价值与资本》（*Value and Capital*）一书

希克斯

價值判斷是福利評價無法回避的因素。約翰•希克斯先生如是說
壬寅之春薛必源寫

中。在书中，希克斯借鉴了马歇尔—凯恩斯短期分析传统和维克塞尔—瓦尔拉斯长期均衡传统，创立了动态经济学。他在动态经济学中的关键思想是暂时均衡概念，由此产生了预期弹性概念，成为后来宏观经济学中至关重要的概念。这部名著教会整整一代经济学家学会运用无差异曲线和一般均衡理论。

希克斯的福利经济学主要讨论了四个方面的内容，即福利经济学的基础、社会收入的估价、消费者剩余的定义和计量、资本的计量。希克斯对流行的帕累托改进提出了疑问，认为实际的情况往往是，一种改革总是会使一个人或一个集团的利益遭到损失，很难出现任何人利益不受损失情况下一部分人的利益得到增加。因此，希克斯提出了"补偿检验"的建议：一种改革，如果其受益者的福利能够在补偿损失者以后仍然有改善，它将被认为是一种改进。

希克斯一生出版了 20 部著作和三大卷的经济论文集，可谓著作等身。他于 1989 年去世，但是 1989 年还出版了一部著作。这说明，大经济学家与大指挥家一样，似乎可以持续工作到七八十岁。

薛暮桥

（中国，1904—2005）

中国市场导向改革的理论拓荒者

> 名言：纯而又纯的社会主义，就是空想社会主义。

薛暮桥是当代中国杰出的经济学家和经济工作领导人。在中国，经济学再也没有可能发挥薛暮桥那个时代那样重要的作用，经济学家也不可能再达到薛暮桥那一代经济学家所达到的地位。因为那个时代迫切需要经济学家，也因为那个时代的经济学家愿意为中国经济改革和发展服务。

薛暮桥出生于江苏无锡一个破落地主家庭里。15岁时迫于生计而辍学，到杭州铁路车站当实习生。1927年加入中国共产党，旋而被捕入狱3年，在狱中学习了世界语、世界通史并系统学习了马克思主义经济学。出狱后不久，进入中央研究院社会科学研究所，从事中国农村调查工作，主编《中国农村》杂志，并与钱俊瑞、孙冶方等创办了新知书店。全面抗战爆发后，薛暮桥参加了新四军，担任军部教导总队训练处副处长、华中抗大五分校训练处长。1943年进入山东解放区，任中共山东分局政策研究室主任、省工商局长、省政府秘书长兼实业局长，实际主持了山东解放区的经济工作。中华人民共和国成立后，先后任政务院财经委员会秘书长兼私营经济局局长，国家统计局局长，国家计委副主任，全国物价委员会主任等职。1955年当选中国科学院哲学社会科学部学部委员。"文革"期间被下放"五七干校"劳动改造。"文革"结束后，任国家计委顾问兼经济研究所所长、国务院经济研究中心总干事。2005年去世，享年101岁。

从1932年写出第一篇农村调查报告起，薛暮桥从事经济研究60年，笔耕不辍，留下了丰富的经济学术遗产。2011年出版的《薛暮桥文集》共20卷，选入文章530余篇，著作15部，共计500万字。

薛暮桥学术生涯集中研究的是两个问题：一是如何使中国经济稳定发展，二是如何建立一个具有活力的经济体制。

关于经济发展，薛暮桥一贯主张保持宏观经济稳定，实现经济均衡发展。"文革"结束后不久，追求高指标、高速度的苗头再次出现，薛暮桥根据前17年中国经济大起大落的痛苦教训，致信当时主管经济工作的中央领导，要求制止这种现象。他认为当时国民经济比例失调已经十分严重，必须采取措施调整，使积累与消费的比例恢复大体平衡。薛暮桥认为当时出现了国民收入超分配问题，建议通过各种政策手段控制财政赤字和货币发行，压缩总需求，实现经济再平衡。薛暮桥的这些建议，开始受到了抵制和批评。后来中央明确提出了进一步调整国民经济的方针，要求改变投资过热、经济结构扭曲现象，对他的批评和抵制才停止下来。

20世纪80年代到90年代，薛暮桥是市场化改革的倡导者，并一直站在市场化改革的前列。

对20世纪50年代社会主义改造的反思，充分体现了薛暮桥的理论勇气和自我批判精神。他是社会主义改造的执行者，并受中宣部委托，撰写了《中国国民经济的社会主义改造》一书，被看作社会主义改造经验的权威解释。经过"文革"后的反思，他断然否定了原来的观点，认为在经济十分落后的中国，应该有一个较长的新民主主义时期，不宜急急忙忙地消灭个体经济和私营企业。可能与这种反思有关，改革初期他就对发展私营经济持支持态度。在理论上，他不赞成"劳动力社会所有"的提法，提出"劳动力个人所有"的概念。指出在社会主义社会，"劳动者仍然把劳动当作自己谋生的手段"。针对当时大批上山下乡知青返城，城镇就业形势严峻的情况，他提出要广开就业门路，改变公有制一统天下的局面，不要盲目追求纯而又纯的公有制。他的建议得到了中央的肯定，并转化为国家的经济政策，为多种所有制发展打开了大门。

关于中国经济体制应当采取什么模式，50年代就有人提出"计划经济为主，市场调节为辅"。1982年党的十二大以后，更是成为主流的方针和认识。但是，薛暮桥认为，虽然"计划经济为主，市场调节为辅"比单一计划经济是一个进步，但是较之商品经济制度，却有太大的局限性，并反复陈述自己关于改革目标应该是建立商品经济的主张。他的这种理论观点受到了严厉批评，并被迫做出检讨。后来中央关于经济体制改革的决定证明，他的观点是对的。

20世纪90年代初，薛暮桥通过在会议上的发言和上书中央领导，批评经济体制改革停顿的倾向，建议把工作重点放在深化改革来解决结构和效率问题上。他强调，东欧国家挫折的主要原因不是推行了改革，而是未做彻底的改革，只对原有体制修修补补或零打碎敲，结果把矛盾积累起来并引起最终爆发。他要求利用当时宏观经济比较均衡的大好时机，重整旗鼓，推行综合改革，放开价格，让企业公平竞争，等等。

有人说，薛暮桥是"入世的哲人"。由于选择了这条路径，他作为学者达到的政治高位和作为官员产生的学术影响、赢得的学术声誉均无人能及。然而，如果了解薛暮桥因为提出"不合时宜"的经济理论观点而多次被逼检讨、遭受批判，就会明白与其说这是

薛暮桥先生

纵而又纯而社会主义
就是空想社会主义。
中国市场导向改革
的理论拓荒者薛暮桥
先生如是说
壬寅 薛晓源敬写

一条"终南捷径",不如说是一条"布满荆棘之路"。选择做薛暮桥那样的人,是需要极大勇气、担当和牺牲精神的。所以,现在不少经济学者选择退回书斋,专心研究"黑板上的经济学"。这样固然安全,但是这样的经济学不过是经济学家圈内的智力游戏,与经济生活和他人就没有多少关系了。

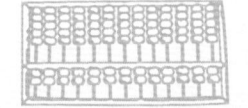

瓦西里·里昂惕夫

Wassily Leontief（美国，1906—1999）

投入产出理论的创立者

> 名言：经济学家必须把手弄脏。他们必须直接利用原始的数据材料进行工作。

里昂惕夫毕生致力于发展和完善投入产出分析法这样一种经济学的技术手段。他在年轻时构想出这个方法，并把它从俄国带到美国，又从美国传播到全世界，开辟了经济学研究的新天地。

里昂惕夫出生于俄国的圣彼得堡。他父亲是圣彼得堡大学的劳动经济学教授。15岁时，他入圣彼得堡大学专修社会学，4年后获社会学硕士学位并留校任助教。由于受父亲的影响，他在大学工作期间对经济学产生了兴趣。1927年，他离开苏联去德国，在柏林大学博士研究生班继续深造，一年后获经济学博士学位。1928年，里昂惕夫去德国基尔大学世界经济研究所工作，后来到南京担任中国政府的经济顾问。1931年他移居美国，在国家经济研究局任研究人员，次年转入哈佛大学，先任助教，后升任为教授，一直到1975年退休，退休后转入纽约大学任经济学终身教授。因为他在研究投入产出分析方面取得的成就，1968年获法国荣誉勋位勋章，1970年当选美国经济学会会长，1973年获得诺贝尔经济学奖。

从20世纪20年代末他在德国读博士开始，里昂惕夫发表了许多论文和出版了一系列著作，不断发展和完善投入产出分析方法，并应用这种方法分析研究某些行业和一个国家的投入产出问题。1941年他编制出了美国的投入产出表，1945年计算了美国转入和平时期生产的资源成本，以后又计算了一个国家各地区间的贸易流量，分析了一国各个产业产生的污染物，说明进出口商品的相对要素密集度，等等。

在投入产出分析中，国民经济分为各种产业或部门，各产业或部门商品和劳务的流量被系统地记录在投入产出表的横行和纵列上，以表示它们的相互关系。这些相互关系告诉我们，需要某一产业的哪些投入以便生产另一类产业的产出，而这种产出又成为其他产业的投入。投入产出分析可以用来研究现实经济问题，准确预测经济运行的结果，为国民经济核算和经济决策提供依据，因此得到了广泛应用。从20世纪40年代开始，美国每年都编制投入产出表。到20世纪70年代，世界上已有80多个国家编制了投入产出表。

里昂惕夫在运用投入产出方法研究美国对外贸易时，发现美国的出口商品主要是劳动密集型，而美国进口的产品主要是资本密集型，这同现代国际贸易理论中的"赫克歇尔—俄林定理"是矛盾的。根据"赫克歇尔—俄林定理"，像美国这种资本比劳动力充裕的国家，势必会出口资本对劳动比率高的商品，进口资本对劳动比率低的产品。这个发现被称为"里昂惕夫悖论"，引起经济学界的研究和讨论，产生了大量理论性和经验性的研究成果。

里昂惕夫毕生主张经济学家要亲自动手处理原始资料，并批评现代经济学家大多不注重搜集和整理统计资料，过多注重用数学表示的假设性模型，因而一些研究成果很不实际和不以经验为根据。在就任美国经济学会会长的就职演说中，他提出了严厉指责：当代经济学大多贫乏而无效。

里昂惕夫

經濟學家必須
把手弄髒。
他們必須直接
利用原始的
數據材料
進行工作。
瓦西里·里昂惕
夫如是說
薛曉源寫

詹姆斯·米德

James Meade（英国，1907—1995）

国际经济学的重要代表人物

> 名言：从事经济研究，是为了使世界成为普通男女过好日子的地方。

在米德与希克斯那个时代，英国的经济学家似乎都是多产作家。米德因为对国际经济学的贡献而获得1977年的诺贝尔经济学奖（与贝蒂·俄林分享），但他的研究范围却横贯了整个经济学科。

米德出生于英格兰萨默塞特郡的巴斯城。中学毕业后，他进入牛津大学的莫尔文学院和奥里尔学院学习文学。直至大学二年级，米德学习的几乎完全是古典文学。当时的大规模失业以及随之而来的大规模贫困震惊了米德，促使他在大学的后两年从古典文学转向了经济学。大学毕业后，米德即被选为牛津大学赫特福德学院研究员和经济学讲师。但是，米德没有马上到牛津大学工作，而是被派往剑桥大学学习一年，然后回到牛津大学执教。1938年，米德离开大学到日内瓦的国际联盟总部任职，1940年返回英国，出任英国内阁办公厅经济处处长。1947年，米德重新回归学院生活，到伦敦经济学院任教。1958年，他到剑桥大学任政治经济学教授，留在该校10余年。1944年米德随凯恩斯参加了布雷顿森林会议，1947年参加了日内瓦会议，这个会议产生了关税及贸易总协定，实际上他是战后世界货币和贸易体制的建筑师之一。1962年当选美国经济学会荣誉会员，1964—1966年当选英国皇家经济学会会长。

1930年到1931年的一年多时间里，米德在剑桥大学学习期间，成为凯恩斯学术圈子的成员，经常与凯恩斯讨论有关经济问题，在凯恩斯《就业、利息和货币通论》出版前已经了解了他的主要思想。因此，回到牛津大学后，米德编写的教材《经济分析和政策导论》（An Introduction to Economic Analysis and Policy），十分清晰地阐述了凯恩斯的主要思想，于1936年出版，只比凯恩斯的书晚几个月。这部教材对当时的年轻学子了解凯恩斯主义帮助很大，对凯恩斯经济理论的传播起到了重要作用。也因此，人们认为米德是英国凯恩斯学派的重要人物。到20世纪50年代，在"两个剑桥"开展论战时，米德出版了著作试图解决争端，但未获成功。

米德的主要贡献是国际经济学领域。他提出了一国的双重政策目标，即国内经济平

詹姆斯·米德

从事经济研究，
是为了使世界
成为普通男女
过好日子的地方。
詹姆斯·米德语
辛丑季薛晓源

衡和对外收支平衡，并分析了实现双重目标的政策手段。所谓国内经济平衡是指充分就业，外部平衡是指支付平衡。要使内部和外部达到平衡，必须同时运用收入调整手段和价格调整手段。假如只运用一种手段，在目标之间就会产生冲突，导致两难的境地。

米德对经济学的贡献还在于福利经济学的研究。他的福利经济学包括了最优人口和最优储蓄的含义，并且论述了这两个概念的关系。他提出了"次优理论"，后来被理查德·利普西等加以发展。所谓"次优理论"是指，那种相信人们不能满足所有条件而至多只能尽可能满足的想法，是完全错误的。这样做的结果，只能减少福利，而不能增加福利。米德的次优理论对于国际贸易的意义在于说明，如果在经济的其他方面已经发生扭曲的话，向自由贸易移动不一定能改善福利。米德还开创了福利经济学的新方法，把福利定义为个人福利的适当加权。

米德还很重视对国内经济问题的研究。他不断关心收入分配问题，并且深信资本在美国和英国分配太不均等。他分析了工业化国家经济通病产生的原因并提出了对策，认为现代经济已经变得很容易发生通货膨胀，必须实施工资和物价管制，或对工资增长征收营业税，否则任何实现充分就业的办法都行不通。

米德的文风被一些经济学家讥讽为"算术风格"，与现代准确、简明的代数剖析相比，他的著作很难为一般学者所理解。因此，他的经济学理论是首先征服和影响了他周围的同事，再由他们去传播。这样的情况，在经济学说史上还不多见。

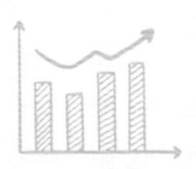

孙冶方

(中国，1908—1983)

价值规律的坚定捍卫者

> 名言：千规律，万规律，价值规律第一条。

孙冶方是中国颇具盛名的马克思主义经济学家，是改革传统经济体制的最早倡导者，也是积极创建社会主义经济学体系的探索者，为几代中国经济学人所敬仰。1983年，经济学家薛暮桥、于光远、许涤新等发起成立了"孙冶方经济科学奖励基金委员会"，1985年"孙冶方经济科学奖"开始设立并评选，两年评选一次。这是中国经济领域的最高奖项。由此可见孙冶方在现当代中国经济学界的地位和影响。

孙冶方，原名薛萼果，又名孙勉之、宋亮等。他出生于江苏无锡，与著名经济学家薛暮桥是叔伯兄弟。孙冶方1923年加入中国社会主义青年团，1924年底转为中共党员。曾被派到莫斯科中山大学学习并担任教学翻译。回国后在上海从事工人运动和左翼文化运动，与陈翰笙等发起成立中国农村研究会并编辑《中国农村》杂志，开始以孙冶方的名字发表关于农村经济的文章。全面抗战爆发后，孙冶方调任江苏省委文化工作委员会书记，后去华中局宣传部和华中局党校工作。1949年后，历任华东军政委员会工业部副部长、上海财政经济学院院长、国家统计局副局长、中国科学院经济研究所所长。"文革"中受到残酷迫害，1968年被捕入狱，度过了7年多的牢狱生活。"文革"结束后担任中国社会科学院顾问、经济研究所名誉所长等职。

孙冶方的经济思想主要有以下几个方面。

"最小最大论"，即用最小的劳动消耗取得最大的有用效果。从20世纪50年代中期以来，孙冶方联系社会主义经济建设中的弊端，反复论述"最小最大"的思想。他在多篇文章中都指出，要用最小的劳动消耗去取得最大的有用效果，这是一切经济问题的秘密。人类生活的好坏，从根本上说取决于劳动效率的高低，要以更少的劳动投入获得更多的有用产品。孙冶方用"最小最大论"总结社会主义建设中的教训，批评在"政治挂帅"名下搞空头政治、高消耗、低效益；用"最小最大论"标准判断社会主义公有制的优越性，批评"自然经济论"和"大锅饭"的体制；用"最小最大论"批评"权力经济"，重新编写中国的经济理论。经济学界公认，"最小最大论"是孙冶方经济思想的重要内容，被称为"孙冶方公式"。

价值理论。孙冶方认为，价值规律是任何社会化大生产都不能取消的自然规律。社会主义经济作为社会化大生产，同样存在价值规律发生作用的经济必然性。因此，孙冶方是价值规律内因论者，反对价值规律外因论，对中央集权计划经济的"自然经济论"和"大锅饭"体制进行了批判。

扩大企业权力理论。孙冶方强调，企业是独立的核算单位，要正确处理国家集中领导与企业独立核算的关系。他在我国最早提出在全民所有制条件下，国家所有权和企业经营权的分离。针对当时的中央集权计划经济，他独创性地提出了划分国家和企业权限的"杠杠"：属于简单再生产范围以内的事，是企业应该自己管的"小权"，国家多加干预，就会管死，束缚企业从事生产经营的积极性和主动性；属于扩大再生产范围内的事，是国家应该抓的"大权"，国家必须严格行使权力，不管或管而不严，就会大乱。按照上述"杠杠"，孙冶方批评了固定资产管理体制，要求把折旧基金原则上全部交给企业，由企业自己去搞挖潜革新和改造。

利润理论。孙冶方认为，利润是考核企业经营好坏的综合指标，抓住了利润指标，就抓住了"牛鼻子"，许多问题就会迎刃而解。价格不合理，就会扭曲利润的作用。孙冶方尖锐地批判了斯大林通过价格"剪刀差"向农民筹集工业化所需资金的超经济强制剥夺。

经济改革主张。孙冶方是我国经济学界对传统经济体制实行改革的最早倡导者。从20世纪50年代中期开始，他以价值规律内因论为基础，以扩大企业经营管理权为突破口，要求正确处理国家与企业的关系，改革高度集中的计划管理体制、物资流通体制、企业固定资产管理体制，以及对物价、统计等方面的相应改革。

中国经济学发展到今天，早已超越了孙冶方的经济观点，并且他的有些观点今天看来是不正确的。比如他只承认产品经济，不承认商品经济；不赞成通过自由市场竞争形成价格，认为价格不是由供求关系决定的，而是由生产价格决定的，生产价格是可以通过计算而被掌握的；不承认企业是商品生产者，不承认人们经济利益的差别，如此等等。这表明了那一代经济学家的历史局限性。尽管这样，孙冶方当时的经济观点仍然被视为"大逆不道"，他从20世纪60年代初期就受到迫害，"文革"中更因此被关押7年多。这说明，中国经济理论取得的进步和发展来之不易，前辈经济学家为此付出了惨重代价。从某种意义上说，后来的中国经济学家是踏着前辈的"尸体"或"血迹"前进的。

作为先行者，孙冶方永远值得中国经济学界怀念和尊重。

孙冶方先生

千规律、万规律、
价值规律第
一条。薛暮桥敬
为孙冶方先生

约翰·加尔布雷思

John Galbraith（美国，1908—2006）

美国新制度学派的领军人物

> 名言：货币要么很多却不可靠，要么可靠但又稀缺。二者必居其一。

介绍加尔布雷思的著作总会提到，他是历史上身材最高的经济学家：身高6英尺9英寸，合2.06米。除了身高独一无二，他在立功、立言方面取得的成就，也使绝大多数经济学家相形见绌。他是哈佛大学教授，是民主党领袖史蒂文森的撰稿人，也是肯尼迪家族的朋友和肯尼迪总统的私人顾问，曾任美国驻印度大使，"美国人争取民主行动组织"主席，1972年被选为美国经济学会会长，担任过印度、巴基斯坦、斯里兰卡等国政府顾问。他是畅销书作家和远东艺术家，一生出版了30多本书，动辄销售量过百万。他是《花花公子》（*Playboy*）和《纽约时报》（*New York Times*）的撰稿人，曾任《财富》（*Fortune*）杂志编辑。

加尔布雷思1908年出生于加拿大安大略省一位苏格兰裔农场主家庭。加尔布雷思年轻时的愿望是成为他父亲那样的农民，但在大学期间对经济学产生了浓厚兴趣。他先是在安大略农学院获学士学位，1932年去美国，在加利福尼亚大学伯克利分校攻读农业经济学研究生课程。获得博士学位后，应聘在哈佛大学任讲师。他一生中除了一段时间在政府担任职务，担任杂志编辑，在普林斯顿大学任过教职，大部分时间在哈佛大学度过。

加尔布雷思主要在"美国三部曲"，即《美国资本主义》（*American Capitalism*）、《丰裕社会》（*The Affluent Society*）、《新工业国》（*The New Industrial State*）中提出了一些重要的经济观点。

在《丰裕社会》中，加尔布雷思描绘了美国社会中的不平衡，即私人部门的丰裕和公共部门的拮据。解决的办法就是通过税收手段将资金从丰裕的私人部门转移到拮据的公共部门。加尔布雷思还认为，在丰裕社会中，消费者越来越受到广告和推销术的影响，而产生一些无关紧要的需求，因而消费者主权实际上已被生产者主权所取代。在这本书中，他还提出了"传统智慧"概念。所谓传统智慧，就是那些每一个人都把它当作真的来接受的观点，可是这些观点从来也没有接受过认真的检验。加尔布雷思认为，新古典经济学就是这类传统智慧，它包含了一些传统的、过时的知识没有得到及时修正，因为

货币要么很多劫不可靠无,要么可靠但又稀缺。二者必居其一。加尔布雷思语

辛丑年薛曰源写

它们逐渐变得神圣不可侵犯无人动过加以修正的念头。

《新工业国》一书出版后引起了最大争议。在该书中，加尔布雷思提出了一个"二元体系"。二元体系论认为，美国社会由"计划体系"和"市场体系"两部分构成。所谓计划体系由1000家大公司组成。在这些公司中，所有权和控制权是分离的，普通的股东对于公司运营并没有实际的控制权，公司的控制权掌握在这些垄断公司的技术和管理人员手中。大公司通过计划手段来控制市场和价格，以降低自己面临的市场风险，价格和产量不再由市场供给和市场需求的力量来决定，从而大企业也控制着由广大中小企业组成的市场体系。由于计划体系占据着统治和支配地位，导致美国这样的社会存在着严重的收入分配不平等、经济发展不平衡、资源配置失调、通货膨胀与失业等问题。要解决这些问题，就需要进行制度改革，运用政府的力量使这两种体系的权力与收入平等化。能够实现这两种体系平等化的社会就是"新社会主义"。

加尔布雷思不是一个严格意义上的理论经济学家。他不使用经济学理论进行思考，也不按照科学的研究规范进行研究，而是运用文学手法进行讽刺、嘲讽和揭露。可以说，他是在进行"写作"，而不是在进行"研究"。因而，加尔布雷思的著作和经济学说，当时和后世都吸引了大量普通读者，却没有引起经济学家的重视。他的批评，对主流经济学也没有多大影响和伤害。

毕竟，经济学讲究以理服人，而不是以情动人。

彼得·德鲁克

Peter Drucker（美国，1909—2005）

现代管理学之父

> 名言：有所成就的人，都从最重要的事情做起，而且一次只做一件事情。

德鲁克是公认的现代管理学之父。但是他个人认为，"写作是我的职业，咨询是我的实验室"。的确，他一生出版著作达30多部，被翻译成30多种文字，传播到130多个国家，影响了数代追求创新以及最佳管理的学者和企业家。

1909年，德鲁克出生于奥匈帝国统治下的维也纳，祖籍荷兰。德鲁克从小生活在富裕和有教养的家庭。他的家族从17世纪起就从事出版业务。父亲是奥匈帝国负责文化事务的官员，曾创办萨尔斯堡音乐节。母亲是该国率先学习医科的女性。德鲁克先后在奥地利和德国接受教育，1929年后在伦敦任新闻记者和国际银行的经济学家，1931年获法兰克福大学法学博士学位，1936年移民美国，曾在一些银行、保险公司和跨国公司任经济学家或管理顾问，并在贝宁顿学院任哲学教授和政治学教授，在纽约大学研究生院担任了20多年的管理学教授。1942年，受聘担任当时世界上最大企业通用汽车公司的顾问，对公司内部的管理结构进行研究。1971年起，一直任教于克莱蒙特大学管理研究院。2002年，乔治·沃克·布什总统宣布德鲁克为当年"总统自由勋章"的获得者，这是美国公民能够获得的最高荣誉。德鲁克于2005年去世，享年96岁。

可以说，现代管理的主要理论和概念都是德鲁克提出来的，他对管理学的贡献是全面、系统的。我们只能选择介绍几个重要概念或理论。

提出了目标管理的概念。目标管理的最大优点，是其使得一位管理者能控制自己的成就。自我控制意味着更强的激励：一种要做得最好而不是敷衍了事的愿望。它意味着更高的目标和更广阔的眼界。目标管理的主要贡献之一就是，它使得我们能用自我控制的管理代替由别人强制的管理。

管理要解决的问题90%以上是共同的。在所有的组织中，都要面对决策，都要花费大量时间与上司和下属沟通，这类问题是管理的主要内容，占需要解决问题的90%以上，而有差异的问题不过10%。只有这10%的问题，需要适应这个组织的特定的使命、特定的文化和特定的语言。

培养经理人的重要性。德鲁克认为,经理人是企业中最昂贵的资源,而且也是折旧最快、最需要经常补充的资源。建立一支管理队伍需要多年的时间和积极投入,而要搞垮它则不费吹灰之力。21 世纪,经理人的人数必将不断增加,培养经理人的投资也将不断增加,对经理人的要求也在不断提高。企业目标能否达到,取决于经理人管理的好坏,也取决于如何管理经理人。

组织的目的是使平凡的人做出不平凡的事情。德鲁克认为,组织不能依赖天才,因为天才稀少如凤毛麟角。考察一个组织是否优秀,要看能否使平常人取得比他们看来能取得的更好的绩效,能否使它的成员的长处都发挥出来,并利用每个人的长处来帮助其他人取得绩效。组织的任务还在于使其成员的缺陷相互抵消。

德鲁克不是一个传统的管理学家。他属于"管理经验学派",他的著作中没有模型和数理推论,不符合所谓科学的"学术规范",因而在学术研究中不属于主流,从来都是一个学院派的"边缘人"。德鲁克也清楚地意识到了这一点。他说:"为了控制学界,美国政府只向那些用数学公式写作的研究人员提供研究资金,自己这类深入实践的学者自然被拒之门外了。"所幸德鲁克活得够久,才给美国政府纠正自己的错误提供了机会。他获得"总统自由勋章"时,已经是 93 岁高龄了。

德鲁克

有所成就的人，都懂得最重要的事情做起，而且一次只做一件事情。德鲁克先生如是说

薛晓源

罗纳德·科斯

Ronald Coase（英国，1910—2013）

新制度经济学的鼻祖

> 名言：模糊的理论永远不能被证明有错。

仅凭一篇论文就能产生一门经济学分支的事例已属罕见，产生两个经济学分支更不待说。罗纳德·科斯却做到了。由于他的《社会成本问题》（The Problem of Social Cost）一文的发表，导致了产权经济学和法律经济学两个经济学分支的诞生。

科斯出生于英国伦敦的威尔斯登。1929年入伦敦经济学院读商科，毕业后一度在伦敦经济学院任教，后转往苏格兰的邓迪学院任教。第二次世界大战时，他先后进入森林委员会、中央统计局、战时内阁办公室等机构工作。1946年，科斯回到伦敦经济学院任教。1951年，他获得伦敦经济学院的博士学位，同年移居美国，先在布法罗大学任教7年，后进入了弗吉尼亚大学经济学系。1964年开始，科斯任芝加哥大学教授和《法与经济学》（Journal of Law and Economics）杂志主编，直至退休。

科斯颠覆了斯密以来经济学关于制度对经济绩效没有影响，或制度可以无成本运行的假定，因而也颠覆了制度研究是不重要的，是无需专门研究的观点，强调要重视研究制度演化的规律和动因及其对经济绩效的影响，弥补了经济学的理论缺陷，增强了经济学的解释力。科斯在诺贝尔经济学奖获奖演讲中说，斯密以来的经济学家主要致力于模型化那只"看不见的手"，经济学家研究的是心目中的东西，而不是现实中的体系，因而不过是"黑板上的经济学"。

科斯的名望主要建立在两篇论文的基础上。

1937年，科斯刚刚27岁的时候，发表了题为《企业的性质》（The Nature of the Firm）的论文。文中提出了一个看似十分天真的问题：企业为什么会存在？这个问题还可以这样提问：市场为什么不可以完全替代企业？科斯的论证过程简单说来就是，购买生产资料和雇佣工人需要订立合同，运用生产要素生产商品和劳务需要价格信息，这些都会产生费用，即产生交易成本。当交易成本达到一定水平时，就值得用一种叫作企业的组织，按照等级原则实行集中管理来代替市场机制。不仅如此，企业内部协调管理的费用将随着企业规模的扩大而增加，因此企业的规模是有限度的，不能无限扩大。这就

罗纳德·科斯

模糊的理论永远不能被证明有错，新制度经济学的真祖罗纳德·科斯先生如是说

壬寅之春 薛晓源欣写

从经济上解释了企业存在的理由，以及企业规模的决定问题。

1960年，科斯发表了《社会成本问题》，提出了后来被载入经济学文献的"科斯定理"。科斯定理的主要内容如下：在交易费用为零的情况下，不管权利如何分配，当事人之间的谈判都会导致资源的最优化。在交易费用不为零时，不同的权利界定和分配，则会带来不同效益的资源配置。因此，产权制度的设置是优化资源配置的基础。科斯定理表明，市场的真谛不是价格，而是产权安排，制度无疑是最重要的。

1991年，科斯获得了当年的诺贝尔经济学奖，距离他第一篇论文发表已经过去了50多年。这件事彻底证明：一个人即使发表文章很少，而且从来也没有写出一条数理方程式，仍然可以成为伟大的经济学家。瑞典皇家科学院的这一选择，对不善于数学表达的经济学家无疑是极大的鼓舞，而那些醉心于数学运用的经济学家则不免愤愤不平。

科斯早年曾预言，用不了多久，大家都会成为新制度经济学家。事实上，从20世纪70—80年代以来，新制度经济学不断产生新的分支，一个又一个新制度经济学派经济学家获得了诺贝尔经济学奖，风头盖过了新古典经济学和芝加哥学派。

一个人以一己之力改变历史的剧情，再一次上演。

米尔顿·弗里德曼

Milton Friedman（美国，1912—2006）

芝加哥学派和美国新自由主义的领军人物

> 名言：世上没有免费的午餐。

弗里德曼被称为经济学界的"小巨人"。这是说他虽然身材矮小（有人说他身高不足 1.6 米，也有人说不足 1.5 米），却是经济思想的巨人。他是货币学派的代表人物，高举自由主义经济学的旗帜，挽狂澜于既倒，使货币理论和自由竞争理论重振旗鼓，赢得足以与凯恩斯主义相抗衡的地位；他在《新闻周刊》（*Newsweek*）的专栏定期发表文章，在电视上有他的系列纪录片，成为经济学家中家喻户晓的人物；他还是经济学界最伟大的无懈可击的辩论家。

弗里德曼出生于美国纽约市布鲁克林一个匈牙利贫苦犹太移民的家庭。他在拉格斯大学获得学士学位，在芝加哥大学获得硕士学位，在哥伦比亚大学获得博士学位。第二次世界大战前，他在哥伦比亚大学逗留了很长时间，曾在战时财政部课税研究处工作，以及在威斯康星大学和明尼苏达大学短期任教。1948 年，弗里德曼入芝加哥大学，留在该校任教直到 1979 年退休。之后，他又在斯坦福大学胡佛研究所任高级研究员。1951 年，弗里德曼获得美国经济学会颁发的约翰·贝茨·克拉克奖，1976 年获得诺贝尔经济学奖。1967 年，他当选美国经济学会会长，1970—1972 年担任蒙佩勒兰学会会长。1968 年担任尼克松政府的经济顾问，1988 年担任里根政府的经济顾问。

弗里德曼整个经济学研究生涯其实只做了一件事，就是反对凯恩斯主义的政府干预理论和政策，努力恢复自由竞争和市场机制在经济生活中的作用与地位，从而为自由主义经济理论张目。比如，他关于消费需求取决于人们的长期收入，而不是由短期收入来决定，无非是要说明，凯恩斯主义刺激消费的短期政策，不能对消费需求产生真正的影响，从而这种宏观经济政策是无效的。

他的现代货币数量论更是服从于这个目标。弗里德曼认为，货币的流通速度是相对稳定的，通货膨胀本质上是一种货币现象。货币政策短期内可以能够影响实际经济活动，长期内仅能影响价格水平以及用货币表示的变量，如名义收入，而无法改变实际的经济变量。所以，短期内增加货币供给刺激经济有一定效果，长期内增加货币供给，不会产生明显的效果。为了保证经济稳定增长，实现充分就业，遏止通货膨胀，只需要关住货币供给的"水龙头"，即根据经济实际增长率，保持稳定的货币增长率，比如根据经济发展速度定在年增长3%。为了说明保持货币供给稳定的重要性，弗里德曼通过对美国货币史的研究，发现美国历史上几次经济大萧条，都是由于政府错误的货币操作造成的。比如，20世纪30年代，美国中央银行因为投放过少的货币制造了20世纪最糟糕的萧条。1929—1933年，美国货币供应量减少了三分之一。弗里德曼甚至指出，由于只需要保持一个稳定的流通中货币的增长率，就可以靠市场机制实现经济有效运行，因而根本不需要一个中央货币当局，完全可以用机器人来替代中央银行，因为机器人也可以根据需要的稳定速度增加供给。

弗里德曼还提出了"自然就业率"的概念，即就业水平取决于所有企业的生产能力。想要刺激经济增长超过这个范围是毫无意义的，唯一的结果就是引发更严重的通货膨胀。

弗里德曼一生来过中国三次，接受过中国最高领导人的接见。他对中国经济改革和经济发展的建议，曾经引起了决策者的重视，产生了重要的影响。

由于20世纪70年代以来发达国家出现了经济滞胀问题，凯恩斯主义对此无能为力，更由于弗里德曼经济学理论的雄辩与深刻，使他所代表的新自由主义经济学在学术领域似乎压倒了凯恩斯主义经济学。然而，决定美国等国政府经济政策的还是凯恩斯学派经济学家。这可能是由政府的根本性质决定的——政府天生就有扩大对经济生活干预的倾向，不会欣赏整天喊着要减少政府干预的经济学家。还要指出的是，一定时期内一些国家的政府采取货币主义经济政策主张，产生的效果并不理想，引起了人们对这种经济学说和政策主张的怀疑。20世纪80年代，英国撒切尔政府采取了货币主义政策，虽然抑制住了通货膨胀，但却使原本就已发生的经济衰退雪上加霜。1981年，364名经济学家联名在《泰晤士报》(*The Times*)发文，批评英国政府的经济政策。南美国家如阿根廷等听从了货币主义学派的建议，实行了经济自由化改革，也使这些国家陷入了困境，影响了货币学派的名声。

所以，断言货币学派已经战胜了凯恩斯学派，弗里德曼打败了凯恩斯，可能还为时过早。

弗里德曼

美國經濟學家弗里德曼云：世上沒有免費的午餐。辛丑薛曉源寫

威廉·菲利普斯

William Phillips（新西兰，1914—1975）

因提出"菲利普斯曲线"留下不朽之名

> 名言：我在做理论思辨之前必得先做计量分析。

威廉·菲利普斯以一篇论文就获取了经济学中的不朽之名，这在经济学说史上可说是一个孤例。

菲利普斯1914年出生于新西兰特雷宏加的一个农民家庭，在新西兰接受中学教育。16岁时，因为生活所迫，在澳大利亚的一个金矿工作，晚上自学电机工程。1937年到了英国，在伦敦电力局找到了一份工作，并加入了英国电机工程师协会。第二次世界大战爆发后，他参加了军队，远赴太平洋战场作战时被日军俘虏。战争结束后，已经32岁的菲利普斯才入伦敦经济学院攻读社会学，在课堂上开始接触到经济学并被深深吸引。菲利普斯和同事用着色水流建立起了力学的凯恩斯式经济模型，并卖给了不少机构和大学。当时的伦敦经济学院经济系主任罗宾斯很欣赏他，帮他在该校谋到了一个教职。1952年，菲利普斯38岁时获得了伦敦经济学院的博士学位，后被提升为统计学教授。菲利普斯1958年发表了使他成名的论文《1861—1957年联合王国失业水平与货币工资的变动率之间的关系》(*The Relation between Unemployment and the Rate of Change of Money Wage Rates in the United Kingdom 1861—1957*)，产生了"菲利普斯曲线"。在此后的十几年中，菲利普斯仅发表了寥寥数篇关于最优控制理论的论文。可能是因为菲利普斯这方面的研究对于经济学界来说过于超前了，在学术界没有引起什么反响。1967年，郁郁寡欢的菲利普斯回到澳大利亚，在澳大利亚国立大学任经济学教授，将研究方向转向了对中国经济问题的研究，并在他的努力下，该校建立了中国经济研究中心。1970年，他严重中风，回到了祖国新西兰，仍然抽出时间授课。1975年，菲利普斯去世，终年61岁。与为数众多活到90多岁的经济学家相比，他可说是英年早逝。

在他那篇著名的论文中，菲利普斯通过对英国96年统计资料的分析，得出了失业率和通货膨胀之间存在一种负相关关系：如果要降低失业率，就要保持较高的通货膨胀率，反之则否。因此，政府可以做出两种选择，或者选择较少失业和较高的通货膨胀率，或者选择较低的通货膨胀率和较高的失业率，但不可能做出失业率和通货膨胀率同时降低

菲利普斯

我在做理論思辨之前必須先做計量分析。
新西蘭經濟學家威廉·菲利普斯語。
辛丑孟夏薛曉源寫

的选择。菲利普斯把他的这一发现画成了一条曲线来表示，是为"菲利普斯曲线"。

其实，菲利普斯的理论是经过了利普西的阐述而变得清晰起来。1960年美国经济学家萨缪尔森和索洛发表了《反通货膨胀政策的分析要点》(*Analytical Aspects of Anti-Inflation Policy*)，推广了菲利普斯曲线的思想，才使这一发现广为人知。到了20世纪60年代中期，许多国家已估算出菲利普斯曲线，使这一概念成为宏观经济学的重要组成部分。此后，许多经济学家对菲利普斯曲线进行了验证，发现这一曲线只在短期内才存在，而在长期则不存在，菲利普斯的理论变得越来越不被重视。

阿瑟·刘易斯

Arthur Lewis（原英属西印度群岛圣卢西亚，1915—1991）

"二元经济结构"理论的创立者

> 名言：国际贸易是经济增长的润滑油，而不是燃料。

狭义的发展经济学，是研究发展中国家经济发展问题的经济学分支。阿瑟·刘易斯的《经济增长理论》(*The Theory of Economic Growth*)，是第二次世界大战后最早探索第三世界国家发展问题的著作之一。由于对发展经济学的贡献，他获得了1979年诺贝尔经济学奖（与舒尔茨共享）。

刘易斯出生于原英属西印度群岛的圣卢西亚（1979年2月22日宣布独立）。在圣卢西亚中学毕业后，他1934年入伦敦经济学院学习，毕业后开始在该校任教，一直到1948年，其间战时曾在贸易部和殖民部为英国政府服务。20世纪40年代，他先后获曼彻斯特大学硕士学位和伦敦大学博士学位。1948—1958年，刘易斯任曼彻斯特大学经济学教授，度过了学术生涯成就辉煌的时期。1958年，他离开曼彻斯特大学，出任西印度学院院长，1962年西印度学院扩大为西印度大学，出任第一任副校长。1963年他被英国政府封为爵士，后赴美国任普林斯顿大学教授。1970年，他离开普林斯顿大学，任加勒比海开发银行行长。1973年又返回普林斯顿大学，任经济学教授直到退休，1991年在普林斯顿去世。刘易斯还是一位出色的社会活动家，曾任联合国不发达国家问题专家组成员，加纳等国家政府经济顾问，加纳大学名誉校长，以色列魏茨曼研究院名誉研究员，先后获得美国、欧洲、非洲20多所大学名誉学位，1982年当选美国经济学会会长。

刘易斯是"二元经济结构"理论的创立者，以后大量关于二元经济结构的研究论文和著作都是以刘易斯的理论为基础的。这个理论认为，在不发达国家存在着二元经济结构，即国民经济分为两个不同性质的部门。一个是仅足糊口、只能维持最低生活水平、以土著方法进行生产的农业部门。在农业部门中，存在着只有极低的、低到零甚至负的生产率的过剩劳动力。另一个是以现代化方法进行生产的城市工业部门，这个部门中的劳动生产率远远高于农业部门。由于农业部门中劳动生产率极低，在农村存在着大量隐性失业。把这部分劳动力去除后，总产量并不会减少，甚至还略有增加。实际上，这部分劳动力对农业生产只起着很小的作用，甚至不起作用。工业部门的劳动生产率高于农业部门，因而工资水平也远远高于农业部门，这个工资差额吸引了农业部门劳动力向工业部门的转移。在工业化发展初期，来自农业部门的劳动力供给是无限的，而且只要城市工业部门的劳动生产率和工资水平高于农业部门，这个转移过程就将继续下去，直到农业部门的过剩劳动力被吸尽为止。这时，农业劳动力的收入将不是仅足糊口而逐步上升，工农业将得到均衡发展，国民经济结构将逐步转变。

从 20 世纪 60 年代末期开始，刘易斯转入了对比较经济史和经济史的研究，出版了大量著作。

在刘易斯"二元经济结构"理论的影响下，一个时期内发展中国家大都采取了重视发展工业化和进口替代政策，促进了这些国家工业化发展和经济发展水平提高。与此同时，也出现了忽视农业发展，导致工农业发展严重不平衡，有的国家不仅工业化没有实现，甚至连吃饭都成了问题。

阿瑟·刘易斯

国际贸易是
经济增长而
润滑油而不是
燃料。
二元经济结构理
论创立者阿瑟·刘
易斯如是说
辛丑年薛兆源

保罗·萨缪尔森

Paul Samuelson（美国，1915—2009）

新古典综合派的代表人物

> 名言：当欲望无限大时，幸福就会无限缩小。

经济学说史权威、英国经济学家马克·布劳格这样评价萨缪尔森："在许多方面说来，保罗·萨缪尔森是经济学家中的经济学家。"这是因为他的著作几乎涉及经济学的所有分支，他对经济学的基本理论和基本概念都进行过严密的表述，几乎所有学习经济学的人都要反复研读他的著作。

萨缪尔森出生于印第安纳州的加里。16岁进入芝加哥大学，不到20岁在哈佛大学获硕士学位，26岁获博士学位。此后他一直在麻省理工学院任教，直到退休。他一生享有数不尽的荣誉和奖励。博士论文获哈佛大学的戴维·威尔斯奖，1947年获美国经济学会颁发的首届约翰·贝茨·克拉克奖，1970年获爱因斯坦奖章和诺贝尔经济学奖，使他的荣誉达到顶峰。他1953年当选经济计量学会会长，1961年当选美国经济学会会长，1965—1968年任国际经济学会会长。他出任过许多政府部门的顾问，如战时生产局、财政部、经济顾问委员会、预算局和联邦储备系统，担任过肯尼迪总统的顾问。像弗里德曼一样，他还是《新闻周刊》的定期撰稿人，自1945年以来，平均每月发表一篇论文，是获得版税和稿费最多的经济学家之一。

说起萨缪尔森，人们首先就会提到他那本全球畅销、风靡半个世纪、影响了数代经济学人的《经济学》（Economics）教科书。这是一本百科全书式的教科书，大凡经济学所涉及的问题和内容无所不包。对于一个以后不再学经济学的学生来说，书中的知识对以后从事任何工作都会终生有用；对一个以经济学为专业的学生而言，书中的知识为以后进一步的学习研究奠定了坚实基础。萨缪尔森的《经济学》自第1版出版后，坚持每3年更新一个版本，把经济学的新成果纳入书中，保持了创新性。表述方式系统清晰，语言活泼、生动、幽默，读起来生动有趣。这本教科书坚持兼容并蓄，对各种流派的经济学理论都做了客观介绍，而不是代表一个流派的专著。以上种种特点，使这本教科书取得了空前成功。该书第1版出版于1948年，到2014年已出版了第19版，被翻译成43种文字，发行量超过了千万册。萨缪尔森《经济学》教科书的历史地位是任何一本教材

薩繆爾森

當欲望無限
大時，幸福就
會無限縮小。
新古典綜合派代
表人物保羅·薩
繆爾森如是說
壬寅薛曉源欣寫

无法取代的。

在许多经济学家看来，写教科书是不入流的，不屑为之。萨缪尔森不这样看。他曾讲过一个故事：一个人问一个耕地的农夫为什么要耕地，这个农夫回答说为了赚钱；问另一个农夫为什么耕地，农夫说为了寻找创造性的快乐。萨缪尔森说，他写作《经济学》，同时实现了这两个目的。这意味着，萨缪尔森自认为《经济学》不仅传授了经济学知识，也包含着创造和创新。事实也正是如此。萨缪尔森《经济学》的出版，标志着经济学史上的第三次重要的综合，形成了经济学的"新古典综合派"。在此之前，英国经济学家约翰·穆勒实现了经济学的第一次综合，英国剑桥大学的马歇尔实现了第二次综合。萨缪尔森则根据经济学的发展，把以前互不联系的新古典经济学和凯恩斯经济学综合在一个经济学体系中，开启了经济学的一个新时代。在新古典综合派的经济学体系中，充分就业的实现需要有凯恩斯主义所主张的政府干预，而充分就业一旦实现，新古典理论还是有效的。

尽管《经济学》中不乏创新，萨缪尔森获得诺贝尔经济学奖却不是因为这本书，而是由于其他理论贡献。萨缪尔森的博士论文《经济分析基础》（*Foundations of Economic Analysis*），成为经济学发展的一个重要里程碑，标志着现代经济学家开始承认，作为直接或间接运用数学微积分求解的最大化问题，可以用来对一切经济行为进行富有成效的研究；萨缪尔森制定的"对应原理"，标志着现代经济学家开始注意经济动态学；萨缪尔森的论文"公共支出的纯理论"（*The Pure Theory of Public Expenditure*），第一次严格地规定了"公共物品"的性质；萨缪尔森成功地使价格理论、线性规划和增长理论结合成一体，而这些理论向来被认为互不相干；如此等等。

围绕对萨缪尔森的评价，经济学界存在严重分歧。他有少数几个论敌，把他贬为"知识教练"，是"经济学界的帕格尼尼"（意为无创造性可言）。而他的许多"粉丝"则把他视为现代主流经济学的主要缔造者，并且毫不犹豫地把战后这段时期的经济学称为"萨缪尔森时期"。

沃尔特·罗斯托

Walt Rostow(美国，1916—2003)

经济"起飞"理论的创立者

> 名言：从人类的动机来说，许多深刻的经济变化倒是非经济的人类动机和愿望造成的。

第二次世界大战后到20世纪60年代，罗斯托一度在经济学界炙手可热。他的两本经济学著作成为非小说类书籍中的畅销书，他提出的一系列关于经济增长的概念，成为经济增长理论的专门名词。随着时间流逝，对罗斯托经济增长理论的质疑越来越多，批评的声音越来越大，他的理论的影响逐渐减弱。不少经济学家认为，罗斯托关于经济增长的一些看法是极其天真的想法。

罗斯托1916年出生于美国纽约市，1936年在耶鲁大学获得学士学位，1938年在牛津大学巴利奥尔学院获得硕士学位，1939年在耶鲁大学获得博士学位。20世纪40年代，他开始在哈佛大学任教，1952年被提升为经济史教授。他在1961年离开哈佛大学，出任肯尼迪总统国家安全事务助理帮办，1961—1966年任国务院政策计划委员会主席，1964—1966年兼任争取进步联盟泛美委员会的大使衔委员，1966—1969年任约翰逊总统国家安全事务特别助理。罗斯托深深卷入约翰逊总统声名狼藉的越南政策中，1969年越南战争紧张时离开政府，在得克萨斯大学担任教授，直到退休。

罗斯托赖以成名，是因为在《经济增长的过程》(*The Process of Economic Growth*)和《经济增长的阶段——非共产党宣言》(*The Stages of Economic Growth: A Non-Communist Manifesto*)两书中，提出了"经济增长阶段论"。他划分经济增长阶段的理论依据是一个国家的投资增长率。这是哈罗德—多马模型中的主要理论观点。在哈—多模型中，一个国家经济持续增长取决于收入储蓄比率与资本产出率的关系。所以，如果知道其中一个比率，就可以推算出经济增长所需要的另一比率的数值。资本产出率是由科学技术决定的，而科学技术不能迅速改变，经济增长的关键要素就是收入储蓄比率，政府的政策则可以对这一比率施加重要的影响。这是典型的凯恩斯主义理论和政策主张。

罗斯托依据一个国家的收入储蓄率状况，先是把经济增长划分为五个阶段，后来又增加到六个阶段。这些阶段分别是：传统社会、为起飞创造前提的阶段、经济起飞阶段、向成熟推进阶段、高额群众消费阶段、追求生活质量阶段。在经济增长的诸阶段中，起飞阶段对于一个国家的持续增长尤为重要。因为，按罗斯托的说法，一旦进入起飞阶段，就进入了工业化、现代化的道路，同时以后的经济就会自动地持续增长。根据罗斯托的观点，经济增长进入起飞阶段，需要三个条件：第一，需要提高生产性的投资率，使积累在国民收入中的比例从5%或不到5%，提高到10%以上。为此，除了国内资本积累，还需要从国外输入资本。第二，要很快地建立和发展一种或多种重要的制造业部门，罗斯托称为"主导部门"。第三，要进行制度上的改革，迅速形成一种社会、政治结构，推动现代部门的扩张，以保证起飞的实现。

可以看出，罗斯托仍然把科学技术发展看成不变因素，从而来探讨经济增长的原因，他没有比哈罗德—多马模型前进多少。科学技术对于经济增长的重要作用，要到索洛才被重视，到罗默才变成经济增长的内生因素。

由于罗斯托的经济增长理论不够严谨，他的学术声望日渐式微，与20世纪50—60年代初的如日中天不可同日而语。再加上他是60年代美国东南亚政策的主要制定者之一，导致美国卷入了一场意义不明、旷日持久的战争，美国顶尖大学都排斥他，只能在一所一般性大学找到教职。

他的职业生涯是一种典型的"高开低走"。

羅斯托

從人類的動機來說，
許多深刻的經濟變
化倒是非經濟的人
類動機和願望造
成的。經濟起飛理
論的創立者沃爾特‧
羅斯托如是說
壬寅 薛曉源寫

赫伯特·西蒙

Herbert Simon（美国，1916—2001）

最先提出有限理性概念的经济学家

> 名言：从广义上说，决策几乎同管理是同义词。

赫伯特·西蒙是一个科学通才和奇才。心理学界认为他是心理学家，计算机科学界认为他是计算机科学家，经济学界认为他是经济学家。他用自己活生生的范例否定了那种只能走学术专门化道路的主张：那是对凡人而言的，对西蒙这样的天才不适用。

西蒙1916年出生于美国威斯康星州的密尔沃基，父亲是一名德国出生的电气工程师，母亲是一个多才多艺的钢琴演奏家。1936年和1943年他先后在芝加哥大学获得政治学学士学位和政治学博士学位。西蒙先后在加利福尼亚大学伯克利分校、伊利诺伊理工学院、卡内基梅隆大学任教，担任过政治学教授、行政学和心理学教授、计算机科学和心理学教授。他还在美国政府的一些机构以及企业、政府组织兼职。西蒙曾任社会科学研究理事会主席、美国总统科学顾问委员会委员、国家科学基金行为科学委员会主席。他是美国心理学会特殊科学贡献奖获得者，计算机科学领域最高奖图灵奖获得者，美国经济学会杰出会员，1978年诺贝尔经济学奖获得者。

西蒙因为对大型组织内的管理行为和决策问题研究做出的杰出贡献而获得诺贝尔经济学奖。他强调决策是管理的核心，对科学决策的程序、方法、技术等进行了开创性研究，受到了经济学界和企业界的重视，并在企业管理中得到了广泛的应用，形成了管理理论中的一个新学派——决策学派，产生了持久和重要的影响。

除此以外，他对经济学的重大贡献还在于他提出和发展了"有限理性"理论。西蒙经过自己的研究，努力让其他经济学家相信，把"经济人"当作成本与收益的高速计算器的想法是不现实的，反复强调必须把经济学建立在实际的而不是虚构的人类行为概念的基础上。西蒙认为，人们的经济行为实际上受制于获取现有信息所需的成本，再加上外部环境的不断变化、新的信息的不断增加，不可能对信息的获取做到最大化。因此，人们是按照"满意化的原则"行事，按照节约信息的原则行事是一种合理的经济行为，比如按照生活经验进行决策就是通常的决策方法。这样，人们的经济决策只是一种有限理性的决策，不可能是了解所有信息后的完全理性决策。

赫伯特西蒙

從廣義上說，決策幾乎同
管理是同義詞。最先提出
有限理性概念的經濟學家
赫伯特·西蒙如是說 薛暄源寫

西蒙最早于 1972 年访问中国，此后多次来到中国，并担任多所大学的兼职教授。他还有一个中国名字：司马贺，并在 1994 年当选中国科学院外籍院士。

西蒙在美国经济学界备受尊重，被誉为"经济学家中的经济学家"。但事实上他是"经济学家之外的经济学家"。尽管大家对他的理论保持尊重，但却没有真正重视他的观点的理论价值。原因在于，西蒙的有限理性理论是甩向新古典经济学的一把"飞刀"，有动摇主流经济学的危险，注定被束之高阁而不能流行。

如果你不喜欢一种理论，扼杀它的最有效办法就是装作它根本不存在。

詹姆斯·托宾

James Tobin（美国，1918—2002）

美国最杰出的凯恩斯学派经济学家

> 名言：不要将你的鸡蛋全都放在一个篮子里。

1981年，詹姆斯·托宾因为"投资组合理论"和其他贡献获得了当年的诺贝尔经济学奖。在学术领域能够以一个人的名字命名名词，是一件很了不起的事情。而以托宾的名字命名的经济学名词居然有"托宾Q值""托宾税""蒙代尔—托宾效应""托宾分析"四个之多。这不仅在经济学领域，在其他领域也不多见。除了崇高的学术声望，托宾一生无私地帮助和提携了不少经济学家，赢得了同事的爱戴。他宽厚、谦和的绅士风度，得到了经济学界的尊重和赞许。诺贝尔奖得主中很少有人能够得到这样真挚美好的评价。

托宾出生于美国伊利诺伊州的香槟市。第二次世界大战前，他在哈佛大学学习6年，先后获得经济学学士学位和硕士学位。这段时期，他得到了熊彼特、张伯伦、里昂惕夫等经济学大家的指导。1941年，美国参加第二次世界大战后，托宾以经济专家身份在政府任职，先后在物价管理署和战时生产局工作。珍珠港事件后，托宾应征入美国海军服役，后任驱逐舰指挥官，参加了进攻北非和法国南部以及意大利的战役。战后托宾回到哈佛大学继续攻读经济学博士学位。博士毕业后短期在哈佛大学任教，一生大部分时间都在耶鲁大学任教，长期任该校经济系主任和柯立芝基金会主席。托宾37岁时即获美国经济学会约翰·贝茨·克拉克奖，担任过肯尼迪总统的顾问，曾任美国经济计量学会会长、美国经济学会会长、美国科学院院士，先后被五所欧美大学授予名誉博士学位。

托宾早期的研究主要是为凯恩斯主义整体经济学说提供了理论基础，概括了凯恩斯宏观政策的几项基本原则。第一原则，明确地用宏观经济政策工具实现实际经济目标，特别是充分就业和经济增长；第二原则，凯恩斯主义的需求管理是能动的，可以根据实际经济情况灵活选择不同政策；第三原则，凯恩斯主义希望实施协调一致的财政和货币政策，以实现宏观经济目标；第四原则，凯恩斯主义者并没有乐观地认为，需求管理的财政、货币政策足以同时获得充分就业和避免通货膨胀的双重目标。

20世纪70年代初，托宾通过对西方国家劳工市场结构的分析，以及对失业和职位空缺并存原因的分析，解释了"经济滞胀"即通货膨胀和失业同时发生的原因。这种分析被认为是对凯恩斯主义理论的一个突破，为收入政策和劳工市场政策提供了理论根据。

托宾的贡献涉及广泛的经济领域，对经济计量方法、严格数学化的风险理论、一般宏观理论、经济政策应用分析、投资决策、生产、就业和物价关系理论等，都做出了突出贡献。但是，托宾最重要的贡献是资产组合理论，即家庭和企业怎样确定其资产构成的理论。这个理论的核心观点是，要综合考虑股票、债券、货币等资产的收益率、风险以及流动性，确定家庭和企业的资产构成，通俗地说就是"不要把你的鸡蛋全都放在一个篮子里"。

同时，他提出征收著名的"托宾税"，即对所有外汇交易征收小额税赋，以此打击国际投机行为。托宾认为，采取这样的办法不是为了增加政府收入，而是向"市场经济的齿轮中抛沙子"，以降低外汇交易的频率，抑制汇率的波动，规范国际金融市场，有助于国际贸易的开展。"托宾税"一经提出，就引起轩然大波，一度遭到崇尚自由贸易、主张市场万能的人们的强烈反对。到了20世纪90年代，金融危机的爆发使人们认识到"托宾税"的意义。现在全球金融市场交易量动辄百万亿美元（2018年为92.2万亿美元），而与商品和服务有关的交易量还不到5%，其余全部是金融投机交易。所以，连投机家索罗斯都赞成"托宾税"可以减少货币投机的主张。

托宾对中国人民十分友好。2000年4月，近150位美国经济学家发表了（其中有15名诺贝尔经济学奖得主）《致美国人民的公开信》，敦促美国国会给予中国永久正常贸易关系地位，支持中国加入世界贸易组织。其中就有德高望重的托宾老人。2001年，中国成功加入了世界贸易组织。2002年，托宾去世，享年84岁。

现在美国经济学界替中国说话的已经不多了，托宾对中国人民的友好就越发显得难得和宝贵。

斯人已逝，风致永存。中国人民应该记住他。

光實

不要將你的雞蛋全都放在一個籃子裏。
詹姆斯·拓賓如是說
薛暄源寫

詹姆斯·布坎南

James Buchanan（美国，1919—2013）

公共选择理论的创立者

> 名言：劝导政治家改弦更张，结局常常是徒劳的。事情的结局在很大程度上是由规则体系决定的。

布坎南年轻时相信政府有能力搞定一切，甚至一度拥护社会主义。在芝加哥大学读书不久，他认识到了市场的力量，发生了思想上的转变。某一年夏天的某一天，布坎南在图书馆的书架上偶然看到了一本落满尘土的书。这本书是用德语写成的，作者是瑞典经济学家维克塞尔。维克塞尔书中的论述，一举粉碎了政府无私、全心全意只想着执行有利于全社会的政策的观点。这一观点使年轻的布坎南受到强烈震撼，从维克塞尔的观点发展出公共选择理论，并因此声名鹊起。

布坎南出生于美国田纳西州的默瑟斯堡。他家境贫寒，6岁的时候就要开拖拉机，参加劳动。先是毕业于田纳西州州立师范学院，获理学学士学位，后在田纳西大学完成了一年的研究生课程，获文学硕士学位，继而入芝加哥大学学习，获经济学博士学位。布坎南先后在田纳西大学、弗吉尼亚理工大学、乔治·梅森大学等大学任教。布坎南担任过美国南部经济学会会长、美国经济学会副会长等职务，获得了1986年诺贝尔经济学奖。

布坎南公共选择理论的独到之处，在于运用理性经济人的假设分析政府及政府官员的政治行为，打破了政府大公无私、总是能够从公众利益出发制定和执行正确的政策的神话。布坎南认为，人类的本性就是人类的本性，不论在市场上的个人还是在政府机构中和政治舞台上的个人，都是努力在约束条件下最大化他们的利益。因此，政治家和商人在本质上没有什么区别，都是以自我利益为中心而行事的。当然，政府和官员追求的利益与市场利益具体形式不同，如政治家争取更多选民，追求连任，是他们的核心利益；行政官僚追求有更多的下属、更多的预算、更豪华的办公室和更高级的公务用车，等等。

布坎南还指出，由于政府机构是用税收收入来完成一定的经济目标，比私人企业受到的经济约束更宽松；同时由于政府提供的服务多具有行政垄断性，不存在激烈的竞争，不利于资源利用效率的提高。同时，对于政府机关的资源利用效率也不容易评估和确认。这一切，都使得政府的效率可能不如私人企业的效率高，投入大量资源可能达不到预定

布坎南

勸導改治家改
弦更張,結局常:
是徒勞而事情而
結局在很大程度上
是由類則體系決定
的。公共選擇理論的創
立者詹姆斯·布坎南
先生如是云。
壬寅 薛曉源 欣寫

的社会目标。这说明，不仅存在市场失灵，也存在"政府失灵"。因此，必须完善公共决策体制，约束政府的作用范围，对政府预算实行立法，税收不得超出国民收入一定的比例。

布坎南通过令人信服的分析，向人们说明政治家不是什么无私的英雄，他们和市场中的人物没有两样。这对经济学是一个巨大的挑战，是需要理论勇气的。第二次世界大战后，正是凯恩斯主义如日中天的时候，经济学家受凯恩斯主义的影响，一般都倾向认为政府应该在经济中发挥重要作用，并且没有人怀疑政府的善意和能力。布坎南无情地颠覆了这种流行观点，指出这是一种愚蠢的、浪漫的看法。

可以想见，政治家肯定不喜欢布坎南的经济学理论，不会把公共选择学派的经济学家请到白宫做顾问。但是，由于布坎南公共选择理论的提出，引起了人们对政府保持高度警惕，政治家不得不顾忌背后紧盯着的那无数双眼睛，必得小心行事。

道格拉斯·诺思

Douglass North（美国，1920—2015）

新经济史和制度变迁理论的创立者

> 名言：一种提供适当个人刺激的、有效的产权制度，是促进经济增长的决定性因素。

道格拉斯·诺思是新经济史的先驱者和新制度经济学发展的重要推动者。他因为对经济学的重大贡献，获得了1993年的诺贝尔经济学奖。

诺思1920年出生在美国马萨诸塞州的剑桥市。先后获得加利福尼亚大学伯克利分校的学士学位和哲学博士学位。他曾在加利福尼亚大学伯克利分校、华盛顿大学、莱斯大学、剑桥大学等多所大学任教，但以在华盛顿大学任教时间最长。他曾担任《经济史》（*The Journal of Economic History*）杂志副主编，当选美国经济史学会会长、西部经济学会会长。

诺思的主要学术贡献是在经济史研究方法上的创新。他把新古典经济学和经济计量学的方法结合起来，把新古典经济学的经济增长理论和经济史研究所发现的数据结合起来，使经济史的研究发生了革命性的变化，同时把新制度经济学理论向前推进了一大步。

诺思认为，新古典经济学没有认识到制度约束在经济决策中的重要性，影响了它对经济生活的解释能力和科学性。他通过对西方经济史特别是产业革命以来经济增长的研究，发现制度是影响经济增长的决定性因素。不同的制度决定了不同的激励结构，不同的激励结构决定了人们参与社会经济活动的不同行为特点，而不同的行为特点又会导致不同的经济后果。只有当生产性努力得到制度结构的鼓励时，才有可能出现经济的增长。产业革命仅是经济增长的表现形式，而不是经济增长的原因，经济增长的原因只能来源于制度层面的创新。对于经济增长而言，所有的制度安排中，产权制度最为重要。私人产权是否能够得到清晰的界定与实施，私人产权是否能够自由交易和得到保护，决定着经济是增长还是停滞。

诺思对制度的理解对学术界影响很大。他认为，制度既包括正式的制度安排，如宪法和其他法律，也可以是非正式的制度安排，如约定俗成、道德、文化，等等。制度可以是特意创造出来的，如中央银行和社会保险制度，也可以是随着时间逐渐演化而来的，如风俗习惯。制度之所以产生，是因为能够使交易成本最小化。

诺思通过对制度演变的研究发现，制度一旦确立，在以后的制度变迁中就有可能面临"路径依赖"的问题，即人们过去做出的选择决定了现在的选择。因为，最初选定的制度可能会因为自我强化，而具有一种类似于物理学中的惯性特点。这意味着，有时人们最初的制度选择，决定了该制度长期演变的道路。这样，制度演变就可能出现两种不同的结局：或者进入一种良性循环状态，或者锁定在一种无效率的状态中。

诺思关于制度作用与制度变迁的理论对中国经济学界带来了很大冲击，推动了中国经济理论研究的扩展和深化，同时在中国经济体制改革向制度改进方向深化过程中，也产生了巨大影响。

谁承想，经济学大师在彼岸投下的一颗石子，激起了层层涟漪，不断扩散，越过大洋，波及了此岸。

道格拉斯·诺思

主宙六春欲寫新經濟史和制度變
遷理論創立者道格拉斯·諾思先生 醉呎源

劳伦斯·克莱因

Lawrence Klein（美国，1920—2013）

宏观经济计量学的创建人

> 名言：生活品质的实质性提高，比 GDP 的增加更有意义。

克莱因是 1980 年诺贝尔经济学奖获得者。他的主要学术成就，是把经济计量方法与凯恩斯主义宏观经济学结合起来，创立了宏观经济计量学，研究提出了诸如"克莱因—戈德伯格模型""布鲁金斯模型""沃顿模型""世界模型"等大型模型，推动了经济计量模型的广泛应用，促进了经济学研究的数理化、模型化、精确化。

克莱因出生于美国内布拉斯加州的奥马哈。1942 年在加利福尼亚大学伯克利分校获学士学位，1944 年在麻省理工学院获经济学博士学位，成为该校培养的第一个经济学博士。他曾任芝加哥大学考尔斯委员会的研究助理，后在纽约国家经济研究局和密歇根大学调查研究中心工作并在该校任教。1954 年，为了抗议麦卡锡委员会的倒行逆施，他离开美国，任牛津大学统计学研究院高级讲师。1958 年回国，在宾夕法尼亚大学沃顿商学院经济系任教授直到退休。由于对建立大型经济计量模型以及其他方面的贡献，从 20 世纪 50 年代末期以来，他的荣誉纷至沓来。1959 年获约翰·贝茨·克拉克奖，1960 年当选为经济计量学会会长，1975 年当选环境经济学会会长，1977 年当选美国经济学会会长，1980 年获诺贝尔经济学奖。

20 世纪 60 年代的计算机革命，迎来了建立大型经济计量模型的黄金时期，使得用数百个方程式来分析研究宏观经济问题成为可能。克莱因就是把这种可能性变成现实的伟大经济学家。

克莱因独立地或在他主导下，建立了一系列著名模型。他建立的美国 1929—1952 经济模型，是现代宏观模型的开山之作，而且也是用于经济波动预测的第一个大型经济计量模型，对美国和其他国家以后建立的宏观经济计量模型具有深远而普遍的影响。克莱因还帮助其他国家建立模型，如 1947 年的加拿大模型、1961 年的日本模型、1961 年的英国第一季度模型。他关于发展中国家模型样式的建议，明显地被采用于印度、墨西哥、苏丹等国家的模型中。他还与同事一起，试图建立模型，对苏联的经济计划和计划执行进行经济计量的描述。20 世纪 60 年代末的"林克计划"，是一个规模宏大的世界经济计

劳伦斯·克莱因

生活品质而实
质性提高,此GDP
的增加更有意义
劳伦斯·克莱因如
是说 薛晓源写

量模型，克莱因既是倡议者，又是领导者。这个模型的目标之一，是协调各国的计量模型，用以改善经济危机在各国扩散可能性的分析，以便利国际贸易和资本流动的预测。这个模型的另一个目标，是研究一国政治措施的经济效应如何影响其他国家。这个方法已被用来研究一次石油涨价如何影响各国的通货膨胀、就业和贸易平衡。由于克莱因的开创性贡献，经济计量模型已经可以用来预测经济发展趋势，分析经济体制效果，研究经济周期，评估经济政策和政治政策的国际、国内影响，等等。

克莱因一生大部分时间都是一个坚定的凯恩斯主义者。西谚有云，人过四十岁就很难再接受新的思想或改变自己的信念。然而克莱因晚年却对凯恩斯主义提出了批判性看法，并试图论证里根政府供给学派经济政策的合理性。这是由于芝加哥学派声势浩大的影响，还是这位经济智者人生经验和独立思考的结果，我们就不得而知了。

肯尼斯·阿罗

Kenneth Arrow（美国，1921—2017）

因提出"不可能性定理"而成名

> 名言：我不会把一只老鹰当作一只鹭鸶。

有的经济学家虽然提出了新的经济学理论，并因此而成名，但不久就会被新的理论所代替，或者被证明是错误的理论。阿罗则不同，他提出一个概念和原理，就像巨石一样巍然矗立，无人能够撼动，也没有新的理论可以代替。

阿罗出生于美国纽约市。他在纽约市立学院大学毕业，获得文学学士学位，紧接着考入哥伦比亚大学，仅用一年就获得社会科学硕士学位，并继续在哥伦比亚大学攻读博士学位。第二次世界大战爆发后，阿罗到空军服役5年，被迫中断了学业。战后重新投身于经济学研究与教学，先后加入芝加哥大学的考尔斯委员会，任斯坦福大学、哈佛大学教授。他一生备享荣誉，在政学两界都担任过重要职务。1962年担任总统经济顾问委员会委员，后来担任肯尼迪总统的经济顾问。他先后当选经济计量学会会长、美国经济学会会长、管理科学研究会会长、西部经济学会会长等职务。1957年获得约翰·贝茨·克拉克奖，1972年与希克斯分享诺贝尔经济学奖。

阿罗在1951年的博士论文《社会选择与个人价值》（*Social Choice and Individual Values*）中提出了"不可能性定理"。他运用当时经济学家不怎么熟悉的符号逻辑体系，试图解决从来没有经济学家和政治学家提出过的一个政治学问题：假设人人可按偏好顺序把一切社会状态进行评级，是不是可能找到一个表决规则，借此总是可以选出其中"最受偏好的"状态来？阿罗的研究表明，使用最普通的表决原则，即多数选择，常常表达不了唯一的社会偏好，要想把种种个人选择累加成一种明确的社会选择，在逻辑上是不可能的。阿罗的不可能性定理，对政治哲学和福利经济学造成了巨大影响，而且在以后的辩论中基本论据没有遭受到真正的挑战。

瓦尔拉斯提出的一般均衡论是现代经济学中的一块基石。然而在阿罗之前，谁也没有找出一般均衡存在的严格证明。阿罗与杰拉德·德布鲁合作发表的论文《竞争型经济均衡的存在》（*Existence of an Equilibrium for a Competitive Economy*）运用新的数学方法，发现在完全竞争条件下，跨市场的均衡的存在需要有一切商品和劳务的期货市场，即今日付款明日提货，或今日提货明日按照约定付款的市场。这一发现引起经济学界对一般均衡论实际意义的怀疑。而阿罗后来的研究工作都在证明，即使在不存在期货市场的经济中，一般均衡仍然是成立的。

阿罗还对现代经济增长理论做出了重要贡献。如在发表于1962年的《边干边学的经济学含义》（The Economic Implications of Learning by Doing）一文中提出了著名的"边干边学"理论，指出工作过程也是人力资本形成的重要途径。再如他和其他两位作者提出了不变替代弹性生产函数，这是经济学界30年来第一次有人提出超越柯布—道格拉斯生产函数的理论。人们还把阿罗视为现代保险理论的奠基者。

阿罗运用数理逻辑方法研究经济问题和其他社会问题取得的巨大成功，特别是因此获得诺贝尔经济学奖，产生了巨大的示范效应，极大地影响了经济学研究的方向。此后运用数学工具和数理模型进行经济学研究成为潮流，逻辑演绎和主要运用语言表达的经济学研究，生存和发展空间变得日益狭小。

这对经济学是福是祸，至今还存在着激烈争论。

肯尼斯·阿罗

我不會把一只老鷹當作一只烏鴉。肯尼斯·阿羅語 薛吃源寫

托马斯·谢林

Thomas Schelling（美国，1921—2016）

"冲突理论"的创立者

> 名言：强者不要轻易考验弱者的忍耐程度。

谢林自称是"走上歧路的经济学家"。的确，在获得2005年诺贝尔经济学奖（与罗伯特·奥肯分享）之前，他是以外交事务、国家安全、核策略和武器控制方面的专家闻名于世的，他也几乎没有专门从事过经济学研究。但是，他对其他领域问题的研究，涉及了经济学的核心问题并取得了突破性进展。获得诺贝尔经济学奖，他当之无愧。

谢林出生于美国加利福尼亚州的奥克兰市，1944年获得加利福尼亚大学伯克利分校经济学学士学位，1951年获得哈佛大学经济学博士学位。1948—1953年，他先后为马歇尔计划、白宫和总统行政办公室工作，以后到耶鲁大学、哈佛大学任经济学教授。1978年他辗转来到马里兰大学公共政策学院担任教授。他曾经为美国军备控制与裁军署、国务院、国防部、参谋长联席会议、兰德公司等机构工作或担任顾问，并作为经济学家为美国政府工作过。20世纪60年代古巴导弹危机期间，他作为工作班子成员提供了咨询意见。他发表了涉及许多领域的研究成果，包括军事战略和军备控制、能源与环境政策、气候变化、恐怖主义、团体犯罪、外交援助和国际贸易、冲突和讨价还价理论、种族隔离和种族融合、烟草走私和毒品走私政策，等等。他逝世后，马里兰大学公共政策学院网页开设了"纪念谢林"专栏。专栏开头这样写道："罕有人能对真实世界和公共政策领域产生如此深远的影响，而谢林却做到了！"他是美国国家科学院院士、美国人文与科学院院士，1988年当选美国经济学会杰出会员，1992年当选美国经济学会会长。他是国际政治经济学领域著名的"弗兰克·塞得曼奖"获得者，还凭借对预防核战争的相关行为的研究，获得了"美国国家自然科学奖"。

瑞典皇家科学院在2005年诺贝尔经济学奖公告中宣称，美国经济学家谢林获奖的原因是"通过博弈论分析改进了我们对冲突和合作的理解"。这很容易让人产生误解，似乎谢林对经济学发展的贡献主要是对博弈论的发展及其应用方面。其实，谢林的理论兴趣远超乎博弈论，他的"冲突理论"的经济学意义也超越了博弈理论。

自亚当·斯密以来，主流经济学一直告诉我们，在交易过程中，追求自我利益最大

托馬斯．謝林

強者不要輕易
考驗弱者的忍
耐程度。衝突理
論，而創立者托馬斯．
謝林先生如是說
壬寅薛曉源寫

化的经济人，通过一只"看不见的手"的引导，不仅增进了自己的福利，而且增进了公共福利，给人类勾画了一幅没有冲突而且不断进步的市场社会图景。谢林的"冲突理论"则撕毁了这一美好图景。他注意到现实世界中冲突无所不在。在冲突的世界中，自利行为并不能增进集体福利。相反，一方在冲突中多得一份福利，意味着另一方丧失同等份额的福利。更极端的情况是，自利的选择最终会导致双输。当然还有一种情况，人们可以通过管理冲突，通过讨价还价达成协议。不论产生了哪种协议，都比没有达成协议要好，都对利益相关方有利。这种冲突理论更接近于现实世界的实际，对人们解决政治冲突和经济矛盾都有指导意义。比如，特朗普上台后挑起与中国的贸易战，中国管理这种经济冲突的明智做法是与美国沟通，尽量达成协议，减少对我国经济发展的损害，而不是以牙还牙、针锋相对，使局面失控，造成对我国更大的损失。

谢林对经济学的另一个重大贡献是关于"理性经济人"的分析有别于传统经济学，使我们对人的经济行为的理解更接近于现实中的人。主流经济学假定不论企业还是个体，其行为都是为了追求自我利益最大化，而且由于人是足够理性的，也知道如何实现自我利益最大化。谢林则认为，个体决策不可能完全根据理性的推测，如果个体是指的活生生的人的话。因为人是复杂的生物系统，在一个人体内存在着两个以上的自我而交替出现，不可能在不同问题的决策中持有一种态度和判断。这就从根本上动摇了个人理性的假设。由于个体层次上非理性决策的存在，扩展到集体决策和国家层面的决策，非理性决策更是难以避免，所谓经济人理性的假定就更不可靠。这样个体之间、集体之间和国家之间的冲突就不可避免，就有必要依靠道德与自律，依靠国家立法和权威力量的介入，需要国际机构和国际法的权威，来化解或缓和不同层面上的冲突，不至于出现严重损害各方利益的局面。

谢林对中国态度友好，曾到中国讲学。他认为中国在核武器控制和使用原则方面为世界树立了榜样，并积极促成中美国防经济学界的沟通与交流。

谢林去世时，与国际上连篇累牍发表纪念文章形成鲜明对照，中文世界没有多少反应，说明国内了解他的人不多。无论从学术和政治、军事的角度看，这都是不应该的。

戈登·塔洛克

Gordon Tullock（美国，1922—2014）

闯入政治科学领域的经济学家

> 名言：毫无疑问，寻租在通常情况下会直接导致严重的效率低下，而其间接危害会更严重。

戈登·塔洛克与布坎南共同创立了公共选择学派，首创把经济学方法引入政府行为和人们政治活动的分析研究。1991年，塔洛克成为当年诺贝尔经济学奖的热门人物，只是由于布坎南已经于1986年获得了诺贝尔经济学奖，他才没能如愿以偿。但是，经济学界对他的理论贡献一直赞誉有加。

塔洛克出生于美国伊利诺伊州的罗克福，1947年在芝加哥大学法学院获得法学学士学位，接着在耶鲁大学和康奈尔大学攻读研究生课程，后来获芝加哥大学荣誉博士学位。1949—1956年他曾从事外交工作，先后在中国的天津、香港，以及韩国等地外交机构任职，其间开始进行经济学研究。他的第一个教职是南卡罗来纳大学，后转入弗吉尼亚大学、莱斯大学、弗吉尼亚工业学院和弗吉尼亚州立大学、乔治·梅森大学，最后在亚利桑那大学任教至退休。他是公共选择学会的共同创始人，创立《公共选择杂志》（Public Choice），并担任编辑长达25年之久。塔洛克曾经担任公共选择学会第二任会长、南部经济学会会长等学术职务，1998年获美国经济学会弗朗西斯·沃克奖章。

塔洛克的著作范围十分广泛，思想很丰富，在许多方面都提出了想法。要想看出他各种著作的共同线索，找到这些思想之间的连接环节都并非易事。由于他是一个公共选择论者，还是有一种见解贯穿于他的著作中。他认为，在任何情况下，必须把人类行为看作是在自然环境下和现行社会制度双重制约条件下的一种理性反应。人们在这些制约条件面前，始终力求把他们的满足扩大到最大限度，同时考虑到其他选择的成本。所以，经济分析不仅限于一系列称为经济活动的问题，而且可以分析一系列任何问题包括政治活动。因此，当人们做出集体行动决策而不是个人决策的时候，公共选择理论要求解答的是在既定的技术和社会制约条件下，什么交易成本可使人们宁愿要集体决策即选举的结果，而不要市场机制的成果，在能够改变这类偏好的现行约束条件中，行得通的改革是什么。这种分析的结果必然导致产生一种新的对原有政治问题的分析方法。

塔洛克

戈登·塔洛克被譽為闖入政治科學領域的經濟學家。壬寅之春登明齊主薛曉源欣寫

雅各布·明塞尔

Jacob Mincer（美国，1922—2006）

最早提出人力资本理论的经济学家

> 名言：一种理论只有对经济活动提供经得起检验的观点时，才值得拥有和运用。

明塞尔在舒尔茨和贝克尔之前发现了"人力资本理论"。不过这个理论的创造通常被归功于后两个人。这是经济学说史上又一个被埋没的经济学家。

明塞尔出生于波兰的托马舒夫，年轻时移居美国，1950年在亚特兰大的埃默里大学获得文学学士学位，1957年在哥伦比亚大学获得哲学博士学位。之后他在芝加哥大学做了两年博士后研究员，加入纽约全国经济研究局。1954—1959年，他在纽约城市学院任教，1959年以后一直在哥伦比亚大学从事教学和研究工作，其间曾短期去芝加哥大学、希伯来大学、斯德哥尔摩经济学院任客座教授。他是美国统计学会会员、经济计量学会会员、美国国家科学院院士，曾兼任《经济学与统计学评论》（Review of Economics and Statistics）杂志、《教育经济学评论》（Economics of Education Review）杂志副主编。

明塞尔在博士论文《人力资本与个人收入分配》（Investment in Human Capital and Personal Income Distribution）中，最早提出了人力资本理论，并用这一理论解释个人收入差别与人力资本之间的关系。他把个人收入差别归因于接受正规教育、在职培训和工作中的经验积累形成的人力资本的差别，并把受教育年限作为衡量人力资本的最重要标准，建立了说明人力资本投资与个人收入之间关系的人力资本收益模型。

他运用人力资本理论研究劳动力供给问题，特别是妇女劳动力供给问题。他把劳动供给理论引入了家庭决策，证明了对妇女而言，工资增长的替代效应（用劳动替代闲暇）大于收入效应（收入增加而闲暇减少），因此妇女参加工作的比例提高。

明塞尔还研究了工资差别与工作转换之间的关系，证明了工资增加率与工作转换率呈反方向变动。他还证明，男性与女性工资差别，不是由于性别歧视，而是由于妇女在生育期间工作中断，因工作经验积累减少而导致人力资本积累增加慢于男性。

明塞尔的这些研究成果既有理论模型，又有对数据资料的实证分析，研究结论影响到经济理论发展与政策制定。经济学界有人认为，他对人力资本理论的贡献有资格获得诺贝尔经济学奖。

明塞爾

雅各布·明塞爾云：
一種理論只有對經濟
活動提供經得起檢
驗的觀點時才值得擁
有和運用。——薛忠源寫

罗伯特·索洛

Robert Solow（美国，1924— ）

新古典经济增长理论的重要代表

> 名言：经济学家可以分为两种：一种是建立系统的人，一种是解决困惑的人。

罗伯特·索洛被归入凯恩斯学派，是因为在"两个剑桥"之争中，他与萨缪尔森站在一起，是马萨诸塞的剑桥战团的主力。然而，在他的经济增长理论中，却把新古典经济学从"后门"放了进来——"新古典综合"是美国凯恩斯主义的共同特点。

索洛出生于纽约市的布鲁克林。他在哈佛大学先后获得学士、硕士和博士学位。索洛起初对经济学没有兴趣，而是选择了社会学和人类学作为专业。第二次世界大战结束后，他回到哈佛大学继续学业，因为心血来潮同时也是在妻子的建议下，转向经济学领域。他从1950年开始在麻省理工学院任教，先是担任统计学助教和教授，后来任经济学教授，直到退休。他37岁时获得美国经济学会约翰·贝茨·克拉克奖，1987年获得诺贝尔经济学奖。1964年他当选美国经济计量学会会长，1979年当选美国经济学会会长。索洛除了教书和治学外，还在政界和银行界兼职，曾任波士顿联邦储备银行的董事、董事长。在肯尼迪总统任内担任白宫首席经济顾问，在约翰逊总统任内担任收入委员会主席。他还获得欧美多所大学的名誉学位。

索洛的经济增长理论一经提出，便在经济增长领域占据统治地位达30年之久。他的经济增长理论是对哈罗德—多马经济增长理论的改进。在哈罗德—多马经济增长模型中，资本与劳动作为经济增长的要素，是不可相互替代的。因此，充足的资本供给成为经济增长的关键。索洛则认为，劳动与资本是可以相互替代的，而且由于随着资本投入的增加，资本的边际收益是递减的。当一个经济体不断增加资本投入并增加生产时，增长率就会出现下降，最终经济会在人均收入不再增长的位置陷入停滞。但是，除了资本与劳动，还有一种保证经济增长的要素——技术的进步。技术进步允许以一国所拥有的劳动和资本，实现更多的产出，使得经济持续增长，可以保证实现充分就业。因而，在索洛看来，社会更高的生产率来源于技术进步，这才是增长的真正引擎。不过，在索洛的经济增长模型中，技术进步是外生的，对技术进步的动力和源泉没有给出说明，是不可控制的。直到罗默提出新经济增长理论，技术进步才变成经济增长的内生要素。

索洛的理论是乐观的。他认为贫困国家人们的生活水准会逐渐赶上富裕国家，正如小孩在身高上最终能赶上成年人一样。拥有较少资本的贫困国家，发展速度会快于坐拥大量资本的国家，因为富裕国家从资本中获得的收益已经大部耗尽。不论是贫困国家还是富裕国家，他们的发展都会在一个地方停顿下来，到那时唯一的发展动力就是技术进步。第二次世界大战以后经济发展的实际却是，贫困国家与富裕国家的经济差距不是缩小，而是不断扩大。原因在于技术进步的扩散是存在障碍的。而在索洛的增长理论中，不存在技术扩散障碍。

索洛是一个才华横溢的评论家，经常发表文章反驳那些贬低主流经济学成就的文章。在"两个剑桥"的论战中，他是萨缪尔森的主要盟友，共同反击琼·罗宾逊夫人和尼古拉斯·卡尔多的进攻，捍卫新古典综合派特别是凯恩斯主义的正宗地位。

經濟學家可以分
為兩種：一種是建立
系統的人，一種是
解決困惑的人。
——羅伯特·索洛

壬寅薛曉源篤

弗农·史密斯

Vernon Smith（美国，1927— ）

实验经济学之父

> 名言：我费了很长时间才明白，教科书是错的，而学生是对的。

主流经济学追求自然科学的精确性。史密斯运用自然科学的实验方法检验了传统经济学的一些理论，得出了令主流经济学颇为尴尬的结论。史密斯以子之矛，攻子之盾，可以说杀了传统经济学一个"回马枪"。由于史密斯为通过实验室实验进行可靠的经济学研究确定了标准，开创了一系列实验方法，对一些重大经济问题得出了新的理论性结论，推动了经济研究的扩展和深化，成为实验经济学这一新的经济学分支的奠基者，与丹尼尔·卡内曼分享了2002年诺贝尔经济学奖。

史密斯出生于美国堪萨斯州的威奇托。他1955年获得哈佛大学博士学位，曾任普渡大学、马萨诸塞大学和亚利桑那大学教授。自2001年起，史密斯担任美国乔治·梅森大学经济学和法律教授。史密斯是美国经济学会杰出会员、美国国家科学院院士、美国人文与科学院院士，担任过公共选择学会会长、经济科学学会会长、美国西部经济学会会长，兼任《美国经济评论》(The American Economic Review)、《经济行为与组织》(Journal of Economic Behavior and Organization)、《风险与不确定性》(Journal of Risk and Uncertainty)、《博弈论与经济行为》(Games and Economic Behavior)、《科学》(Science)等期刊的编辑。

长期以来，经济学被普遍视为一种依赖于实际观察的经验科学，或者是建立在演绎、推理方法基础之上的思辨性哲学，而不是在可控实验室中进行检测的实验性科学。由于史密斯的开创性工作，现在经济学越来越重视修正和测试基础经济理论的前提假设，并越来越依赖于在实验室里而不是从实地获得的数据。

早在20世纪60年代，史密斯就沿着当时在哈佛大学的导师张伯伦设定的方向，为描述竞争性市场设计了"双向拍卖"的实验机制，从而验证了竞争均衡价格理论的正确性。史密斯根据他这一期间的研究成果，发表了两篇有关实验经济学的论文。一篇是1962年发表在《政治经济学杂志》上的《竞争性市场行为的实验研究》(An Experimental Study of Competitive Market Behavior)，另一篇是1965年发表在同一刊物上的《实验性拍卖市

弗朗·史密斯

我費了很長時間
才明白，教科書
是錯的，而學生是
對的。實驗經濟
學之父弗農·史密斯
先生如是說
壬寅 薛曉源寫

场与瓦尔拉斯假定》(Experimental Auction Markets and the Walrasian Hypothesis)，从而奠定了他实验经济学开创者的地位。史密斯的论文发表后，拍卖理论在微观经济学和博弈论中发展迅猛，他设计出的检验数种拍卖形式等价特征等一系列理论命题的实验方法，得出了出人意料的结果。20世纪70年代，他发展出日后成为实验经济学标准工具的"导出价值方法"，率先引进"风洞测试法"，使实验经济学的方法更加丰富和系统化。

实验经济学的创立和研究，对经济学发展意义重大。传统经济学存在两种窘境：经济事件的不可重复性和经济环境的难以控制。这两个制约使传统经济学更多地建立在偶然的事实和抽象的逻辑演绎之上，每当出现了足以证伪理论的经济事件，经济理论便会陷入尴尬的境地。实验经济学试图通过对行为人所处环境的确切控制和对经济事件的不断重复，开始检验被质疑的理论，变换各种经济环境中的约束，提出新的假设和进一步的验证。这种有可能取得成效的研究方法很快扩散到了主流经济学研究的各个方面，并且不断深入。个人选择理论、厂商行为理论、市场机制理论、博弈理论及其应用等都是实验经济学探讨并有所贡献的领域。

传统经济学认为，经济学是研究复杂的、自然存在的市场系统的科学，所以实验对经济学来说几乎毫无用处。尽管在20世纪60年代史密斯就发展了实验经济学的基本方法，但主流经济学一段时间中对实验经济学的研究视而不见。然而，新科学思想的吸引力是无法抵抗的。从20世纪70年代开始，美国实验经济学的各类研究团体和实验室开始涌现，到90年代数量已相当可观，在欧洲国家一些大学如荷兰的阿姆斯特丹大学、德国的波恩大学也相继建立了类似的研究机构和实验室，1998年《实验经济学》(Experimental Economics)杂志创刊。当今，实验经济学已经发展成为经济研究的一种相当成熟的工具。

科学不是政治，没有什么学说可以"定于一尊"。只有对新思想、新方法保持开放态度，一种学科才能吐故纳新，老树逢春。否则它必然走向衰落，被人们遗忘。

亚诺什·科尔奈

János Kornai（匈牙利，1928—2021）

短缺经济学的创立者

> 名言：社会主义经济与资本主义经济并没有想象的那样大的差别。

科尔奈是一个在东西方经济学界都有影响的原社会主义国家的经济学家。这种情况还是比较少见的。20世纪80年代中期他的《短缺经济学》（*Economics of Shortage*）中译本出版时，一书难求、"洛阳纸贵"，出现了科尔奈书中描绘的"短缺"。而且以后的一段时间内，中国经济学家如果不引用书中的观点讨论问题，会被看作没有学问。

科尔奈出生于匈牙利布达佩斯，1956年在匈牙利科学院获得历史与哲学学位，后来改学经济学，1961年在布达佩斯的卡尔·马克思大学获经济学博士学位，1966年又在匈牙利科学院获经济学博士学位，毕业后在匈牙利科学院经济研究所任经济学教授。科尔奈1978年当选经济计量学会会长，1987年任欧洲经济学会会长，并在1976年成为美国经济学会名誉会员，1980年成为瑞典皇家科学院名誉院士，1972—1977年任联合国发展规划委员会副主席，1982年获得享有国际声誉的弗兰克·塞德曼政治经济学杰出贡献奖。

《短缺经济学》是科尔奈于1976—1977年间在瑞典斯德哥尔摩国际经济研究所工作期间完成的。书中把计划经济的基本特征概括为物资短缺，并从短缺出发研究了这种体制的中心环节——国有企业的问题。社会主义国家物资短缺的根源在于计划经济的低效率，计划经济的低效率则根源于国有企业的低效率。国有企业的问题首先是预算软约束。这是因为在计划经济体制下，企业行为不受市场需求约束，而是受供给约束，即受能够得到的资源的限制。在预算软约束下，企业如果亏损了，它也不会真正破产或停止营业，总会得到外来帮助，比如得到追加贷款，减免税收，获得补给，或获准提高销售价格，结果总会摆脱财务困境。

另外，国有企业还存在着投资饥渴症。科尔奈认为，在计划经济中，没有一个企业不想得到更多投资，不存在饱和问题，投资饥渴是长期的。假如刚刚完成一项投资，暂时满足了投资饥渴，很快又会产生新的投资饥渴，而且比以前更强烈。而且，这种投资饥渴不会因亏损或破产而受到限制。

企业软预算也好，投资饥渴症也好，都是因为计划经济体制中企业对政府的依附关系。企业没有独立决策权，无法为经营成果负责，企业出现生产经营困难，政府就要给予"父爱主义"的保护，就要帮助企业渡过难关。

科尔奈的学术研究还包括对西方经济学一般均衡理论的批评。他认为，一般均衡论支配了西方经济学界，使得西方经济学不能处理实际的经济问题。他还指出，社会主义国家的经济与资本主义国家的经济之间的差别没有初看起来那样大。在社会主义国家，失业和资源利用不足表现为排队抢购消费品。在西方国家，同样存在资源利用不足和生产过剩，但这种现象不是表现在产品市场上。因此，社会主义国家的经济学家有些东西要向西方经济学家学习，西方国家的经济学家也有些东西要向东方的经济学家学习。

科尔奈属于社会主义国家中最早主张向企业分权和更多地利用市场机制的那一批经济学家。科尔奈认识到社会主义国家为了提高效率，需要进行经济改革。但是，他的改革主张是在传统体制内进行改革，而不是市场导向型改革。中国经济学界对经济改革的认识早已远远超越了科尔奈的观点，中国已经把充分发挥市场在资源配置中的决定性作用作为改革的目标。事实上，自20世纪90年代以后，科尔奈在匈牙利国内，也已经成为保守派了。但是，远在20世纪70年代末科尔奈就对计划经济有深刻的认识，并从研究中得出改革的结论，是社会主义国家其他经济学家无法企及的，不愧为大经济学家。

社會主義經濟與資本主義經濟並沒有想像的那樣大的差別。亞諾什科爾奈先生如是說 壬寅驚蟄 源賀寫

科爾奈

约翰·纳什

John Nash（美国，1928—2015）

以非合作博弈的均衡分析而名声远播

> 名言：理性的思想阻碍了一个人与宇宙的接近。

约翰·纳什是1994年诺贝尔经济学奖获得者（与约翰·海萨尼、莱茵哈德·泽尔腾分享）。他大概是唯一不懂得经济学的得奖人。有一则轶闻似乎可以证实这一点。纳什获奖后问别人：经济学界是否有一位大师叫杰文斯·马歇尔？很显然，他把斯坦利·杰文斯和阿尔弗雷德·马歇尔当成一个人了。

纳什出生于美国弗吉尼亚州布卢菲尔德的一个中产阶级家庭。小时候他就显示出数学方面的天才和社交障碍，以及落落寡合的性格。纳什凭奖学金进入卡内基梅隆大学，开始以化学工程为专业，但已展现出数学才能。大学三年级时，他同时被哈佛大学、普林斯顿大学、芝加哥大学和密歇根大学录取为研究生。在普林斯顿大学数学系主任莱夫谢茨敦促下并承诺给他一份1150美元的奖学金，纳什最终选择了普林斯顿大学数学系。那时的普林斯顿大学聚集了一批科学巨人，如艾伯特·爱因斯坦、冯·诺伊曼等。纳什22岁时以"非合作博弈"（Non-Cooperative Games）为题的论文获博士学位。这篇论文只有27页，提出了后来被称为"纳什均衡"的博弈理论，奠定了数十年后他获得诺贝尔经济学奖的基础。纳什毕业后，曾短暂在兰德公司工作和在普林斯顿大学任教。由于性格原因，普林斯顿大学没有给他教职，1952年后纳什开始在麻省理工学院任教。1958年以后的很长一个时期内，他精神失常，基本上是在精神病院度过的。在妻子（先离婚后又复婚）精心照料下，25年后恢复了正常，重新开始学术活动。2015年5月，纳什与妻子在美国新泽西州遇车祸身亡，享年87岁。根据纳什的传奇经历，作家西尔维亚·纳撒尔创作了小说《美丽心灵》（A Beautiful Mind），后被拍成同名电影。

不懂数学的人，即使是经济学家，也很难完全理解"纳什均衡"。简单地说，它的含义是，在一个博弈过程中，无论对方的策略选择如何，当事人一方都会选择某个确定的策略。如果任意一位参与者在其他所有参与者策略确定的情况下，其选择的策略是最优的，那么这个组合就被定义为"纳什均衡"。

经济学家通常用"囚徒困境"的例子来说明"纳什均衡"的含义。假设有两个小偷

约翰内什

理性而思想迅
邁了一個与宇
宙而接近。
美國經濟学家
约翰·納什如是說
薛曉源珠海
歸来欣寫

一同私入民宅偷窃被警察抓获，警方单独对两个犯罪嫌疑人进行审讯。对每一个犯罪嫌疑人，警方交代的政策是一样的：如果一个犯罪嫌疑人坦白了罪行，交出了赃物，证据确凿，两个人都将被判有罪；如果另一个犯罪嫌疑人也作了坦白，则两人各被判8年刑期；如果另一个犯罪嫌疑人没有坦白而是抵赖，作为惩罚，则会被判10年，而坦白者因有功被减刑8年，立即释放。如果两人都抵赖，因为证据不足不能判盗窃罪，但可以私入民宅罪各判两人一年徒刑。显然，最好的策略是双方都抵赖。但是由于两人处于隔离状态，当事人都会怀疑对方出卖自己以求自保。另外作为"理性的经济人"，都会从利己目的出发进行选择。两个人都有这样一个盘算过程：假如他坦白，如果我抵赖，我得坐10年监狱，如果我坦白最多坐8年监狱；假如他抵赖，如果我也抵赖，我就会被判刑一年，如果我坦白就可以被释放，而他会坐10年牢。综合以上几种情况，不管他坦白与否，对我而言都是坦白合算。两个人都会动这样的脑筋，最终两个人都选择了坦白，结果都被判8年。他们并没有做出最好的选择。

纳什均衡说明，对个人有利的决策或选择，对集体则未必有利。这就极大挑战了亚当·斯密以来经济学的一个基本信条：人们从自利目的出发进行的选择，对社会或集体也必然是有利的。这就要求经济学不能满足于对经济个体之间复杂关系的简单化处理，经济分析不能停留在宏观层面，而必须深入分析表象背后的深层次原因和规律，从微观个体行为规律的角度发现问题的根源，从而大大深化了经济学的研究，可以更深刻、更准确地理解和解释经济现象。非均衡合作博弈理论，也大大扩展了经济学的研究范围，将不确定性因素、变动的环境因素以及经济个体之间的交互作用等纳入经济学的研究视野。适应经济学研究范围的拓展，必须同时运用其他社会科学和自然科学，如社会学、心理学等学科的研究方法，把经济学与其他科学打通，才能真正理解和深入认识人类经济行为规律。

天才与疯子往往只有一步之遥。虽然纳什精神失常、行为乖张长达25年，所幸普林斯顿大学和纳什的妻子以天才对待他，容忍他，使他恢复了正常，能够继续发挥他的天才创造力。而在现实中更多见的是，人们把天才视为疯子，从而断送了天才。

所以，天才总是罕见的。

加里·贝克尔

Gary Becker（美国，1930—2014）

"不务正业"的经济学家

> 名言：经济学可以使人们生活得更理性，它有解决一切问题的潜质。

贝克尔是现代西方经济学家中最富有独创思维的人。他把经济学理论扩展到对人类行为的研究，开辟了若干过去只是心理学家、人类学家、社会学家关心的领域，在扩展经济学疆界方面无人能及。人们把他视为经济学"帝国主义"的最强战将。

贝克尔出生于美国宾夕法尼亚州的波茨维尔，先后获普林斯顿大学的经济学学士学位、芝加哥大学的经济学硕士学位和博士学位，1960年任哥伦比亚大学教授，时年只有30岁。1970年以后他开始任芝加哥大学教授，直至退休。他37岁时获美国经济学会约翰·贝茨·克拉克奖，1992年获诺贝尔经济学奖，曾担任美国经济学会副会长、会长，蒙佩勒兰学会会长。2007年，美国小布什总统向他颁发自由勋章，称贝克尔是"过去百年来最有影响力的经济学家之一"，这使他成为美国仅有的两位获得诺贝尔经济学奖和美国总统自由勋章双项荣誉的人，另一位是他的老师弗里德曼。

贝克尔在研究人类行为时，总是力图用经济学的方法揭示其动因和逻辑。在分析影响人类行为的各种因素时，他始终把经济因素放在重要位置。比如，他在分析婚姻、家庭、人力资源投资（教育）时就是这样做的。

贝克尔把婚姻视为双方当事人基于成本—收益分析而达成的合同的过程。他认为，人们只有在从婚姻关系中获得的收益大于独身的收益时，才愿意结婚。他把婚前的约会看成是为了获取配偶的信息而进行的投资。由于获取配偶信息需要花费成本，人们不可能获取关于配偶的所有信息。信息的不完全，使得人们通常并不是与最理想的人建立家庭，而是与尽可能理想的人结为夫妻。在执行婚约的过程中，随着配偶信息的不断积累，当维持婚约所发生的收益无法弥补维持婚约所带来的成本时，离婚就成为最优的选择了。

贝克尔把家庭看作是一种生产食品、婴儿等"物品"和服务的经济组织。男女劳动力在某些家庭生产活动中具有互补作用，如男性一般从事给家庭带来收入的工作，女性则承担主要的家庭事务，因而可以使家庭成员享受到分工和专业化带来的效率。贝克尔还认为，一个家庭对于子女的需求量同对其他耐用消费品的需求量一样，会随着家庭收入的增加而增加，随着养育子女的费用和耐用消费品价格的上升而下降。

贝克尔还分析了人们对教育投资的动机和规律。认为一个人是否去上大学，取决于他对于上大学的预期收益和成本的比较。上大学的成本包括直接成本和机会成本。前者是指为接受大学教育而支付的学费和生活费用，后者指因为上大学而放弃的提早工作获得的收入。如果算总账上大学一生的收益大于不上大学的收益，人力资本的投资就会发生，人们就会愿意接受更多的教育。

贝克尔的研究方法和研究成果被决策者和学术界接受经历了一个曲折的过程，特别是受到了传统经济学领域学者的抵制。贝克尔的某些研究成果与生活中的现实情况也并不一致。比如，按贝克尔的分析，随着家庭收入的增加，家庭规模会相应地扩大，而实际的观察发现，随着家庭收入的增加，家庭规模却是逐渐缩小的。尽管如此，贝克尔独创的研究方法和研究领域，还是像磁铁一样吸引了越来越多的经济学家加入，使这些领域呈现出一派生机勃勃的景象，收获了越来越多的研究成果。

經濟學可以使人
們活得更理性.
它有解決一切問
題的潛質。加里
貝克爾如是說
乙丑年春薛曉源

罗伯特·蒙代尔

Robert Mundell（加拿大，1932—2021）

欧元之父

> 名言：只有你认为这种生活方式是快乐的，才可能成功。

大多数经济学家的理论只能间接影响国家的经济决策。蒙代尔出版于 20 世纪 60 年代初的著作，却直接导致了欧洲重要国家的政府采取了一致行动，产生了一个超越国界的区域性货币——欧元，这在历史上实属罕见。

罗伯特·蒙代尔出生于加拿大的安大略省。他先后在英属哥伦比亚大学、华盛顿大学、伦敦经济学院、麻省理工学院学习，23 岁就获得麻省理工学院哲学博士学位，后来又在芝加哥大学做政治经济学博士后研究。他曾在斯坦福大学和约翰·霍普金斯大学任教，1966—1971 年，任芝加哥大学经济学教授和《政治经济学杂志》编辑。1974 年后，任哥伦比亚大学经济学教授，2009 年出任香港博文大学讲座教授。他 1997 年获美国经济学会颁发的弗朗西斯·沃克奖章，1998 年被选为美国人文与科学院院士，1999 年获得诺贝尔经济学奖。他曾担任多个国际机构、组织及美国政府的顾问，包括联合国、国际货币基金组织、世界银行、欧洲委员会、美国联邦储备局、美国财政部等。

蒙代尔在许多领域都提出了令人瞩目的经济理论创见。比如，他早就提出为了促进经济稳定增长，政府应该大幅度、大规模减税，这使他成为供给学派的重要人物。早在 20 世纪 60 年代初，他的著作和论文就奠定了开放经济中货币与财政政策理论的基石，他提出的一些观点和著名的蒙代尔—弗莱明模型，构成了国际宏观经济学的核心内容。在他的论文中，实际上早就提出了现代金融理论中的"不可能三角"原理，指出对于一个国家而言，资本自由流动、固定汇率制度和货币政策独立性三者不可兼得，顶多达到其中的两项目标。这说明一个国家的政府在财政、货币政策选择中面临着不可克服的困境。1999 年，克鲁格曼把这个原理画出一个三角图形而加以重新诠释，使之成为经济学界普遍接受的流行观点。

蒙代尔最广为人知的经济理论贡献，是提出了"最优货币区"理论。20 世纪 60 年代，国际货币安排的格局是各国都有自己的一套货币，并且几乎所有的经济学家都认为这是必须的和理所当然的。60 年代初蒙代尔教授就根据自己的观察，质疑现有国际货币体制。

薛元正兄業化象

只有你訣為這種生活方式
是快樂的，才可
能成功。歐元之父
蒙代爾先生如
是說 辛丑年
薛晓源敬寫

他敏锐地观察到，世界经济发展中的一个显著特点，就是随着世界经济一体化的发展，产品、服务尤其是资本可以通过贸易、投资大规模地跨国界流动。在一个更加开放的经济体系中，一国的货币主权和财政政策效果更多地受到外部世界的制约，宏观调控能力因此下降。蒙代尔据此提出了当时看来十分激进的"最优货币区"观点。他指出，几个国家或地区放弃各自的货币主权而认同共同的货币，可以降低贸易中的交易费用，以及降低相关价格的不确定性。他还认为，只要这些国家或地区相互开放劳动力市场，就可以对冲由于实行统一货币而带来的失业增加的问题，通过流动就业实现充分就业。正是以这种理论为基础，欧洲国家启动了货币统一行动。蒙代尔直接参与了欧元体制的谋划，是1972—1973年在布鲁塞尔起草关于统一欧洲货币报告的9名顾问之一。1991年1月1日，欧元正式诞生。2002年欧盟开始全面使用欧元，各成员国货币开始退出市场和流通。

蒙代尔为人颇有点"魏晋风度"。据说他被选为美国经济计量学会会员，却因为没有拆开邮件，很长时间内全然不知；他被选为美国经济学会会长，却忘记了开会时间，使等着听他做会长致辞的听众大失所望；他主编著名杂志《政治经济学杂志》，常常不看来稿和给作者回信，以致这份杂志不得不停办。他在20世纪60年代出版的著作，实际上已经使他成为世界一流的经济学家。但由于在经济学界人缘欠佳，本来早应得到的学术荣誉姗姗来迟，直到1999年他才获得诺贝尔经济学奖。

蒙代尔教授十分关注中国的经济改革和发展，多次到中国访问或讲学，受到党和国家领导人接见，对中国经济改革和发展提出了建议。在他的推动下，2004年11月，"蒙代尔国际企业家大学"在人民大会堂隆重成立，他与当时的全国人大常委会副委员长许嘉璐共同担任名誉校长。他受聘担任清华大学、中国人民大学、南京大学、北京科技大学等多所高校的荣誉教授。蒙代尔还担任过北京市政府顾问，2005年成为第一位取得北京"绿卡"的美国经济学家。

埃莉诺·奥斯特罗姆

Elinor Ostrom（美国，1933—2012）

历史上第一位获得诺贝尔经济学奖的女性

> 名言：一种制度的缺陷并不能说明另一种制度更好。

奥斯特罗姆在政治学、政治经济学、行政学、公共政策、发展研究等领域享有很高的学术声誉，曾当选美国人文与科学院院士、美国国家科学院院士、美国政治学会主席，获得过具有世界声誉的弗兰克·塞得曼政治经济学大奖。她与奥利弗·威廉森分享了2009年的诺贝尔经济学奖，以表彰她"对经济治理的分析，尤其是对普通人经济治理活动的分析"。她是历史上第一位获得诺贝尔经济学奖的女性。

奥斯特罗姆1933年出生于美国洛杉矶。她中学毕业后，家人并不支持她上大学，但她克服了当时的社会偏见，坚持申请了加利福尼亚大学洛杉矶分校，于1965年获得政治学博士学位，以后又获得美国密歇根大学、德国洪堡大学、瑞士苏黎世大学等世界名校的名誉博士学位。她先后在印第安纳大学任助教、教授、政治系主任和若干研究机构主任。她是多个机构的顾问，并担任多家学术杂志编委。2012年去世，终年79岁。

奥斯特罗姆的主要贡献是关于公共事务管理组织和机制的创新。在现实经济生活中，公共物品的使用通常是无效率的。这就质疑了市场和企业组织在公共物品和公共服务问题上的失灵，对亚当·斯密个人利益的最大化可以导致公共利益最大化的命题提出了严重挑战。在奥斯特罗姆之前，经济学家发现了这个问题，但他们提出的解决方案要么是强化政府的作用，要么是通过市场的办法，而且结论往往是悲观的。奥斯特罗姆怀疑仅仅从政府和市场两种途径解决公共物品无效性思路的合理性，创造性地冲破了政府既是公共事务的安排者又是提供者的传统教条，提出了公共事务管理可以有多种机制的新看法。这种多中心主义，就是公共管理的印第安纳学派和制度分析学派。

奥斯特罗姆的研究成果得到学术界高度评价。1972年诺贝尔经济学奖得主阿罗系统阐述了奥斯特罗姆对政治经济学的贡献，认为她是公共经济学的创立者，她的研究综合了政治学和经济学的同时，又超越了政治学和经济学。

奥斯特罗姆教授对中国十分友好，多次到中国访问和讲学。在很长时期内，每年接受2—3名中国学生或学者到她和丈夫创立的多中心主义研究中心深造。她有一个中文名字："欧玲"。

奧斯特羅姆

一種制度的缺陷並不能說明另一種制度更好。奧斯特羅姆如是說

薛兆源

阿马蒂亚·森

Amartya Sen（印度，1933— ）

新发展经济学的杰出探索者

> 名言：经济发展就其本质而言，在于自由的增进。

阿马蒂亚·森的外公与印度大诗人泰戈尔过从甚密。"阿马蒂亚"这个名字就是泰戈尔为他取的，意思是"永生"。森一生关注穷人生活状况的改进，并以此为根据评估政府政策是否得当，因此被称为"经济学界的良心"。由于对福利经济学的贡献，他获得1998年诺贝尔经济学奖，成为第三世界第一个获得此项大奖的学者。森的确可以通过他的事业获得"永生"。

森1933年出生于印度孟加拉邦的桑蒂尼克坦。他1953年在加尔各答大学获得学士学位，接着去英国深造，1955年在剑桥大学获得第二个学士学位，1959年获得博士学位。森毕业后基本上过着一种流浪似的生活，在印度、美国、欧洲各个大学之间穿梭来往。他1956年开始在加尔各答大学任经济学教授，不久去英国，在剑桥大学三一学院当特别研究员，1963年回印度，在德里大学任经济学教授，后来又去英国，在伦敦经济学院任教6年，从1977年起在牛津大学任经济学教授。1988年他到美国，任哈佛大学教授。1998年被选为剑桥大学三一学院院长，复回剑桥主持院务。2003年后，他又回到哈佛大学工作。森始终没有放弃印度国籍，不超过半年一定回一次印度。他曾担任美国经济学会会长、经济计量学会会长、国际经济学会会长、印度经济学会会长等学术职务，还担任过联合国原秘书长加利的经济顾问，帮助联合国开发计划署编制人类发展报告。

阿马蒂亚·森是一个百科全书式的学者。虽然他是因为在福利经济学方面的贡献而获得诺贝尔经济学奖，其实在哲学、伦理学等领域也有杰出的见解。他在经济学研究中的另一重要贡献，是大大深化和扩展了发展经济学的研究。

森对发展经济学的主要贡献是关于发展水平的重新认识。他认为，不能单纯把收入水平作为衡量发展水平的指标。因为我们能够做到的或能够取得的成就不仅取决于我们的收入，还取决于影响我们生活和决定我们社会地位的社会特征的差异。因此，研究人类发展状况，除了关注收入状况，更重要的是关注能力和功能，这种能力和功能决定了人们真正能够做到什么和成为什么，能够使他们享有有价值的生活和行为的自由。这种能力和功能包括一系列人们所珍视的方面，如获得充足的营养、接受教育、读写能力、身体健康、良好的人际关系、旅游、体面的交往、期望实现更高价值的愿望、从事更有意义的工作、无污染的环境、能够自由地参与社会活动并发表意见，等等。对于人类生存状态的多元层次的观察，无疑可以使人们更全面、更准确地认识社会发展状况。

森在这方面的理论和研究方法，对经济发展理论和经济发展的实践都产生了重要影响。首先，森的研究促进了发展范式的转变，即从促进经济增长向改善或扩展人们的实质性自由转变。经济增长与经济发展是两个不同的概念。经济增长意味着生产更多的产品，只关注收入和产出；经济发展意味着人们整体福利的增进和改善，包括人们预期寿命、文化、健康和教育水平的提高。森认为应将开发人类潜能或拓展人们的能力作为经济增长与发展的终极目的。其次，森帮助设计了人类发展指数。1990年联合国在《人类发展报告》中首次使用的人类发展指数，就是在森的帮助下设计的。该指数是一国福利水平的加总指数，由教育水平、健康指数和物质福利指数三个方面的加权平均数计算得到。从此，联合国根据这一指数对各国发展水平进行排序。这一指数的提出，对各国制定发展政策产生了重要影响，促使各国政府不仅重视人均产出的增长，同时要重视国民综合福利的提高，以走上真正意义上的发展轨道。

森对于饥荒的研究振聋发聩、发人深思，是发展经济学的一项经典研究。森认为，人们没有食物吃和食物不足是两回事。因为食物不仅是食物，还是商品，只有从市场上买到食物才能食用，有的人挨饿就是因为买不起食物。森认为，在有的国家，饥荒不是天灾，而是人祸。比如专制政治的腐败、舆论的堵塞、利益的阻碍等。他研究了印度、孟加拉国、埃塞俄比亚等国的饥荒，指出印度自独立以来就没有发生过饥荒，因为政府在歉收时采取了以工代赈的措施。埃塞俄比亚粮食歉收时，由于媒体和艺人的大声疾呼，国际社会伸手援助，帮助这个国家躲过了饥荒。森对饥荒研究得出结论说，要解决饥荒问题，必须更多发挥政府的作用，加强政府对经济的干预。尽管森所指的政府可能是民主制度下的"好政府"，这个结论仍然使很多人感到疑惑。

森不是传统意义上的经济学家。瑞典皇家科学院在诺贝尔经济学奖公告中说：森"将经济学与哲学手段融为一体，从道德的角度和范畴探讨极其重要的经济和社会问题"。在森的著作中，经济学、哲学、数学、伦理学等研究方法交叉使用，经济问题和道德问题交替出现，线索复杂，语言晦涩，论述艰深，不具备相关知识准备，不反复阅读和思考，很难理解其中深意。所以，尽管森的著作在国际上和中国都很热门，但人们是否真正理解了，很值得怀疑。

毕竟，对于一个从现代自然科学和经济学中获得知识，从古代印度思想和泰戈尔、甘地那里汲取智慧的人，我们能理解的有限。森的著作和思想还是一座有待发掘的宝库。

阿馬蒂亞·森

經濟發展就其本質而言，在於自由的增進。
新發展經濟學的傑出探索者阿馬蒂亞·森如是說
壬寅薛曉源欣寫

丹尼尔·卡内曼

Daniel Kahneman（以色列，1934— ）

行为经济学的奠基者之一

> 名言：让人们相信谎言的可靠方法就是重复，因为人们很难区分耳熟的话和真话。

2002年诺贝尔经济学奖授予了美国普林斯顿大学的丹尼尔·卡内曼和乔治·梅森大学的弗农·史密斯。瑞典皇家科学院宣称，卡内曼获奖的理由是"把心理学研究与经济学研究结合在一起，特别是在不确定状况下的决策制定有关的研究"。卡内曼拥有以色列和美国双重国籍。由于卡内曼出生于以色列，我们把他算作以色列经济学家（再说美国已经有一大把诺贝尔经济学奖获得者）。

卡内曼1934年出生于以色列的特拉维夫。1954年获得以色列希伯来大学数学和心理学学士学位，1961年获得美国加利福尼亚大学心理学博士学位。博士毕业后他先后任以色列希伯来大学讲师、副教授、教授，加拿大不列颠哥伦比亚大学、美国加利福尼亚大学伯克利分校、普林斯顿大学心理学教授和伍德罗·威尔森学院公共事务教授，2000年起兼任以色列希伯来大学理性研究中心研究员。他是美国国家科学院院士、美国人文与科学院院士、国际数量经济学会会员、实验心理学会会员等，并担任过多家学术期刊编委。

卡内曼将心理学研究的视角与经济科学结合起来，成为这一领域的奠基人。经济学与心理学在研究人类决策行为上有着极大的差别。经济学认为外在的激励决定着人们的行为，而心理学认为内在的激励才是决定人们行为的因素。卡内曼在不断修正"经济人"假设的过程中，看到了经济理性这一假设前提的缺陷，也就发现了单纯的外在因素不能解释复杂的决策行为，由此正式将心理学的内在观点与研究方法引进了经济学。卡内曼的最重要成果是关于不确定情况下人类决策的研究，他证明了人类决策行为如何系统地偏离标准经济理论所预测的结果。瑞典皇家科学院表示，卡内曼通过心理实验，证明了人们所广泛接受的有关经济决策的过程是理性的假设不能成立。

由于一个偶然的机会，卡内曼和他希伯来大学的同事阿莫斯·特沃斯基开始合作探讨人们在面对风险决策时究竟是不是理性的。经过5年的研究，他们写出了《前景理论：风险下的决策分析》（*Prospect Theory: An Analysis of Decisions Under Risk*），提供了许多心理学实验，证明了人们在面对风险时的决策行为与经济学中的理性决策模型的预见

卡內曼

行為經濟學奠基者之一卡內曼
壬寅年 薛晔源寫

相背离，即人们在面对收益和损失的时候，会依据不同的参考点对决策的前景进行评估。他们的研究还表明，人类偏离理性并不是偶然的，而且很多不理性决策行为是系统性的。就是说，人们会朝着一个方向不理智，或者说在同一个方向上犯错误。这篇文章发表于1979年3月的《计量经济学》（Journal of Econometrics）杂志上，一经发表就对传统经济学理论形成了极大冲击，在经济学界激起了重重波澜。

卡内曼及其他行为经济学家通过实验发现，现实生活中人们的实际决策是无逻辑的，或者说是不理性的。比如，人们对收获和损失的评价依据的原则是不同的。从理性来讲，收获50美元与损失50美元可以相互抵消。但实际情况是，比起收获来，人们更厌恶损失。他们的实验结果证明，同样的一个马克杯，已经拥有的人和尚未购买的人，对杯子的估价前者要高于后者。再比如，对于一笔数额相等的收入，是工资收入还是其他外快，人们在消费中的态度是大不相同的：如果这笔钱是工资收入，人们花起来就会很谨慎；如果这笔收入是奖金或者是炒股收入，他们花起来就会大手大脚。还比如，通过对比实验，我们可以发现大多数投资者并非是标准的金融投资者，而是行为投机者。他们的行为并非总是理性的，也不总是回避风险的。股票价格和人们购买某种股票的决策与企业真实的生产经营情况和盈利情况并无直接联系，而是认为既然这只股票价格最近一直在涨，而且大家都在买这只股票，那就会继续涨下去。相反，当这只股票价格下跌时，人们开始朝相反的方向跑。看到别人在出售这只股票，也会跟着出售，很快出现了市场恐慌。

卡内曼的理论对主流经济学的挑战是颠覆性的。一种经济学说是不是科学，取决于它建立其上的基本前提是否能够站得住脚。卡内曼运用认知心理学研究方法得出的结论，证明了主流经济学关于人类理性的基本假设是不可靠的，这就动摇了主流经济学的根基。正是由于卡内曼等行为学派、实验学派学者的挑战，才促进了近几十年来经济科学的新进步、新发展。

从这个角度看，把诺贝尔经济学奖授予卡内曼等人，瑞典皇家科学院的评奖专家还是有一点理论勇气的，在某种程度上也拯救了这个奖项。

遗憾的是，与卡内曼合作研究、对行为经济学形成和发展做出同样伟大贡献的特沃斯基因提早离世，没能获得这项殊荣。瑞典皇家科学院的动作还是过于迟缓了。

同时，这也告诉人们活着该有多么重要。

张五常

Steven Cheung(中国香港，1935—　)

新制度经济学的重要创立者之一

> 名言：笨蛋都觉得自己聪明，只因为笨蛋比聪明人更自信。

张五常被公认为新制度经济学和现代产权经济学的创始人之一。张五常早年成名，在西方经济学界和中国的影响，在华人经济学家中可谓前无古人，后无来者。新制度经济学鼻祖、诺贝尔经济学奖得主罗纳德·科斯曾多次表示，张五常是最为了解他经济思想真谛的人，并多次提到张五常教授对新制度经济学的重大贡献。

张五常少年时期因日本占领中国香港，不得不到广西避难。早年求学不顺利，因学习成绩不佳，先后被两所中学开除。20世纪50年代他赴美国加利福尼亚大学洛杉矶分校学习，师从名师杰克·赫舒拉发和阿门·阿尔奇安。他的博士论文《佃农理论》(The Theory of Share Tenancy)的几章在答辩前即获得发表，引起经济学界关注和赞赏，获得洛杉矶分校的经济学博士学位，后到芝加哥大学从事博士后研究，与科斯、弗里德曼等经济学大师一起工作，深受赏识。20世纪60年代末他到华盛顿大学任教，后任教授，1982年回到香港，任香港大学经济金融学系主任，2000年退休，专心撰写四卷本著作《经济解释》。他多次陪同弗里德曼访问中国，与中国领导人交换关于经济改革和发展的意见。他应邀参加诺贝尔经济学奖颁奖大会，并受科斯委托，代表其发表获奖感言。他曾被选为美国西部经济学会会长，这是美国本土之外的经济学家第一次获得如此殊荣。张五常还是中文世界最好的经济散文家，他的《卖桔者言》一度风靡一时，洛阳纸贵。他还是著名的摄影家，可与一流大家一比高下。对古董一行有深刻了解，对书法艺术了如指掌。

张五常的成名作是1966年完成的《佃农理论——应用于亚洲的农业和台湾的土地改革》，后来成为现代合约经济学的开山之作，书中的几篇论文也成了新制度经济学的经典。《佃农理论》主要是以新制度经济学的观点对分成租佃制做出了新解释，通过对具体案例的实证研究，推翻了以往的传统理论，演绎出"新佃农理论"。这一理论的要义是，透过某些要素的变动，不管是分租、定租或地主自耕等，土地利用的效率都是一样的。如果产权弱化，或是政府过度干预资源配置，将导致资源的无效配置。如果能确定土地为私人产权，明晰产权制度，允许土地自由转让，就会使生产要素和土地发挥出最大效率。除此以外，别无他途。

张五常对新制度经济学的重大贡献还表现在，把新制度经济学的分析方法系统地引入到对中国经济问题的研究中，对中国经济改革发展提出许多重要见解，引起很大反响，有些建议被决策机构采用。比如他反复强调中国经济体制改革的关键是明晰产权，特别是对财产的处置权，抓住了深化改革的关键点，某种程度上被接受，推动了市场取向改革的深化。

张五常曾经应科斯的要求，写了一本《中国的经济制度》的小册子，回答改革开放以来中国经济快速持续发展的原因。令人吃惊的是，张五常提出制度改进是中国经济发展的根本原因，而制度改进中对GDP的考核，使得中国的县级政府变成了实际上的企业，展开了县级区域在经济上的竞争，实际上形成了新古典经济学要求的自由竞争。张五常把这一制度上的改进，视为带有决定意义的改革措施。对中国经济改革和发展过程有一定了解，特别是亲身参与了中国改革过程的人，对这一观点肯定会提出质疑，问题肯定不是这样简单。

张五常对是否获得诺贝尔经济学奖并不在意，认为评奖委员会太"功利"。他对自己取得的经济学学术成就毫不自谦，公开宣称："我的文章中至少有六七篇100年后还有人读，哪个诺奖得主敢这样说？"当有的记者还是不断问他：为何你张五常与诺贝尔经济学奖无缘？他的回答仍然是典型的"张式回答"："我的朋友中有11个人都得了诺贝尔奖，就剩下我一个了，可能是我太厉害了吧！"

張五常

筆墨都覺得
自己聰明，只因
為筆墨比聰
明山更自信。
張五常教授如
是說 薛曉源

罗伯特·卢卡斯

Robert Lucas（美国，1937—　）

理性预期学派的重要代表

> 名言：市场比任何模型都聪明。

卢卡斯创立了所谓"新古典宏观经济学"，与凯恩斯主义宏观经济学分庭抗礼。他于1995年获得了诺贝尔经济学奖，获奖公告中说他的研究"改变了宏观经济的分析，加深了人们对经济政策的理解"。

卢卡斯出生于美国华盛顿州的亚基马。他高中毕业后进入芝加哥大学主修历史，获得历史学学位。大学毕业后继续攻读历史学学位。在研究生阶段，卢卡斯对经济学产生了浓厚兴趣，改修经济学，获得芝加哥大学经济学博士学位。他博士毕业后，先到卡内基工学院（现卡内基梅隆大学）任教，1974年回到母校芝加哥大学任教授。卢卡斯1978年以后任《政治经济学杂志》编辑，1979年后任美国经济学会执行委员会委员。

卢卡斯重新定义和分析了总需求、总供给、就业、经济周期等宏观经济学概念，提出了技术进步内生化观点，从而创新了经济增长理论。他最重要的经济学理论贡献是发展了理性预期理论，从而为创立新自由主义经济学分支——理性预期学派奠定了理论基础。

理性预期理论认为，经济当事人出于对自身经济利益的考虑，会在从事经济活动时利用一切可以利用的信息来进行决策，从而可以较为准确地预期到货币及其他经济政策的后果，提前采取预防性措施。这样，货币政策的变动对实际经济行动的影响就会大大减弱甚至消失。因此，如果中央银行按照一定规则来调整货币供应量，公众就会根据这个准则形成对未来通货膨胀的理性预期；如果中央银行无规则地改变货币供应量，则会进一步加剧经济波动，且不会对实际生产和就业水平产生影响。这就必然得出这样的结论：货币政策短期是无用的，随机的货币政策更有害。政府对经济活动的过多干预，要么无效，要么引起更大的经济波动。要实现经济稳定增长，唯一有效的经济政策就是恢复经济自由化政策，减少对经济活动的干预，充分发挥市场机制的自发调节作用。

对于卢卡斯以及其他理性预期学派经济学家的观点，学界存在着极大的争议。有的经济学家对人们是否有能力获取海量的信息，从而做出决策对冲政府货币、财政经济政策的影响表示怀疑。人们对有效市场假说同样提出疑问：如果市场像理性预期学派所说

卢卡斯

市場比任何模
型都聰明。
理性預期學派
重要代表人物
羅伯特・盧卡斯
先生如是說
壬寅之初薛暁源

的那样有效，历史上的经济衰退和大规模失业就不会发生。有人用这样一个笑话讽刺理性预期学派。一个学生和一个信仰理性预期理论的经济学教授一同走向教室，学生发现地上有一张钞票，便弯腰捡了起来，教授说："别费劲了，如果地上真的有一张钞票，那么它已经被捡起来了。"

  人们还用卢卡斯的一则轶闻来质疑他的理性预期学说。1990 年，卢卡斯要与原来的妻子离婚。在分割财产时，前妻提出，如果卢卡斯在 5 年内获得诺贝尔经济学奖，奖金要分给她一半。卢卡斯在离婚协议上签了字。幸也不幸也，在这个离婚协议即将到期前的几个星期，即 1995 年 10 月 10 日，瑞典皇家科学院宣布，将该年度的诺贝尔经济学奖授予芝加哥大学经济学教授卢卡斯，以表彰他对理性预期假说的应用与发展做出的贡献。显然，在这件事上，卢卡斯的"理性预期"失灵了。但卢卡斯还是履行了离婚协议，把奖金分了一半给前妻。他说，毕竟"交易就是交易"。

赫尔曼·达利

Herman Daly（美国，1938—2022）

生态经济学的里程碑式人物

名言：改变可以改变的。

赫尔曼·达利是国际著名生态经济学家，是生态经济学的重要奠基者，被世界一些杂志誉为"可以改变人类生活的当代100位有远见的思想家之一"。

1938年7月，赫尔曼·达利出生于美国得克萨斯州休斯敦市一个小镇的移民后代的家庭。1956年，达利以全优成绩考入莱斯大学学习经济学，1967年获得范德比尔特大学的经济学博士学位，1973年受聘为路易斯安那州立大学经济学教授，1988—1994年任世界银行环境部高级经济学家，1994年任马里兰大学公共事务学院资深研究员，直至退休。他是国际生态经济学会的主要创建者之一，也是《生态经济学》（Ecological Economics）杂志的联合创始人和副主编。围绕生态经济学和可持续发展，他出版了一系列学术名著，代表作除了《为了共同的福祉》（For the Common Good）（与小约翰·柯布合著）之外，还包括《走向稳态经济》（Toward a Steady-State Economy）、《珍惜地球——经济学、生态学、伦理学》（Valuing the Earth）、《超越增长——可持续发展的经济学》（Beyond Growth）等。

达利从上大学时开始，就对主流经济学怀有疑问，后来逐步形成了区别于主流经济学的经济思想。他对西方主流经济学的基本假设和基本研究任务进行了严厉的批判，认为把理性等同于聪明地追求个人利益，把经济增长视为经济活动的目的，以及只从人与自然的关系出发研究经济问题，对人类利益具有极大的危害。他主张要从国家共同体的利益出发，不是仅基于经济学研究经济问题，而是要从伦理学、物理学、生物学、经济学多个角度进行研究，从而试图建立一个与传统经济学不同的范式。

根据这种与经典经济学不同的范式，达利明确界定了稳态经济的概念，系统建立了稳态经济学理论。他认为，自然资源是绝对稀缺的。人们追求永无止境的经济增长的活动，使世界已经进入了一个"不经济的增长"的新时代。这种经济增长活动是不可持续的，前途是人类必然走向毁灭。必须建立一种"充足"的概念，知道在达到"充足"状态时，让稳态经济替代经济增长，使人口与财富维持稳定状态，使存量资源和资本得到持久利用最大化,并用"经济缩减、社会公正、减少消费、人口稳定"的稳态经济模式替代传统的经济增长模式。

正是源于稳态经济学理论,达利建立了可持续发展和生态经济学理论,并提出以可持续福利指数来替代传统的国内生产总值(GDP)指数,来衡量经济成就。这个新的指数含 22 个指标,包括收入分配、个人消费、医疗保障和公共教育、自然资源消耗、环境损害等。这个指标体系与传统的 GDP 指数最大的不同,就是考虑了自然资源与生态环境因素。

达利的经济理论与传统经济学理论格格不入,被经济学视为离经叛道,他也被视为另类的经济学家。他从可持续发展角度提出了停止传统经济增长、取缔全球自由贸易制度、加强国家对社会经济发展的控制等主张,遭到了经济学界的激烈批评。诺贝尔经济学奖获得者索洛质疑达利的学说,认为他是一个释放"资源稀缺幽灵"的杞人忧天者。诺贝尔经济学奖获得者罗默,也批评达利的著作充满了不切实际的妄想,缺乏足够的科学根据。由于不合潮流,经济学界对达利的理论采取了轻蔑和不予理会态度,达利本人也受到了不公平待遇。他的合作者小柯布激愤地说:达利因为独树一帜的经济学说,失去了他的学术地位,长期被排除在大学经济系的门墙之外,并被禁止教授经济学。但是,在大学校门之外,达利受到了尊重和重视,教会、世界环境组织、世界银行都给予达利很高的赞誉。20 世纪 90 年代以后,他先后获得了格文美尔奖、挪威苏菲环境奖、里昂惕夫奖、蓝色星球奖、意大利总统勋章,荣获瑞典斯德哥尔摩荣誉优秀民生奖(该奖项设立于 1980 年,致力于表彰和鼓励那些做出贡献但被诺贝尔评奖委员会忽略的人,有"另类诺贝尔奖"之称)等国际奖项。

美國菁名生態
經濟學家赫爾曼·
達利衣之可以更好,
無法更多。
薛晓源欣寫

约瑟夫·斯蒂格利茨

Joseph Stiglitz（美国，1943—　）

信息经济学的重要代表人物

> 名言：市场这只手看不见，是因为它根本不存在。

在 2001 年三位诺贝尔经济学奖得主中，斯蒂格利茨名气最大。萨缪尔森认为斯蒂格利茨 1982 年就应该获得诺贝尔经济学奖。这当然是因为他对非对称信息理论的形成和发展贡献最大，也因为他出版的几本经济学教材产生了很大影响，以及他是一个政治舞台上的活跃人物。

斯蒂格利茨出生于美国印第安纳州的小城加里，此地以生产钢铁出名。他大学毕业于阿墨斯特学院，获学士学位，在 24 岁那年就获得了麻省理工学院的哲学博士学位，26 岁就被提升为教授，36 岁时就获得了两年一度的约翰·贝茨·克拉克奖，可见其天资过人和成名之早。他先后在耶鲁大学、斯坦福大学、牛津大学、普林斯顿大学、哥伦比亚大学等多所名校任教，但在每家大学工作时间都不长。他曾担任克林顿总统经济顾问委员会委员、主席，世界银行副行长和首席经济学家，美国科学院院士，国际经济学会会长，还担任许多学术杂志的主编或副主编。

斯蒂格利茨的研究范围很广泛，但他的研究始终聚焦于不完全和高成本信息在竞争过程中的作用。他的研究说明，那种认为市场主体拥有经济决策所需要的完备信息的假定，现实证明是一种天真的想法。如果一旦放弃这个假定，就不再可能说明完全竞争将使经济福利最大化，也不能说明完全竞争必然导致需求与供给的均衡。他的有关论文专业性很强，上述概括是通过对保险市场的分析得出的。他关于信息不完备的研究涉及交易费用、产权、不完全契约和在不确定条件下的决策分析等方面。这些理论已经开始影响到大学经济学教学，原先大学一年级学生在初级经济学课程中学到的东西，现在在中级和高级课程中不得不取消。

斯蒂格利茨深入研究和提出的逆向选择和道德风险等理论，已成为政府、企业、经济机构制定政策和策略的工具。

所谓逆向选择，是指这样的情形：市场交易的一方如果能够利用对方不掌握的信息使自己受益而使对方利益受损，信息劣势的一方便难以顺利地做出买卖决策，于是价格

斯蒂格利茨

市場這只手看不見，是
因為它根本不存在。
信息經濟學重要代
表人物約瑟夫·斯蒂
格利茨如是說
立富、薛旺、毛源寫

便随之扭曲，并失去平衡市场供求、促成交易的作用，进而导致市场效率的降低。这一理论深刻地改变了分析问题的角度，提供了逆向思维的路径，加深了人们对市场复杂性的认识，使市场有效性理念又一次遭到重创。

所谓道德风险，是指以下情形：人们享有自己行为的收益，而将成本转嫁给他人，从而造成他人利益的损失。比如，一所大学自行车被盗比例很高，达到了10%。几个有头脑的学生发起一个保险计划，保费为标的金额的15%。原来他们设想可以获得5%的利润，结果自行车被盗率很快提高到了15%。这是因为，由于学生们给自行车上了保险，不再承担自行车被盗的损失，而放松了对自行车被盗的防范，导致被盗比例的增加。

斯蒂格利茨对中国比较友好。当美国政府指责中国政府操纵汇率时，他站出来替中国说话，认为美国政府的指责毫无根据。斯蒂格利茨对1997年亚洲金融危机爆发时，中国政府坚持人民币不贬值的决定予以赞扬，认为中国政府是负责任的。

毫无疑问，斯蒂格利茨的成长环境，影响了他后来的经济学观点。他年幼时在家乡的钢铁小城看到了失业、贫穷现象，埋下了怀疑自由竞争市场经济的种子。他说："当你见过市场经济的阴暗面以后，就很难对它的成就欢呼雀跃了。"当他成为经济学家后，逐步形成了自由市场经济并不完美的经济学观点。

这再一次说明，经济学和经济学家对经济问题持完全中立的态度，是不可信的，可能是一种自欺欺人。

保罗·克鲁格曼

Paul Krugman（美国，1953—　）

新国际贸易理论的创立者

> 名言：通向世界繁荣的唯一重要的结构性障碍，正是那些盘踞在人们头脑中的过时的教条。

克鲁格曼获得2008年诺贝尔经济学奖是因为他的新国际贸易理论研究成果。但是，因为成功预测了1997年亚洲金融危机的爆发，他早就成名了。早在1994年，他就发表了一篇题为《亚洲奇迹之谜》（*The Myth of Asia's Miracle*）的论文，1996年出版了《流行国际主义》（*Pop Internationalism*），预见了亚洲金融危机，认为所谓"亚洲奇迹"是"建立在浮沙之上，迟早幻灭"。2006年他又指出当时美国经济的繁荣过于依赖于房地产发展，房地产的问题必然导致美国经济的衰退，又被他不幸而言中。经济学界预测2008年的诺贝尔经济学奖获奖热门人物，并没有克鲁格曼的名字。因此有人说，克鲁格曼能够获得2008年的诺贝尔经济学奖，是2007年美国爆发的金融危机成全了他。

保罗·克鲁格曼出生于美国纽约长岛一个中产阶级犹太家庭。高中毕业后，他来到了麻省理工学院学习经济学。开始时他更偏好历史，经济学课程修的不多，倒是天天去上历史课。大学二年级时，著名经济学家威廉·诺德豪斯（与萨缪尔森合著《经济学》教材第12版）发现了克鲁格曼的经济学天赋，邀请他担任助手。大学毕业后，经诺德豪斯推荐，他顺利进入研究生院攻读博士学位。获得麻省理工学院经济学博士学位后，克鲁格曼先后在耶鲁大学、麻省理工学院、斯坦福大学任教，2000年开始任普林斯顿大学公共事务和国际事务学院经济学教授。他曾担任总统经济顾问委员会国际经济首席专家和许多国家与地区的经济政策咨询顾问，被牛津大学等多所大学授予名誉学位。他已出版近20本著作，发表了几百篇文章，还是一个著名的专栏作家。1991年获得约翰·贝茨·克拉克奖。

克鲁格曼的主要研究领域是国际贸易、国际金融、货币危机与汇率变化，对经济地理的研究也有重大创见。他是新国际贸易理论的创立者，揭示了现代国际贸易发展和经济全球化的关系以及全球范围内城市化进程加速进行的经济根源，并因此全面整合了此前毫无关联的国际贸易和经济地理研究领域。传统国际贸易理论认为，国际贸易的发生是由于比较成本优势和资源禀赋不同。然而，资源禀赋差别不大和技术水平差不多的国家之间也存在国际贸易，传统国际贸易理论对此难以做出合理解释。克鲁格曼认为，由于在生产方面存在规模效益，在消费方面消费者要求获得多种多样的商品，使得世界市场的大规模生产取代了地方市场原来的小规模生产。为了获得规模效益，导致了国际贸易的发展和经济全球化进程的加快。克鲁格曼还指出，规模经济效益和低运输成本可以引发一种自我强化进程，使人口和生产集中于城市；同时城市化进程中人口的增加也促使大规模生产的扩大和个人更高的实际收入，以及更为多样化的商品来源。这样的结果反过来进一步刺激了人口向城市的移民和资源向城市的集中。这就解释了全球范围内城市化进程加快的现象。

克鲁格曼是新一代凯恩斯主义的代表人物。他虽然也主张要充分发挥市场机制的作用，但也反对完全的无为而治。在《萧条经济学的回归》(*The Return of Depression Economics*) 一书中，他提出要通过加强政府干预，刺激和扩大总需求，消除世界经济的停滞与萧条。他怀念美国实施国家干预经济增长和收入再分配政策的年代，那是他成长的年代，而反对小布什总统的新自由主义经济政策，几乎抨击了布什政府所有的经济政策。

克魯格曼

它之通向世界繁榮
的唯一重要的結構
性障礙，它是那些
盤踞在人們頭腦
中的過時的教條。
壬寅年正月初十
薛曉源於西山

保罗·罗默

Paul Romer（美国，1955—　）

新增长理论的主要建立者

> 名言：知识和研发是经济增长的源泉。

在经过了 20 世纪五六十年代的鼎盛之后，西方经济学界对经济增长问题的讨论逐渐趋于沉寂。20 世纪 80 年代中期以来，经济增长领域重新出现一派生机勃勃、硕果累累的景象。这要归功于美国经济学家罗默等在经济增长领域取得了新的重大突破，形成"新增长经济学"，给经济增长研究注入了新的生命和活力。为了表彰罗默在经济增长研究方面做出的杰出贡献，瑞典皇家科学院将 2018 年诺贝尔经济学奖授予罗默和诺德豪斯。

罗默 1977 年获得芝加哥大学物理学学士学位，1983 年获得芝加哥大学经济学博士学位。他大学本科所学专业是数学和物理学。由于想转到法学院，在大学四年级时他才学习了第一门经济学课程。授课老师萨姆·佩尔兹曼的精彩讲授深深吸引了罗默。在佩尔兹曼的影响和鼓励下，罗默放弃了学习法律的念头，转而走上了学习、研究经济学的道路。毕业后，罗默先后在罗切斯特大学、芝加哥大学和加利福尼亚大学伯克利分校任教，后来担任纽约大学经济学教授、斯坦福大学经济学教授、胡佛研究所高级研究员。罗默还兼任世界银行首席经济学家兼高级副行长。

罗默的新经济增长理论也被称为"内生经济增长理论"。相对于之前的经济增长理论，新经济增长理论的创新主要集中在以下几个方面。第一，经济增长是经济系统内部因素相互作用的结果，而不是由于外部力量的推动。这些内生因素的作用可以实现经济的持续均衡增长。第二，在众多的因素中，技术进步是推动经济增长的决定性因素。与其他推动经济增长的内生因素一样，技术进步是由于经济活动当事人追求市场竞争中的优势、追求利益最大化而自主选择的结果，因而是内生于经济增长、内生于市场的因素。第三，技术、知识积累和人力资本投资等都具有外部溢出效应，而且正是这种溢出效应构成了经济持续增长必不可少的条件。

从罗默的新经济增长理论还可以引申出以下经济政策。第一，由于技术进步是经济持续增长的决定性因素，政府应当采取增加投资、税收优惠等政策，鼓励、支持教育和科研事业发展。第二，为了鼓励新技术和新产品研发，应当严格实行技术专利制度，允

保羅·羅默

知識和研發是
經濟增長的源泉。
新增長理論的主要建
立者保羅·羅默先生
如是說 薛曉源寫

许新的技术发明及其产品享有一定时间的垄断地位。第三，国家应采取扩大对外开放政策。因为有的知识和技术不能从日常媒介和学术交流获得，而要从引进国外产品和技术中才能获得。

罗默尚年富力强，人们有理由期待他做出新的发现。

主要参考文献

1 鲁友章、李宗正主编:《经济学说史》上册,人民出版社,1979年11月第2版。
2 鲁友章、李宗正主编:《经济学说史》下册,人民出版社,1983年3月第1版。
3 (英)约翰·伊特韦尔、(美)默里·米尔盖特、(美)彼得·纽曼主编:《新帕尔格雷夫经济学大词典》,经济科学出版社,1992年6月第1版。
4 (英)马克·布劳格:《凯恩斯以后的100位著名经济学家》,冯炳坤、李宝鸿译,商务印书馆,2003年11月第1版。
5 (英)马克·布劳格:《凯恩斯以前的100位著名经济学家》,冯炳坤译,商务印书馆,2008年12月第1版。
6 (英)尼尔·基什特尼:《经济学通识课》,张缘、刘婧译,民主与建设出版社,2017年8月第1版。
7 (英)马克·布劳格:《经济理论的回顾》,姚开建译,中国人民大学出版社,2018年11月第1版。
8 张维迎:《经济学原理》,西北大学出版社,2015年8月第1版。
9 赖建诚:《经济思想史的趣味(增订本)》,浙江大学出版社,2016年5月第1版。
10 (美)约瑟夫·熊彼特:《从马克思到凯恩斯的十大经济学家》,宁嘉风译,商务印书馆,2013年11月第1版。
11 晏智杰:《亚当·斯密以前的经济学》,北京大学出版社,1996年4月第1版。
12 胡代光、厉以宁:《当代资产阶级经济学主要流派》,商务印书馆,1982年6月第1版。
13 马克思:《资本论》,人民出版社,1975年版。
14 列宁:《列宁全集》,人民出版社,1984年版。
15 (美)萨缪尔森:《经济学》,高鸿业译,商务印书馆,1979年11月第1版。
16 (匈)安道尔·马加什:《现代非马克思主义经济学史》,张晓光、李新华译,商务印书馆1992年10月第1版。
17 高鸿业、刘凤良主编:《20世纪西方经济学的发展》,商务印书馆,2004年4月第1版。
18 外国经济学说研究会编:《国外经济学讲座》,中国社会科学出版社,第一册,1980年7月第1版;第二册,1980年11月第1版;第三册,1981年10月第1版;第四册,1981年12月第1版。
19 梁小民:《读经济学书》,中国出版集团东方出版中心,2019年10月第1版。
20 陈岱孙主编:《政治经济学史》,吉林人民出版社,1981年版。
21 胡代光:《西方经济学说的演变及影响》,北京大学出版社,1998年4月第1版。
22 张培刚:《农业与工业化(上卷):农业国工业化初探》,华中科技大学出版社,2002年10月第1版。
23 胡寄窗:《中国经济思想史简编》,中国社会科学出版社,1981年7月第1版。
24 马伯煌主编:《中国近代经济思想史》,上海人民出版社,2014年8月第1版。
25 张五常:《经济解释》,商务印书馆,2003年6月第1版。

26 马寅初:《马寅初全集》,浙江人民出版社,1999年9月第1版。
27 王亚南:《王亚南文集》,福建教育出版社,1988年1月第1版。
28 薛暮桥:《薛暮桥文集》,中国金融出版社,2011年版。
29 孙冶方:《孙冶方文集》,知识产权出版社,2018年1月第1版。
30 杜润生:《中国农村改革发展论集》,中国言实出版社,2018年6月第1版。

跋

马传景

薛晓源教授与我相知,温不增华,寒不改叶,尔来20余年矣。平时各忙各的事,一旦坐在一起,天上地下,古今中外,漫无边际,无所不谈,浑不觉月上栏杆甚或东方既白。

晓源是哲学家、画家,兼擅文学。身在尘网之中,神游六合以外,常为常人不能之事。前两年,他做了一件大事、奇事、功德事,就是给世界100位哲学大家造像并出版,引起艺术、哲学两界强烈反响。我听到消息后,赶去看书,意欲一睹为快。谈话间,晓源说,我们两个人干一件事吧,选中外100位大经济学家,我来画,你来写。

我深知这件事的轻重。为100位中外著名经济学家写小传,就是写一部经济学简史。我历来研究现实经济问题,不善治史,只能答应努力试试。一旦沉下心、钻进去,悔不早做这件事。且不说每一个经济学家的思想都是一座有待发掘的宝库,他们身上发生的故事也令人击节赞叹或废然兴叹:有的玉堂金马,钟鸣鼎食,有的则饥寒交迫,穷困而死;有的极尽荣耀,名垂后世,有的则闾巷埋名,不知所终。读了这些故事,对人生就会有新的理解。我想,如果早20年做这件事,我在学术上可能会有更大的出息。

经济学正式诞生近250年,大师如满天星斗,光华灿烂。挑选哪一个,不选哪一个,当然有客观标准,每个人也各有偏爱。但我可以有把握地说,如果让经济学家投票推选,这本书中的90%可以入选。好在我们只是为经济学大家画像立传,不是给他们评职称、提工资。选谁不选谁,他们都依然是一座座里程碑矗立在那儿。

100位经济学大家的小传写好了,只等着晓源运笔成风,天造地设,跃然纸上了。我期望文可以配得上晓源的画。最好是画像和文字能成双璧,相映生辉,才能充分表达对前辈大师的敬意。

图书在版编目(CIP)数据

大经济学家:世界100位著名经济学家画传/马传景著;薛晓源绘.—北京:商务印书馆,2023
ISBN 978-7-100-22015-6

Ⅰ.①大… Ⅱ.①马… ②薛… Ⅲ.①经济学家—生平事迹—世界 Ⅳ.①K815.31

中国国家版本馆 CIP 数据核字(2023)第 033073 号

权利保留,侵权必究。

大经济学家
——世界100位著名经济学家画传
薛晓源 绘
马传景 著

商 务 印 书 馆 出 版
(北京王府井大街36号 邮政编码100710)
商 务 印 书 馆 发 行
北京雅昌艺术印刷有限公司印刷
ISBN 978-7-100-22015-6

2023年5月第1版　　　　　　开本 889×1194　1/16
2023年5月北京第1次印刷　　印张 20½
定价:168.00元